潘启雯◎著

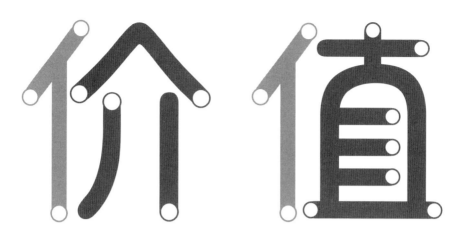

价值

● 精英的见识、探索和我们的时代 ●

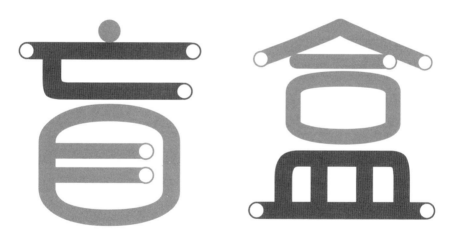

盲盒

深圳出版社

图书在版编目（CIP）数据

价值盲盒：精英的见识、探索和我们的时代 / 潘启雯著
. -- 深圳：深圳出版社，2023.9
ISBN 978-7-5507-3797-6

Ⅰ. ①价… Ⅱ. ①潘… Ⅲ. ①科学决策 Ⅳ.
① C934

中国国家版本馆 CIP 数据核字 (2023) 第 060073 号

价值盲盒：精英的见识、探索和我们的时代

JIAZHI MANGHE: JINGYING DE JIANSHI、TANSUO HE WOMEN DE SHIDAI

出 品 人　聂雄前
责任编辑　靳红慧
责任校对　黄　腾
责任技编　郑　欢
装帧设计　知行格致

出版发行　深圳出版社
地　　址　深圳市彩田南路海天综合大厦（518033）
网　　址　www.htph.com.cn
订购电话　0755-83460239（邮购、团购）
设计制作　深圳市知行格致文化传播有限公司
印　　刷　深圳市华信图文印务有限公司
开　　本　787mm×1092mm　1/16
印　　张　25.75
字　　数　367 千字
版　　次　2023 年 9 月第 1 版
印　　次　2023 年 9 月第 1 次
定　　价　78.00 元

普通人思维为何无力应对复杂世界

人生就像一盒巧克力，你永远不知道下一个吃到的是什么味道。

——电影《阿甘正传》台词

当今世界，最大的特征就是"变"。变的速度加快、变的幅度加大、变的方向调整……一切都变得更加复杂而难以琢磨。但无论世界变得如何复杂，人类的理性和国家决策都需要去准确理解、切实把握。因此，就出现了两个相互关联的问题：其一，要清楚当下的世界究竟发生了怎样的变化；其二，要调整我们的认知框架，用复合性思维来观察、理解、认识日益复杂的世界。

生活在同一个时代，无论是投资、创业、危机管理，还是作决策、预测科技的未来……有的人总是能理解各种复杂抽象概念，有的人却只能使用简单形象思维；有的人时时处处作长远打算，有的人却缺乏基本的自控力；有的人可以和各个阶层的人来往，有的人只能跟本阶层的人交流；有的人拥抱改变，有的人拒绝改变；有的人热衷表达想法，有的人只爱谈论人；有的人追求群体认同，有的人看重个体自由；有的人专注于效率，有的人却强调公平……思维模式的不同，导致精英和普通人天差地别。

如何才能成为一名精英，或者说如何才能以精英的思维方式行动和作决策？《价值盲盒：精英的见识、探索和我们的时代》一书试将行为经济学、社会、新科技、哲学等领域的前沿思想，紧密结合"我们的时代"全新发展，用国人喜闻乐见的方式掰碎嚼烂，让人们更容易体会、借鉴精英的见识和探索历程，进而洞察未来先机。成为精英之路或许很漫长，但对于如何用精英的目光或思维审视世界，不仅让人获得观察日常经济生活的别样视角，还平添一种知性乐趣。

普通人和高知群体如何考虑问题

美国社会学家赫伯特·甘斯（Herbert J. Gans）曾经有一项研究，他比较了波士顿工薪阶层和精英阶层的文化差异后发现，工薪阶层的一个特点是只相信亲友，而不信任外部世界，甚至会对陌生人有一种自发的敌意。相比之下，中等收入以上群体却没有那么强烈的亲缘意识，更容易跟陌生人合作，并且相信办事规则。

这种现象在国内更加明显，小城镇里的人特别讲究亲属和熟人关系，没有关系寸步难行，这也是为什么有理想的年轻人非要去大城市，因为一线城市不仅有机会，而且真正的差异是思维模式。

像这样的差异，我们可以用"高知群体"和"普通"来标记。高知群体理解复杂的抽象概念，普通人处处使用简单形象思维；高知群体探索未知，普通人恐惧未知；高知群体从长远打算，普通人缺乏自控；高知群体注重个人选择和自由，普通人认为别人应该跟自己一样；高知群体拥抱改变，普通人拒绝改变；高知群体爱谈论想法，普通人爱谈论人和东西；高知群体把自由时间花在学习上，普通人把自由时间花在娱乐上；高知群体注重效率，普通人注重公平。

在《塔木德》中有这样一句话："想要变得富有，你就必须向富人学习，在富人堆里，即使站上一会儿也会闻到富人的气息。"你为什么不能成为富人？或许需要反思一下自己的思维方式。

与赫伯特·甘斯的研究结果相映成趣，《纽约时报》畅销书作家、《富人是如何思考的》（*How Rich People Think*）的作者史蒂夫·西博尔德（Steve Siebold）曾在近30年里采访过世界各地的富豪（精英），看究竟是什么让高知群体从普通人中脱颖而出。最终，他发现这和高知群体的思维方式息息相关。我们就先来看看高知群体是怎么考虑问题的。

（1）普通人认为金钱是一切罪恶的根源，而高知群体则认为贫穷是一切罪恶的根源。人们总是有这样的偏见：高知群体都是运气好或者不诚实的家伙，这也是在发达国家有钱人被敌视的原因。但高知群体知道，金钱和幸福没有必然联系，但金钱确实让你的生活更容易、更舒适。

（2）普通人想的是碰运气，高知群体想的是行动。当普通人排队等着选彩票号码、祈祷自己能中大奖时，高知群体正在解决困难和问题。普通人在生活中所依靠的是上帝、政府、老板或者伴侣，而高知群体依靠的是自己。

（3）普通人认为接受正规教育能为自己铺就一条财富之路，而高知群体却相信掌握某个专业领域的知识更为重要。普通人的思维被局限住了，他们多半认为"书中自有黄金屋"，很难有更高层次的发掘。虽然很多高知群体没怎么受过正规教育，但他们通过学习某个领域的知识并将其销售出去而积累了大量财富——他们认为，过程并不重要，结果才是王道。

（4）普通人对自己赖以维持生计的工作有诸多抱怨，高知群体则追随自己的内心，对工作满腔热情。在很多人看来，那些高知群体总是忙个不停，事实上他们只是在做自己感兴趣的事，并从中找到了盈利渠道。相反，很多普通人则正做着他们不喜欢的工作，他们多半认为，要得到金钱，就要付出自己智力或体力上的努力，根本不会想到双赢。

（5）普通人教给孩子生存之道，高知群体教给孩子生财之道。高知群体在孩子很小时就给他们展示了富有和贫困两个世界的对比。有人说这会让孩子瞧不起比自己贫困的人，但这个世界的残酷性就在于此。

高知群体的思维和普通人不一样——不是想我可能失去什么，而是我会获得什么。我们很多人认为没法把握财富，而高知群体知道赚钱和财富积累是一种因果关系。普通人关注风险、预期失败，高知群体预期成功、关注收获。普通人基于恐惧而犹豫，高知群体基于自信而选择。

西博尔德的《富人是如何思考的》与钱无关，与物质无关，论述的都是思想（思维方式），都是精神财富。虽然每篇文章都很短，但短小精悍、直击要害，每篇文章都清楚无误地向人们表达了要从高知群体那里学到什么。西博尔德说："不要对我或其他人的成功感到惊讶，甚至吃惊到不敢尝试。"

改造自己从现在做起，像高知群体一样去思考问题。其中，对思想进行一次彻底改造是当务之急。贫穷、低下的出身确实是个人无法选择的，但物质上的贫穷绝不能成为精神财富匮乏和行动迟缓的借口。即便是一贫如洗的普通人，也要培养致富的欲望。高知群体之所以成功，在于他们的思维模式与我们不同。事实上，我们很多人只看到高知群体口袋里的东西，却没有看到高知群体脑袋里的东西。

精英与"刻意练习"

每个狼群都会有头狼，每一个狮群都会产生狮王。成百上千个族群中总会自觉或不自觉分化出不同的角色、不同的阶层、不同的分工。这是自然的规律。"领头者"是在特定环境下被培养出来的。其实，任何一个健康而成熟的社会，都有其中坚力量，人们一般称之为"精英"。换言之，不管是自我感觉良好，还是客观上出类拔萃，每个社会都会有一拨"精英"。

关于"精英"是如何炼成的，从百姓闲谈到专业分析，却是一个众说纷纭的问题，既有"龙生龙、凤生凤"之类的悲观决定论，也有"出身不由己、道路自己选"式的乐观奋斗说。笼统地说，两种观点都有证据支持，而炼成精英的机制却俨然仍是个"社会黑箱"。

早在19世纪，意大利知名经济学家、社会学家维尔弗雷多·帕累托（Vilfredo Pareto）曾给"精英"下过一个定义，"我们把那些在各自领域获得最高能力指数的人确定为一个阶级，并将其命名为精英阶级"。到了现代社会，人们对"精英"的认识不断深化，现代精英理论认为，精英不是一个阶级，而是一类人群，既可以产生于上层，也能够从下层产生。一个国家的科学、教育、文化、投资的兴旺，无疑是需要"大智大勇"的精英人才。

显然，精英的评价标准变得越来越多元化，而其中最重要的因素不再是出身，而是靠个人后天的努力，这种努力是否有效，主要在于是否形成了精英的思维。美国心理学家安德斯·艾利克森（Anders Ericsson）研究发现，决定"伟大水平"和"一般水平"的关键因素，既不是有非一般的天赋，也不是有丰富的经验，而是"刻意练习"的程度。他认为，简单重复的动作并不能让我们取得更好的训练结果，就像我们天天吃饭，也并不能让我们每个人都成为美食家一样。他提倡的"刻意练习"，包括5个方面：第一，避免自动完成；第二，离开舒适区；第三，牺牲短期利益；第四，大量重复性训练；第五，持续地获得反馈。

丹尼斯·麦克劳克林是一位商业摄影师，直到30岁都没有打过一场完整的高尔夫球比赛。然而，丹尼斯为自己制订了一个"丹计划"：辞去工作，花五六年的时间学打高尔夫球，花一万小时进行"刻意练习"，以参加职业高尔夫球员巡回赛。在计划实施一年半后,《高尔夫》杂志采访了他。为什么 30 岁了还会选择从零开始打高尔夫球？丹尼斯回答:"我真心喜欢。我想证明,如果你愿意投入时间,一切皆有可能。"早在 2010 年,丹尼斯与艾利克森取得了联系,并按照"刻意练习"原则进行训练,他将自己的目标分解成一系列步骤,非常具体地监测自己的进展,记录自己常犯的错误,不断改进,日复一日坚持不懈地专注练习。2014 年,丹尼斯终于在高尔夫球专业领域取得了令人刮目相看的成绩。

艾利克森很喜欢丹尼斯,因为丹尼斯意识到"刻意练习"不只是针对很早就进入专业训练的孩子,也不只是针对那些大型组织的成员(如美国海军、大型商业企业)。"刻意练习"是每一个杰出人士必不可少的生命锤炼,"刻意练习"也是给每一个有梦想的人的礼物。无论你年龄多大,无论你是否背靠强大的组织,你都可以学习自己想要的技能,小到用一天时间学会还原魔方,大到用 10 年时间成为一个小提琴乐手。想要发掘自己的潜力,不相信命运、不甘于现状的你,就从"刻意练习"开始新的人生旅程吧!

日本"经营之圣"稻盛和夫在他的著作《活法》中提出了一个非常有意义的公式——"人生 / 工作的结果 = 思维方式 × 热情 × 能力"。这一公式也被称为稻盛和夫的成功秘诀。

人生 / 工作的结果 = 思维方式 × 热情 × 能力

−100 ~ + 100　　0 ~ 100　　0 ~ 100

成功 = 理念・人格 × 努力 × 能力

−100 ~ + 100　　0 ~ 100　　0 ~ 100

如果对这个公式进行深入研究,就会发现,"热情"和"能力"的取值范围一定为正数,但是"思维方式"却可以是负数。如思维方式错了，可能形成"南辕北辙"的后果，因此思维方式起着关键性、决定性的作用。

假设一个人头脑聪慧、擅长运动，且能力出众，还具备充分的热情，但他的思维方式只要稍微有一点负面倾向，由于该方程式中的变量是乘积关系，其计算结果便成了一个巨大的负数。

"成长型思维"就是精英思维

思维是一根链条。链条越长，思维越深刻。《终身成长：重新定义成功的思维模式》（*Mindset: The New Psychology of Success*）的作者卡罗尔·德韦克（Carol S. Dweck）告诉我们两种思维模式，一种是固定型思维模式[1]，一种是成长型思维模式[2]。固定型思维模式的人，不愿意接受挑战，更喜欢固定、稳定的状态；不喜欢变化，喜欢待在舒适区；不愿意接受批评，不愿意持续学习。成长型思维模式的人，将终身成长作为自己的课题；敢于拥抱变化，不断寻找创新的可能；敢于向未知领域迈进，寻找突破的机会；不害怕失败，善于吸取教训。总之，思维方式的不同，决定了不同的人生层次。

某种意义上来说，"成长型思维"就是精英思维。当然，这种思维不是抽象的，而是实实在在的。有一群大学生就要毕业了，在最后一课上，他们都显得无比自信和轻狂。对此，教授想给他们再上一堂人生课。于

---

[1] 这个体系认为一个人有着先天注定的智力、技能或才华。

[2] 有难度的工作可以提升人们的智力和能力。具备成长思维模式的个人倾向于选择能够帮助他们学习和培养新技能的目标（即便他们最开始可能失败），在面对具有挑战性的任务时能够坚持更久并秉持乐观的态度。培养成长型思维模式是自我实现的一个重要元素。这种成长型思维模式与良好的心理特质相关。

是，教授用粉笔在黑板上画了两个点，让学生将这两点用一条直线连起来。两点确定一条直线，对于一个即将毕业的大学生来说，这真是再简单不过了。一位学生想也没想，径直走上来就将这两点连了起来。教授没有说什么，他在黑板上另外画了两排点，横竖各两点，共四个小点，排起来就像是一个"口"字。教授说："再画一条直线，把这四个点连起来。"

那位学生一下子就愣住了：因为不管是横画、竖画还是斜着画，一条直线最多只能连接两个点。班上的其他学生也纷纷表示，这根本就是不可能完成的事。这时，一个胸有成竹的人走上讲台，他把粉笔横压在黑板上，用力画过之后，一条粗粗的直线就将那两排点全部覆盖了。教授满意地点了点头，在场的所有学生也向他报以热烈的掌声。多年以后，这个人经过努力，成了全球著名的投资大师，他就是沃伦·巴菲特。

粉笔除了直着画，还可以横着画。跳出常人的思维定式，另辟蹊径：这既是普通人和精英的思维差别，也是投资大师的制胜法则。

关于《价值盲盒：精英的见识、探索和我们的时代》

美国作家海明威的长篇小说《太阳照常升起》[①]中讲道，一个人破产后，有人问他是怎么走到这一步的，他回答说，"两种方式。逐步地，然后突然地"。整个世界都面临着无法满足的金融、资源和环境需求。不出意外，普通人都会逐渐地越来越穷。而一旦出现意外，一夜之间发生"大

---

①小说集体表现1924年至1925年这一历史时段，以名城巴黎为背景，围绕一群在感情或爱情上遭受过严重创伤或者在战争中落下了严重心理或生理机能障碍的英美男女青年放浪形骸的生活以及发生在他们之间的情感纠葛而展开，反映了这代人意识觉醒后却又感到无路可走的痛苦、悲哀的心境。

崩溃"的可能性永远都在。那些专注于工作和家庭的人，可能会感觉到周遭发生了一些重要的变化，但却无法完全理解这些变化的含义。

毋庸置疑，"精英思维"与"大众思维"并不是对立的，而是相互转化的，大众的智慧永远是产生精英和精英思维的沃土。包括精英们的思维和行动方式等所有的学问在内都趋向于复杂，而社会的运作有其极其不确定性，普通人思维方式已然无力应对这个复杂的世界，其背后的社会原理也有待进一步讨论，这本《价值盲盒：精英的见识、探索和我们的时代》就在此基础上，谈论精英的思维方式，并以各类社会主流学术的最新研究成果、前沿图书的观点为基础，做思想上的科普和生动演绎。

第一部分"投机的魅影"。主要关注杰西·利弗莫尔、比尔·米勒、詹姆斯·西蒙斯、大卫·F.史文森、乔尔·蒂林哈斯特、安东尼·波顿、罗伊·R.纽伯格、约翰·博格等世界知名投资精英不同寻常的"投机"心路历程。曾经有人说资本市场的投资者就像是穿了红舞鞋的舞者，从登上舞台的那天就开始起舞，穿上了有魔力的红舞鞋，就再难停下来。但其实世本无事，庸人自扰，唯通则简，冰消日皎。其实投资可以做到越简单越快乐。

第二部分"胜负的门道"。获得财富的手段日益增多，一夜暴富早已不再只是神话。然而，失去财富也同样变得轻而易举。顷刻之间家财散尽的故事不绝于耳，就连那些头顶笼罩诸多光环的投资明星也概莫能外，惨状不一而足。管人、创业、投资……决胜负不只是一种竞争，更是一种仪式。每个领域，胜负既有各自独特的"门道"，又能驯化人，处在经常接触胜负的领域中，人更容易有信仰。

第三部分"迷人的系统"。《道德经》里有这样一句话："天地不仁，以万物为刍狗。"这句话的意思是：天地不感情用事，对万物一视同仁。但是，想要接受自己与万物没有本质区别的观点，对人类而言却没那么容易。作为这个星球上的统治者，人类往往自视甚高，把自己与其他动物区别开来。然而，我们真如自己所想的那样高高在上吗？能量、基因、叙事……这些隐秘而迷人的"系统"是如何影响和推动社会向前发展的？学会用系统思考方式或许有助于我们发现问题的根本原因，同时能看到多种可能性，也让我们更好地管理、适应社会复杂性挑战，进而把握新的机会。

第四部分"危机的惆怅"。同样面对危机，有人亏损连连，有人却能抓住机遇，赚得盆满钵满。有一句话被管理者经常挂在嘴边：不是处在危机当中，就是在去往危机的路上。虽然这句话透露出一股调侃的味道，但是这又何尝不是面对危机现实时无奈的体现。既然各国面对议题、经受危机考验已然成为一种常态，传授如何应对危机的众多思维方式和理念就自然大行其道了。此时，经济学家们的任务不在于当"喜鹊"，而是当"乌鸦"。他们应该以批评的眼光来看待经济，甚至可以"鸡蛋里面挑骨头"。日常生活中，如果经济学家能挑出各种"骨头"，积极提供各种可以采取的相应对策，那么对一国经济乃至世界经济的讨论也会更健康。如果把一国经济比喻为一艘高速行驶的万吨巨轮，经济学家们的任务主要就是随时指出高速航行中各种可能出现的暗礁和问题。这种预警可以使整个航行更安全，进而让世人从"惆怅"中看到"希望"。

第五部分"未来的谜题"。"把握今天"是先哲们一再告诉我们的道理。人们总是热衷于幻想未来。自哥白尼开始，人类认识到宇宙与地球之间存在的巨大差异，地球从不是宇宙的中心，不得不承认自身与宇宙之间的"断裂"；达尔文的"物种起源学说"迫使人类回顾自身的进化过程，使人类的进化成为生命演化史的一部分，高高在上的万物灵长走下神坛；弗洛伊德的学说表明理性并不能主宰人类的思维，理性的运作由意志力、本能、情感和无意识所决定；而伴随科学技术发展到了能够制造出机器人、仿生人、基因改造人的阶段，本体论所宣扬的、人类与"非人类"之间不可逾越的"鸿沟"，以及"一切尽在指掌间"的乐观，皆遭受前所未有的质疑。由科技发展所推动的、对人类控制力的消解和颠覆远未结束。宇宙其他物种的存在、地球物种间的"内爆"，即通过基因工程和克隆技术创造新的生命形式，正向人类的身份认同发起更大挑衅。普罗米修斯[①]偷盗火种，为人间带来了光明；然欲念之人执炬逆风而行，难免有烧手之患。算法、元宇宙、人工智能……面对未来的新科技，我们该何去何从？希望与绝望总是交织在一起，美好的期待与对未知的惧怕建构了居于身体与思想、真实和虚假、现实和幻象、科学理念和宗教信仰之间的一个新的、令人困惑的临界空间。在彼岸，既存在宏观意义上不同种族间、上流阶层对"下流社会"的倾轧，也存在人性之光的照拂，星星点点，洒落银河，不灭，或许就是永恒。

巧助"触发器"破解"知"的局限

　　延续笔者之前《欲望的边界》《跨越黑天鹅和灰犀牛的坎》《智识的冒险》《摆脱巨婴》等著作的风格特点和价值取向，《价值盲盒：精英的见识、探索和我们的时代》虽说聚焦于"精英的思维方式"，但它毕竟不是一本教科书，因此，解释"精英的思维方式"不是重点，链接现实情况并纠正人们对于"精英的思维方式"认识可能存在的偏差才是本书的意图所在。在篇幅允许的情况下，每一章都尽可能地为读者提供一系列独特性的

[①]普罗米修斯是希腊神话中的人物，他从太阳神阿波罗那里盗走火种送给人类，给人类带来了光明，是一位让人敬仰的神。他因此而受到宙斯的处罚，被绑在高加索山，每日忍受风吹日晒和鹫鹰啄食，后被赫拉克勒斯救出。

新知和新思考。

　　精英阶层有一个很大的特点，就是流程的固定与习惯的养成。有学术机构考察了 50 个近代最有影响力的作家、哲学家和思想家，他们的流程各有不同，但共同点都是有自己的流程。德国作家和古典哲学创始人伊曼努尔·康德（Immanuel Kant）每天总是在同一个时间从家里走着去大学，以至于路上的围观群众都能拿他对表。他甚至每天光顾同一家咖啡店、买同一款咖啡，固定上午实施写作、下午给明天的写作激发新想法……这些流程都是精英们固定保持下来的做法。美国知名心理学家伯尔赫斯·弗雷德里克·斯金纳（Burrhus Frederic Skinner）曾说，人的行为是可以"设计"的，你要做的是设置好"触发器"。

　　老鼠看见食物就想吃；帅哥看到美女就想搭讪；看到某只股票疯涨投资人就想追高；人看到椅子就想坐下；你在回家的路上看见一家叫"地地道道"的烧烤店就往右转。食物、椅子和烧烤店就是"行为触发器"。因为你多次这么做，"触发器"和行为之间就有了一个强的连接，以后你一遇到触发器就会自然这么做。你可以把时间和行为连接起来，每天到点就做同样的事。除了流程、纪律、环境和工具，精英们精心选择的东西，还包括"人"。

　　"人生就像一盒巧克力，你永远不知道下一个吃到的是什么味道。"电影《阿甘正传》里的这句经典台词，如果放在现在，可能会被改成："价值（智识）就像一个盲盒，你永远不知道下一个开出的是什么。"这里不妨作一个声明：本书没有什么高深的内容，顶多只能算是一个在变化环境下的提醒，希望能够引起读者朋友们对"精英的思维方式"的关注。如果"行"上有困难，常常是因为"知"上有局限。这种局限并不一定表现为不知道，而是忽略了或者忘记了。在阅读时，大家不妨沿着相关章节所讨论的内容，温习并扩展思考相应的"精英的思维方式"。如果能结合新科技、投资、企业管理、处理危机等具体实践，进行一些基础性建设，那么这本书的目的才算是初步达到了。

此书的出版，犹如一个新生的婴儿经过长期艰辛的孕育，一朝分娩，就以独立的个体呈现给世人了。此时，笔者既无比欣喜，又对其能否得到读者认可有些忐忑。在 2019 年末到 2022 年末这 3 年的时间里，世人经历的首先是新冠疫情引发全球进入"艰难的经济低迷期"，然后是俄乌战争，之后是能源危机、通货膨胀、气候危机等等。这本书的大部分文章就是在这段"至暗时刻"断断续续撰写完成的，谨望其能对读者理解过去、当下乃至未来可能面临的机遇和挑战，以及由此引申的结构改革的着力点有些许帮助，抛砖引玉，供广大读者及同人指正。

本书的部分文章或章节曾刊发于《上海证券报》、《解放日报》、香港《文汇报》等知名纸媒，在此特别感谢沈飞昊、秦宏、顾学文、王一、尉玮等诸位编辑老师。感谢深圳出版社（原海天出版社）韩海彬、靳红慧等编辑老师悉心审读本书，并提出大量有益的编辑、修改意见。另外，还要感谢众多亲朋师友的支持和鼓励，这里就不一一列出了，笔者一并致以诚挚的感谢！

目　录

Part Three

迷人的系统

Part Four

危机的惆怅

未来的谜题

Part Five

PART ONE

投机的魅影

有很多钱的人，能够投机；有很少钱的人，不可以投机；根本没有钱的人，必须投机。

——安德烈·科斯托拉尼（Andre Kostolany），

德国"证券教父"

应当怎样看待经济生活中的投机活动，历来是一个很有争议的问题。意大利作曲家朱塞佩·威尔第（Giuseppe Verdi）创作的歌剧《弄臣》里面有一首著名的歌曲就是公爵唱的"女人善变"。歌词大意是，女人善变，就像空中飘浮的羽毛。谁要是不经意地将心事告诉她，谁将是个可怜虫。

里面实际上包含一个真理：要投资而不要投机，要将投资的命运寄托在企业经营的命运上，而不是寄托在把握股市的波动上。因为股市善变，就像空中飘浮的羽毛。谁要是不经意地将命运托付给它，谁将是个可怜虫。另外庄家善骗，就像大灰狼骗小白兔，谁要是将命运寄托在和庄家的周旋上，谁将是个可怜虫。有"华尔街教父"美誉的本杰明·格雷厄姆把股市比喻为"市场先生"，是正确认识股市和价格波动的关键所在。如果你把股市波动也想象成善变的"市场小姐"，不要将命运寄托在她的身上，或许也可以加深认识。

徘徊在天堂与地狱间

他的去世为一个时代画上了句号。他的功过任由后人评说。

——《纽约时报》当年致给利弗莫尔的哀悼词

广受年轻人追捧的"爽剧",早已成为全球流行的文化现象。譬如,2020年秋天火热全网的《后翼弃兵》①(*The Queen's Gambit*),便是其中一例。它说的是因车祸而成为孤儿的贝丝·哈蒙如何凭借"天赋 + 执着"成为国际象棋高手,横扫从国内到国际的赛场,最终成为世界冠军的故事。连一向挑剔的豆瓣网友们也曾为该剧打出了 9.2 的高分。

也许大家都坚信如此"开挂"的人生,只有在文学或影视作品当中才能看到。然而,就在 19 世纪 70 年代的美国,一位叫作杰西·利弗莫尔的天才,开启了他比贝丝·哈蒙更加传奇而惊心动魄的人生。他的故事后来被人奉为投资的"圣经",甚至被当作行业内的教科书,只不过他大显身手的天地并非棋局,而是股市。美国著名记者、专栏作家和政治家埃德温·勒菲弗②(Edwin Lefevre)有机会对利弗莫尔进行深入采访,讲述了其在 1922 年前传奇般的投资经历,并连载于《星期六晚邮报》,而后集结成

---

① 由斯科特·弗兰克执导,该剧改编自沃尔特·特维斯 1983 年的小说,讲述一位年轻的国际象棋奇才从孤儿院逐渐登上国际舞台的故事。
② 其主要著作有《股票大作手回忆录》《华尔街故事集》《金色的洪流》《劫掠者》《一位股票经纪人的成长》等 8 部著作。1922 年,作者对杰西·利弗莫尔进行采访,在发表了 12 篇系列专题报道后,将之整编成书。该书于 1923 年出版,出版后广受读者欢迎和热爱,书中主人翁的股票交易理念影响至今。

《股票大作手回忆录》(*Reminiscences of a stock operator*)。这部作品一经发表出版，拥趸众多，无论是交易心理，还是人性，均在这份厚重的回忆录中被剖析得淋漓尽致。勒菲弗也从此名声大噪，成为知名财经记者。

从计价员到"华尔街巨熊"

利弗莫尔是谁？早在 1999 年，《纽约时报》就曾发起了一个名为"百年美股第一人"的民众投票，列入候选的有"金融大鳄"索罗斯，最牛基金经理彼得·林奇、"股神"巴菲特等，但最终高票当选的却是已故半个多世纪的利弗莫尔。在《股票大作手回忆录》中，勒菲弗一开始就提到利弗莫尔的投机生涯是从做计价员开始的。

利弗莫尔于 1877 年 7 月 26 日出生于马萨诸塞州①的一户农家。10 岁时，利弗莫尔就已经明白，随遇而安的父亲绝不会是他效仿的对象。透过从波士顿送来的寥寥数份报纸，利弗莫尔仿佛越出了"井口"看到了头顶上的广阔天空，花花世界的奢华令他萌生了外出闯荡的想法。命运的"牢笼"终究没有困住利弗莫尔，14 岁的他揣着 5 美元搭上了去往波士顿的顺风车。仅仅 1 年后，他的身价就上涨了 200 倍。

与当下许多年轻人进入大城市后选择"躺平"②的方式不同，利弗莫尔来到波士顿后，便进入了一家证券经纪公司做行情计价员。这份工作让利弗莫尔渐渐地意识到了自己记忆超群的天赋，并很快掌握了盘口语言，甚

---

① 位于美国东北部，是新英格兰地区的一部分。在中文中，通常简称"麻州"或"麻省"。
② 躺平，网络流行词。指无论对方做出什么反应，你内心都毫无波澜，对此不会有任何反应或者反抗，表示顺从心理。多指一种"不作为""不反抗""不努力"的生活态度，以此为生活理念的群体即"躺平族"，面对各种压力选择"一躺了之"。

至能够从股价的涨跌中看出些门道来。利弗莫尔对股价的敏锐直觉使他得到了同事以及客户的关注，甚至是喜爱。

这种被"认可"的感觉，让利弗莫尔找到了自己存在的价值和人生方向，他准备开始投身于自己的生意。在一次午餐的休息间隙，他和人凑了5美元，将理想付诸实践，并从股市赚到了第一笔钱——3.12美元。从此，他一发不可收，开启了传奇的一生。

在利弗莫尔赚到1000美元时，他辞掉了工作，全身心地投入到投机事业中去。不到21岁，他就赚到了第一个1万美元。因为总是能赚到钱，以至于波士顿的所有投机商行纷纷禁止他入场交易，并给他起了一个"少年作手"的名号。

1907年10月24日，利弗莫尔达到了他人生的第一个事业高峰。在当日市场崩盘中，他通过做空狂赚100万美元，以至于当时出手力挽狂澜的金融泰斗J.P.摩根也不得不请他高抬贵手，放市场一马。利弗莫尔次日反手做多，最终结果是斩获300万美元，"华尔街巨熊"之盛名由此确立。这一年，他30岁。

多次起死回生

利弗莫尔是20世纪20年代华尔街赚钱最多的人，堪称投机行业里无人能及的奇才。但是，他的一生也充满坎坷。利弗莫尔曾经四次破产，可是每次都能凭借智慧和意志力，走出困境，东山再起，堪称是华尔街传奇。其中，在1914年，利弗莫尔第三次破产后打的一场漂亮的翻身仗，成就了他一生中最为经典的"战役"。

故事是这样的：破产后的利弗莫尔欠下数百万美元的巨额债务，很多人都认为他这下彻底完了，当时只有一家券商承诺可以为他提供一笔为数500股交易额度的信用支持。也就是说，对他的投机生涯而言，只有一粒子弹，一次扣动扳机的机会，非赢即输。要抓住这唯一的机会需要同时满足四个条件：看对大盘、选对股票、抓住时机、拿出勇气。其中，无论缺了哪一个都会造成永远无法翻身的结果。

由于在1914年8月至12月期间，因第一次世界大战爆发，华尔街闭市，在进入1915年2月至3月之时，利弗莫尔已看好大发战争财的伯利恒钢铁公司。在两年中，伯利恒钢铁公司的每股盈利已经从6.5美元火箭般地上升至28美元，但是股价始终徘徊在50美元附近，其原因不是公司的经营出了问题，而是整个经济处于萧条中，市场低迷的人气大大地压抑了股价的表现。利弗莫尔从50美元就开始观察该股，但没有急于出手，而是一直等到该股股价超过90美元，才在98美元价位果断出手买进。因为，他认为此时该股已经完全确认了上升趋势，并且达到无法撼动的程度。然后，利弗莫尔再以145美元卖出。就这样，一个破产的人刹那间恢复了所有的成功信心和再次搏击的资本。

为了这一击而中，利弗莫尔花了6周的时间耐心等待，而"博浪一击"的成功操作仅用了2天。利弗莫尔事后回忆，这是他所经历过的最折磨人的6周。在这次交易中，利弗莫尔判断准确，出手果断，经此一役他再也不是那个从前任人摆布、错误百出的操盘手了。

在随后的1929年大崩溃中，52岁的利弗莫尔达到了自己人生中的事业顶峰。他雇用了40名统计员作为自己的助手，在那个没有电脑和网络的年代，用人工计算的方式对市场上全部股票的涨跌进行统计和跟踪，结果发现虽然当时道琼斯工业指数涨势喜人，但是在广泛选取的1002只股票中，上涨个股有338只，下跌却达到614只。利弗莫尔果断卖空，赚取了1亿美元。

靠交易赚钱的难度非常大

利弗莫尔在伯利恒钢铁公司上的成功投机不是偶然。在此之前，他曾经有过多次重大失误。在书中，利弗莫尔也非常坦诚地记载了自己所犯的各种错误。

比如，在 1906 年，一家特别的公司引起他的注意，这就是太平洋联合铁路公司。他认为这只股票已经涨到非同寻常的高位，到了非跌不可的时候。于是他开始做空这家公司，虽然太平洋联合铁路公司的股票屡创新高，但是利弗莫尔坚持自己的判断。

就在这时，旧金山发生地震，城市遭到破坏，铁路也陷入废墟。太平洋联合铁路公司大跳水，此时利弗莫尔的身价已经突破百万美元。然而，过度的自信会使人对危机失去警觉。自信爆棚的利弗莫尔认为那些相信市场还要一直涨的人是"傻瓜"。于是他又一次开始做空了，并将目光继续锁定在太平洋联合铁路公司。他错误地认为，如果 160 美元价格太高了从而做空它，那么到了 165 美元更要做空它。利弗莫尔不断地加仓做空，然而一件不可预知的意外发生了：太平洋联合铁路公司突然宣布分红 10% 作为"额外"奖金。伴随着股价急速上涨，利弗莫尔转瞬间破产了。

但是这次破产也令利弗莫尔有所收获。他发现，报价带来的波动并不能精准地预测价格波动，图表技术也不能预测未来的价格波动。同时，聪明的利弗莫尔很快就明白了一件事，靠交易赚钱的难度其实非常大，仅仅靠研究股票的基本面是不够的。

经历了多次失败后，利弗莫尔意识到："研究个股比研究整体市场容易多了，以前总是从个股的波动入手，没有考虑整体市场趋势，我必须要改变这一点。"

利弗莫尔也不再轻率地预测股市走势。他认为，有经验的交易者必须避免的一个陷阱是，企图找出大盘交易的涨跌周期，而准确地预测出市场的最高点和最低点是完全不可能的，最好的办法是小心谨慎，避免出错。推动牛市的主要力量是资金，是资金的供给，是投资者真正的态度和情绪，即他们是愿意买进还是卖出。因此，"我一直尽我的最大努力跟踪资金的流向"。

利弗莫尔是一个独行侠，一生只为自己交易，从不听任何小道消息和内幕传闻。尽管利弗莫尔被认为是"投机客"，但他的成功还是建立在他对世界经济的深刻认识上，他对经济现象的穿透力确实为常人所不及。利弗莫尔的心得是，一个股票交易者必须能够看到他所看到的东西背后隐藏着什么，必须对此经过仔细的分析，从根本上说，每个人收到的信息都是一样的，可为什么有人赚钱，有人赔钱呢？就是因为他们对他们所收到的信息理解不同。

这种不同常人的理解力，让利弗莫尔保持了独立性，不盲目在市场变动中随波逐流。"在一些事情看起来已经了无希望的时候，我并不感到慌张，反而仍然按照自己的路子往前走；相反，在一切事情看起来一帆风顺、令人欢欣鼓舞的时候，我却认为，这也许是平仓的最好时机。我就是想比其他所有人都先看到这一点，这就是为什么我总能在沉默中坚持自己的看法，避免和任何可能改变我的想法的人交谈的原因。"

重复犯错是人类的本性

利弗莫尔喜欢名贵的雪茄和钓鱼，拥有漂亮而挥金如土的妻子，他的投资完全依赖于个人分析和自己的资金。他遇到的那些华尔街"老炮"一个比一个奸诈，而利弗莫尔比他们更胜一筹。利弗莫尔因此也被称为"华尔街孤狼"。

利弗莫尔这只"孤狼"没有受过高等教育，没有系统地学习过投资理论知识，他的操作方法完全依靠实战经验，以及从多次血本无归的失败中感悟出来的教训。但是我们从他实际交易中体会到的东西，仍会比纸上谈兵的说教要深刻得多。

利弗莫尔认为，犯错甚至重复犯错是人类的本性。比如，他提到曾经因为轻信他人和自我贪婪而面临满盘皆输的局面。对待人性中的弱点和易犯错误的态度，可以说是利弗莫尔教给投资者最多的地方。他始终会从错误和亏损中总结经验，积累和提炼投资禁忌和原则，包括："不要企图抓住行情最后的 1/8 美元，或者最初的 1/8 美元，这两个 1/8 美元是世界上代价最高的 1/8 美元。""不论在哪个市场，如果开局便错，就不值得再做下去了。""开始行动的时候，一上来就满仓是不明智的，除非你确信市场条件完全合适，第一笔有利润，否则不可做第二笔。良好的开端是成功的一半。交易的成败在很大程度上取决于精准选择合适的时机开始行动。"

到了 1923 年，利弗莫尔在股市上已经拼搏 32 年了，此时他 46 岁。但他对自己的职业仍然有一种难以遏止的求知欲，他总是不断地学习股票交易技术。他还对市场心理学怀有浓厚的学习兴趣，曾在夜校学习心理学课程，以便更好地了解人的本性。利弗莫尔的结论是，在市场上起作用的想法也许有好几百万种，但从根本上说，必须学习和了解的心态却只有几个，尤其是恐惧和希望，因为人的本性是有共同特征的。

利弗莫尔认为投资者需要控制自己的情绪，尤其是恐惧心理。恐惧就隐藏在所有正常人生活的表象之下。恐惧可以在心跳的时候、在呼吸加速的时候、在眼睛被蒙住的时候、在被一只手抓住的时候或在听见枪声的时候出现。当恐惧出现时，正常的推理被扭曲了。理智的人在感到恐惧的时候，他们的行为就不理智了。当人们开始赔钱时，他们就感到害怕了，他们的判断力也减弱了，这就是人的本性。而聪明的股市交易者总是能控制好自己的情绪，他们在交易时，总是能够想到将来，而不是只想到现在，当然，更不会想到过去。因此，一个知道如何看报价单的人，在这种时刻，就像是一个能够预言未来的水晶球[①]，总能够看出哪些板块正在上涨，正在出现新的回升，将成为新的强势股。

一场失败的人生

然而，令人遗憾的是，这位天才、勤奋的华尔街"投机之王"的辉煌并没有延续下去，在他晚年的时候，不但又一次破产，而且还自杀了。

关于利弗莫尔的结局在《股票大作手回忆录》里并没有记载。很多人把利弗莫尔的自杀归结为始于 1929 年的美国经济大萧条[②]。其实，在 1929 年崩盘前，美国经济空前高涨，资金从美国的各个角落涌向华尔街，炒股成为全国性的消遣娱乐，小老百姓们纷纷把全部家当都投入股市。此时，利弗莫尔敏锐地感觉到，美国的工业和金融业即将走入困境，于是他开始持续做空。1929 年反而成为他一生辉煌的巅峰。

但是接下来，利弗莫尔的运气似乎就不那么好了。1931 年底，利弗莫尔财产的半数不见了。到 1933 年，剩下的另一半也不见了。特别是在一

---

①大多数人对于水晶球的印象就是《格林童话》中的巫婆手里拿着的占卜工具，但实际上，水晶球占卜是从华夏地区流传过去的。远在华夏文明的上古时期，水晶球就已经成为当时一种常态的占卜工具了，随着时间的推移，这种预言方式开始渐渐地流传到了欧洲、非洲以及美洲地区，并且一直应用至今天。

②指 1929 年至 1933 年之间发源于美国，后来波及整个资本主义世界，其中包括美国、英国、法兰西第三共和国、德国和日本帝国等资本主义国家的经济危机。大萧条是现代社会持续时间最长的经济萧条，不仅导致了长期的大规模失业，也改变了社会关系，摧毁了执政政府，帮助纳粹党及法西斯上台，最终导致了第二次世界大战的爆发。

些必胜无疑的交易上，利弗莫尔以前常用的方法也失灵了。到了 1934 年，他不得不申请破产。利弗莫尔破产后，美国经济还处于低谷，股市一直到 1954 年才有起色。

1940 年 11 月的一个大雪纷飞的日子，利弗莫尔走进一家大旅馆的卫生间，朝自己的脑袋扣动了扳机。总结利弗莫尔的一生，就像希腊神话中的西西弗斯 ①，在不停地"白手起家—暴富—破产—从头再来"的循环里度过。利弗莫尔非常善于总结投资上的教训，但却在一次次失败后，依然赌上全部身家。最后，这位投机大师选择了做空他自己，他留下的最后一句话是："我的一生是一场失败。"

其实利弗莫尔有机会选择新的人生，当他把自己挣的第一笔 1 万美元给妈妈看的时候，妈妈曾经对他说："孩子，你应该找份正经的工作来做。"但是，他拒绝了。

彼时的美国贫富差距极大，利弗莫尔这样的"高富帅"并不受媒体与普通民众的青睐。媒体称他为滥赌之徒、职业大熊、专事逆市掠夺的强盗。其逆市操作的连连得手以及放荡不羁的生活方式，更令他招致众人的嫉妒。"我亏钱时，是因为我错了，而不是因为我放荡不羁或是过度享乐。"利弗莫尔对公众义务的漠视凸显出了其极为自我的个性。利弗莫尔无疑是伟大的交易者，但是在时代的选择面前，他只能做一只井底之蛙。他的做空令华尔街胆寒，令其财富迅速膨胀，但也让人们开始认清股市的"虚伪"。

如果利弗莫尔能早一些收手，不再参与任何交易，那么他完全可以度

---

① 西西弗斯是希腊神话中的人物，与更加悲剧的俄狄浦斯王类似，西西弗斯是科林斯的建立者和国王。他甚至一度绑架了死神，让世间没有了死亡。最后，西西弗斯触犯了众神，诸神为了惩罚西西弗斯，便要求他把一块巨石推上山顶，而由于那巨石太重了，每每未上山顶就又滚下山去，前功尽弃，于是他就不断重复、永无止境地做这件事——诸神认为再也没有比进行这种无效无望的劳动更为严厉的惩罚了。西西弗斯的生命就在这样一件无效又无望的劳作当中慢慢消耗殆尽。

过一个美好的晚年。利弗莫尔赚钱后野心太大了，想控制股市，所以才导致破产。

利弗莫尔离开这个世界时的宁静，仿佛也是在注解他曾说的一句话："你可能是一时的国王，但你永远无法打败市场。"人的本质中永远蕴含着非理性的一面。交易本来就不仅仅是和外在的市场博弈，更艰难的是交易者还需要战胜自己的本能、情绪等非理性因素。在利弗莫尔的晚年，曾有人问他："你有这么丰富的经验，怎么还让自己干这种蠢事呢？"利弗莫尔回答："很简单，我是人，也有人性的弱点。"

利弗莫尔不是不清楚自己的弱点，而且为了控制住这些弱点，他曾总结了很多"铁律"，比如投资者需要着重考虑的是时间因素，是情感平衡，是耐心修炼；投资者切忌一夜暴富的赌徒心态[1]和浮躁心理；投资者最好永远作为市场的学生，不能中断自我的学习过程；等等。

利弗莫尔也知道，真正意义上的投机并不容易，他自己也总结出投机的要点："除非你把炒股当作事业，否则你在这行生存的机会不大。"也就是说，要是你只是把炒股当成业余消遣，不肯投入过多的精力，除非你悟性好，能略有斩获，多数情况下，你也必定是输家，并且无论所处的经济背景、股市的规范程度如何，你都很难摆脱这一宿命。

由此看来，利弗莫尔其实很理性，但是他却依然违背了从前遵守的原则，在太多胜利的面前，他对风险的认识一直在淡化："我一直认为假如只花 100 万就能得到教训，何必去花那么多呢？"

从这个意义上说，利弗莫尔的一生对所有的投机者都蕴含着强烈的

---

[1]不是仅仅存在于赌徒中，可以说每个人都或多或少拥有这样的心理。单从赌博来说，就是输了还想再把输掉的赢回来，赢了还想继续赢下去，使自己的占有欲得到进一步的满足，而且，单单赌博是可以为自己带来一些利益的获取，这样就使得赌徒心理有了生长的环境。从大的方面来讲，人们在很多方面也经常利用或被利用了赌徒心理。

警示：一个让多少人难以望其项背的顶尖高手，最终的结局却是失败。投机，注定是输家的游戏。正像先锋集团创始人、"指数基金之父"约翰·博格所说："我们忙于愚蠢的短期投机，却将睿智的长期投资放在一边。我们忽视了那些容易获得的天然真钻石，却去寻求那些骗人的工艺复杂的假钻石。"

股市是人性弱点的放大器。利弗莫尔自己也曾说过，犯错甚至重复犯错是人类的本性。可见，纵然理论知识渊博、观察细致敏锐、交易技术出众，但是如果不能克服人性的弱点，那么冒险的次数越多，血本无归的概率也就越大。即使智慧如利弗莫尔，纵然可以多次在失败和成功中循环，但最终也会磨灭对未来的信心。

《股票大作手回忆录》虽然对情节的处理带有一定的虚构成分，但书中对投资、市场和人生的总结却入木三分。这也是为什么在几十年后，依然有很多人将其奉为投资"圣经"。正如利弗莫尔自己说的——"财富来来去去，股票此起彼落，但华尔街永远没变，因为人性永远都不会改变。"

识别"大而罕见"和"小而常见"

你永远也不可能做到了解自己或市场的方方面面。

——"成长股价值投资策略之父"菲利普·费雪

比尔·米勒（Bill Miller）与彼得·林奇、约翰·聂夫被誉为"美国共同基金三剑客"。他曾连续 15 年跑赢标准普尔 500 指数。1991 年至 2005 年期间，米勒管理的美盛价值信托基金取得了 980% 的总回报，年均复合收益率约 16.44%，管理规模从 7.5 亿美元增长至 200 亿美元。在此之前，最高纪录由彼得·林奇创造，他曾连续 8 年战胜标准普尔 500 指数。米勒连胜的年限几乎是彼得·林奇的两倍，也因此被华尔街誉为点石成金的"金手指"。

在《比尔·米勒投资之道》（*The Man Who Beats the S&P: Investing with Bill Miller*）中，美国格雷厄姆证券分析和价值投资领域研究专家、财经畅销书作家珍妮特·洛（Janet Lowe）认为，米勒是在一个对价值型基金经理充满敌意的市场中创造了这些纪录的。基于此，米勒看起来似乎不太可能成为投资界的超级明星。她给出的理由是"与乔治·索罗斯不同，米勒不会进行影响整个政局的戏剧性和高风险投资；与彼得·林奇不同，米勒并没有为一家把他立为营销标杆的大型金融公司工作；与沃伦·巴菲特不同，米勒生性不善于展现自我"。但是，在"价值投资"越来越成为人们口中泡泡糖的当下，米勒和他团队的卓越绩效表现、独特投资风格、对商业模式的深入理解和注重内在价值的投资哲学或许不应被人漠视。

要么很快理解，要么永不理解

米勒的成长轨迹与传统的商学院教育相去甚远。米勒的父亲是一家货运公司的销售主管，家境并不宽裕，但他经常向儿子灌输理财和投资的观念。

米勒偶然发现股市时，还是个朝气蓬勃、精力充沛的 9 岁孩子，靠修剪草坪赚取零花钱。在太阳的暴晒下，米勒汗流浃背地工作一段时间，才能获得不到 1 美元的报酬。而米勒的父亲那时总是在读报纸上的金融资讯，这让小米勒十分好奇，他常常问父亲在读些什么。米勒的父亲指向股票行情列表的一栏，上面清楚地写着 "+1/4" 的字样，然后父亲说：如果你昨天持有这家公司的股票，今天就会比昨天多赚 25 美分。

当时米勒猛然觉得，与为了挣 1 美元而忍受的诸多辛苦相比，这听起来似乎颇为容易和轻松。高中时，米勒读到了人生中的第一本投资书《我如何在股市赚了 200 万》，这本书的作者尼古拉斯·达瓦斯[①]是一位舞蹈演员，后来成了分析股票图表的专家，这更进一步激发了米勒对投资的兴

①尼古拉斯·达瓦斯（Nicolas Darvas，1920—1977），出生于匈牙利，曾在布达佩斯大学学习经济学。在 1943 年 6 月二战期间，23 岁的达瓦斯用伪造的出境签证逃离匈牙利，到了土耳其的伊斯坦布尔。不久以后，他遇到了同父异母的妹妹朱莉娅。1951 年，他来到美国，加入了一家国际专业舞蹈团（达瓦斯与朱莉娅舞蹈团）。1952 年 11 月，这支舞蹈团预备前往多伦多一家夜总会演出，得到的报酬却是一些股票而非现金。虽然未能成行，但却开启了达瓦斯的炒股之旅。这是加拿大一家名叫布里伦德公司（Brilund）的矿业公司所发行的低价股。当时，达瓦斯基本上对股票一无所知。对方提供 6000 股作为报酬，每股市价 50 美分。事实上，他的多伦多演出后来未能如期举行，但出于好意，他还是买下了这些股票。此后，达瓦斯便把这事抛在了脑后。两个月后，他才第一次看看这只股票的价格。这一下，他吃惊不小：眼下已经涨到了每股 1.9 美元。他简直无法相信自己的眼睛，立即卖掉了所有的股份，从中净赚近 8000 美元。这种交易的盈利前景，让他惊叹不已，从此，他便一门心思扎进了股市。达瓦斯根据自己的投资经历撰写了《我如何在股市赚了 200 万》，该书出版以后非常火爆，在 8 周之内就销售了 20 万册，在投资者群体中引起了巨大反响，很多投资者模仿达瓦斯箱体理论的方法买进卖出，尤其是也学习达瓦斯使用停损单。这个在股市中造成一个很不好的结果，就是一个一个的停损单会触发股价连锁的下跌，所以交易所不胜其烦，最终也修改了停损单的使用规则。

趣。16 岁时，米勒用当棒球裁判员赚来的 75 美元买了他人生的第一只股票——美国无线电公司（RCA），最终赚了大约 600 美元。

度过了修剪草坪的少年时代，米勒成为一名经济学专业本科生。在求学过程中，他接触到了价值投资和本杰明·格雷厄姆的思想——"一旦有人向你阐释了价值投资的理念，你要么很快理解，要么永不理解"。米勒显然属于前者，他觉得价值投资的理念甚合他自己的本意。米勒对股票投资的兴趣由此不断增长，但他不限于研究投资，还学习经济和欧洲思想史。1972 年大学毕业后，米勒花了一些时间旅行，并作为军事情报官员在海外服役。回国后，米勒于 1981 年开始了他在约翰·霍普金斯大学的哲学博士课程。哲学的学习和研究对米勒影响深远，他开始把自己定义为"一个实用主义者"。

通过研究，米勒认识到在固有思维之外思考的重要性，而这是很多成功的基金管理者必备的一种思想意识。其中，哈佛大学著名心理学和哲学教授威廉·詹姆斯的"实用主义"哲学对米勒的价值投资体系形成产生了很大影响。用詹姆斯自己的话说，"实用主义的方法不是去看最先的事物、原则、'范畴'和假定的必需的东西；而是去看最后的事物、收获、效果和事实"，有用即真理。哲学的学习使米勒更愿意突破常规的思维模式，尽管这些模式曾被证明是有效的。

米勒还很重视思辨性的东西，他曾在圣塔菲研究所与商业领袖、生物学家、经济学家、物理学家和其他边缘学科的学者进行长时间、深入的讨论。米勒以充沛的精力和炽热的激情突破思维上的束缚，潜心钻研物理学、生物学、哲学和心理学，并把从这些学科中学到的经验，努力与投资世界联系起来。

在攻读博士学位的闲暇，米勒还继续深入阅读关于股票市场的书籍，并开始管理资金。最初他只管理家族成员的资产，而后逐渐开始为朋友管理资产，并形成了自己的投资理念。1982 年，米勒开始了基金经理生涯，他和厄尼·基恩共同发起并管理美盛价值信托基金。在那段时间，米勒和基恩非常重视用市盈率、市净率、市现率等财务指标选择投资标的，并取得了非常好的效果。但是，1982 年以后，这一曾经为米勒和基恩创造出良好业绩的方法失效了。当时的投资者都聚集到高增长、高市盈率的公司中，1990 年爆发的海湾战争以及此后的经济衰退，为基金营造了更为恶劣的投资环境。

20 世纪 90 年代后期，由于搭档基恩退休，米勒一个人全面负责打理美盛价值信托基金，第一次独自掌控资产配置。他开始逐渐尝试着把从哲学中获得的理解运用到投资实践中，自此之后的 10 多年内，其管理的基金每年都能跑赢标准普尔 500 指数。米勒被认为是"华尔街"最为成功的投资管理人之一。

享受富有挑战性的智力谜题

"米勒把投资当作一种智力练习，他很享受这种富有挑战性的智力谜题。"在书中，珍妮特·洛提到，从 20 世纪 60 年代中期到 90 年代中期的 30 年间，价值型基金一直是领跑市场的基金类型，但自 1995 年以来，价值型基金被成长型基金取代。一些成长型基金经理声称，米勒在 20 世纪 90 年代取得了骄人的业绩，仅仅是因为他放弃了"价值原则"，从旧经济的蓝筹公司转向了新经济的高科技公司。

米勒确实进入当下流行的科技世界，科技股在他的投资组合中占据了重要地位。然而，这丝毫没有减少他对基本价值投资理念的热爱。米勒看到了未来，他知道，在某种程度上，价值投资理念必须和高科技商业世界相互结合、相互致意并建立关系。米勒认定，科技和传统企业之间并没有严格的投资界限。他独具慧眼，将亚马逊、戴尔、谷歌、苹果、特斯拉等一众互联网明星和高科技企业纳入囊中。他还最早提出"亚马逊的市值一定能超过沃尔玛"，直到今天他依然持有亚马逊的股票。

米勒在投资中并没有专门考量宏观经济的因素，但在他为股票评估设定的各种情景中，都能看到宏观经济的身影。米勒当时敏锐地意识到，世界正从规模生产、商品制造经济向信息化、数字化、高科技经济转型，未来的社会发展将向后者倾斜。从历史上看，几乎每隔50年至100年，世界经济就会发生深刻而彻底的结构性变化。比如，18世纪时期，经济实现了从家庭作坊到简单制造的转变；18世纪晚期，第一次工业革命使蒸汽动力成为发展主流；19世纪20年代，国际贸易攀升至顶峰；到19世纪中期时，经济出现分野，一部分人成为资本家，而另一部分人则成为劳动力；20世纪以来，大规模生产逐渐成为人们关注的焦点。每一次的社会进步，都会导致生产资料、社会分工和经济基础等经济要素的转变。在即将进入21世纪的当口，智力密集型企业如雨后春笋般地兴起，它们遵循"赢家通吃"的市场经济法则，管理被重新定义为对下一个技术影响的一系列探索和追求。

20世纪90年代末，互联网和尖端的通信公司给世界带来了一场深刻的革命。收入增长、网站流量和消费模式才是"本垒打"背后的强大动力。但是，许多价值投资者对此仍然视而不见，拒绝涉足高科技领域。当米勒将他对科技公司的理解运用于投资领域中时，被许多人指责背离了"价值投资"的阵营。当时，太阳微系统、易安信（EMC）和甲骨文等高科技公司表现良好，它们的市盈率均为个位数。即便如此，价值型基金经理对它们仍敬而远之。从1996年开始，米勒掌舵的美盛价值信托基金的科技股权重明显高于大多数价值型基金。1999年底，美盛价值信托基金在科技股上的权重达到 40% 以上。在其持股的名单中，包括安进、诺基亚、戴尔、美国在线、亚马逊、微软和赛门铁克等许多高科技公司。这些公司大部分存活至今，其中亚马逊和微软已经发展成为全球顶级的科技巨擘。对于这些公司的投资充分体现了米勒的远见卓识。

米勒对科技股的大胆介入，也离不开对著名经济学家、复杂性科学先驱布莱恩·阿瑟（Brian Arthur）相关经济思想的积极借鉴。阿瑟最钟爱的一项进化经济学原则是"收益递增"。收益递增是一种积极的反馈，即任何前进的事物，都有进一步前进的趋势；但如果落后了，就会进一步落后。与"收益递增"对应的是"收益递减"。在收益递减的环境中，随着一家公司的发展壮大，它会变得越来越举步维艰，而被束缚在市场的平衡点上。这样的公司越是通过增加市场份额来取得领先，就越会导致成本的增加和利润的降低，快速陷入困境。那些属于基础能源领域的经济部门，如石油、农业、大宗商品生产、木材工业等，在很大程度上会受到"收益递减"的影响。而在知识型经济中，大多由"收益递增"型行业占主导地位，比如计算机、制药、导弹、飞机、汽车、软件、电信设备和光纤等。

米勒虽然是新经济的拥趸，但他的成功仍然建立在价值投资的基石之上。与纯粹主义者本杰明·格雷厄姆一样，米勒对"市场先生"表现出来的善变情绪不予理睬。他认定，试图预测市场走向或猜测市场定价过高还是过低，几乎没有任何意义。与价值投资者的偶像沃伦·巴菲特一样，米勒看重特许经营权的价值，这也是他喜欢亚马逊的原因之一。与约翰·伯尔·威廉姆斯一样，米勒愿意在计算数据时进行预测。与查理·芒格一样，米勒到处寻找投资线索。与所有价值投资者一样，米勒在购买股票时也会考虑安全边际，为投资留下容错的空间。与红杉基金的威廉·鲁安一样，米勒也不是一个频繁交易者，他买入并持有。他说："我很容易买到没有任何短期收益的股票，但我有信心这只股票的长期表现将跑赢大盘。"在买进许多高科技股的同时，他也像彼得·林奇一样，买入了垃圾处理公司、超市、玩具制造商等传统行业的股票。

米勒的成功并没有颠覆价值投资的原理，"能力圈"的原理依然颠扑不破。兵无常势，水无常形。尽管价值投资一直被奉为投资界的金科玉律，但对于这一铁律的挑战或者经常创造出超凡的业绩回报，米勒的哲学家身份和美盛价值信托基金突出的业绩表现生动地证明了这一点。

让赢家继续奔跑

在职业生涯的早期，米勒就明白，试图预测股票市场的走势，并根据预测的结果进行投资，不是一个明智的投资选择。然而，和许多投资者一样，米勒内心深处感受到了赌博和投资的相似之处。早在 20 世纪 80 年代，米勒就曾读过一本名为《幸福派》的书，书中讲述了一群物理学家和计算机科学家密谋策划，在拉斯维加斯大发横财的故事。他们的方法是在赌客的鞋子里安装一台电子设备，利用统计数据来预测轮盘赌会落在什么数字和颜色上。这一愚蠢的计划并未取得成功，但让米勒最感兴趣的是，这些概率论专家中的一些人放弃了他们的职业，摇身一变成了基金经理。

自从米勒完全独自掌控美盛价值信托基金后，他敏锐地意识到，在投资过程中没有什么事情是百分之百确定的。米勒完全预料到自己会犯一些错误，但他也预料到自己会有足够多次的判断正确，从而铸就自己辉煌的业绩。

在书中，珍妮特·洛通过对比研究发现，米勒关于投资输赢的概率思维也与众不同。20 世纪 90 年代初，米勒曾与同为基金经理的克里斯托弗·戴维斯（戴维斯家族第三代）讨论投资策略，戴维斯说他的投资目标是正确的次数超过犯错的次数。然而，米勒对此并不认同。他认为，真正有意义的是你正确的时候能赚多少。如果你 10 次错了 9 次，股票变得一钱不值，但只要第 10 次上涨了 20 倍，你就翻盘了。

这里需要提醒投资者们注意的是，米勒所说的是"并列关系"，而不是"先后关系"。如果是"先后关系"，100 万美元经历 9 次 90% 的下跌，即使上涨 20 倍，现值也接近于零。如果是"并列关系"，100 万美元等分投资 10 只股票，其中 9 只下跌 90%，1 只上涨 20 倍，最终收益率为 109%。米勒的上述思路，与彼得·林奇提出的"十倍股"概念有异曲同工之妙。

米勒的概率思维，在他的投资组合里更是体现得淋漓尽致。据统计，1998 年至 2002 年的短短 5 年间，米勒所管理的价值信托基金，有 10 只股票的跌幅超过 75%，其中还包括安然和世界通信等三家破产的公司。然而，米勒在 1996 年以 2000 万美元投资了戴尔电脑，其持仓市值在 20 世纪末膨胀至 10 亿美元。极少数大幅获利的股票，最终弥补了大量投资失误所造成的损失。从某种程度上讲，米勒的风格和做法更接近于风投。

米勒用解构标准普尔 500 指数的方法来研究它的走势，就像棒球教练研究比赛录像一样。米勒常常问自己和其他同行：为什么标准普尔 500 指数的表现能超过 95% 的共同基金？米勒通过深入观察和对比研究发现，指数的成分股遵循着"强者恒强"的铁律。也就是说，只有当一家公司变弱时，它才可能被剔除出指数；当一家公司越来越强时，它会被指数保留；当一家公司被收购时，它就会退出指数，而新的股票将填补这一空缺。标准普尔 500 指数不会因为微软越来越大而缩减它，指数的策略是"让赢家继续奔跑"。米勒由此得出结论，为了达到某种理想的"平衡"而不断地折腾投资组合中的股票，这种做法通常是错误的。

估测未来可能发生的事情

有人曾调侃米勒"这家伙在美国在线和戴尔上赚的钱比上帝赚的钱还要多"。纵观米勒的投资历程，仔细分析他的一些经典的投资决策，人们可以看出以下一些因素促成了米勒的成功，包括良好的投资思维、坚定的价值投资等。

"价值投资之父"本杰明·格雷厄姆曾告诫他的学生：要认真思考、独立思考；不要听信小道消息；在看完报纸的商业版后不要产生购物冲动；不要仅凭直觉行事；做好自己的功课；注意保持客观理性。虽然投资者可以互相学习、分享知识，但是要谨慎选择学习的对象。

随波逐流只会使投资至多获得平均回报率。对于米勒来说，格雷厄姆的课通俗易懂。米勒本身就是一个独立的思想者，他被格雷厄姆自由开放的投资分析方法深深吸引。反过来，米勒也经常鼓励他的管理团队进行"思维实验"。他的很多想法都是最前沿的自然科学和经济学结合在一起的产物。比如，当米勒着手激励他的基金经理时，他会将昆虫与选股者进行类比。米勒指出，两者都必须学会有效地识别"大而罕见"和"小而常见"的目标。他说："每件事情，都可能蕴含着潜在的投资机遇。"

1996 年底，当米勒决定投资美国在线的时候，他还借鉴了来自科学界的发现：一堆纽扣和线。这是他从理论生物学家斯图尔特·考夫曼那里听来的比喻。当时，美国在线正被滚滚而来的业务浪潮淹没，一些专家认为，那些对糟糕的服务感到失望的用户将会集体取消订阅服务。但米勒认为，就像一串串由线连接起来的纽扣一样，已经有大量的计算机用户在使用美国在线提供的服务，这些客户已经对这项业务产生了依赖，而且会坚持一直使用它。

尽管米勒向来独立思考，但是他也善于利用别人的经验来丰富和完善自己的投资体系。不过，米勒的不同之处在于，他把自己的涉猎范围拓展到投资世界的标准课程之外，包括一系列冗长而枯燥的指导方针和衡量标准。

一个投资管理人或者个人投资者要取得成功，特别是长久的成功，需要突破两个"瓶颈"：第一个"瓶颈"是专业素养，就是说他要具备与投资相关的知识；另一个"瓶颈"是他的投资思维。市场上的资金管理者多如牛毛，不断有新人加入进来，同时也不断有人失败出局，市场一直保持着高流转性和淘汰率。究其原因，在于大多数的投资管理人缺乏一套系统性的投资思维。米勒在这个方面做得非常出色，在整个投资生涯中，他对哲学的兴趣与他对股票的热爱不相上下。他受"实用主义"哲学影响比较大，在做投资决策时，更多地依靠对哲学的理解，把实用主义看作是使眼光超越表象，在大多数投资者的视野中，发现投资机会的手段。

米勒接手基金之后，便较少地依据从历史数据，或是经济、数学理论推测得出的预测。相反，他会根据当前的情形，估测一些未来可能发生的事情。由于脱离了回顾式预测分析的依赖，米勒打开了一个可能产生准确信息的新天地。

在任何必须做出决策的时候，信息都是至关重要的。当信息过载时，对信息的巧妙管理是必不可少的。珍妮特·洛认为遵循米勒风格的危险在于：一些投资者会陷入其中，全身心投入分析过程，很容易"一叶障目，不见泰山"，从而迷失目标。尤其是对那些缺乏分析能力的投资者来说，随着更多的信息流入，决策将变得越来越困难。只有当信息评估不成为思考和行动的替代品时，米勒的方法或许才有借鉴意义。

珍妮特·洛也承认："比尔·米勒的投资方法并不适合所有人。它需要专注、勤勉、刻苦、耐心和无比的自信，但会获得相应的回报。"这对于那些热爱研究、分析、钻研企业发展潜力，以及喜欢不断自我进化、自我突破的人来说，无疑是一条理想的进阶之路。

"模型先生"靠什么傲视群雄

别希望自己每次都正确，如果犯了错，越快止损越好。

——投机大师伯纳德·巴鲁克

这组数据能证明大奖章基金掌舵人詹姆斯·西蒙斯（James Simons）并非浪得虚名：从 1988 年到 2018 年这 30 年间，他操盘的大奖章基金平均年化复合收益率高达 39.1%，这还是扣除了 5% 的管理费和 44% 的业绩提成后的结果。这个投资收益较同期标普 500 指数年均回报率高 20 多个百分点，比"金融大鳄"索罗斯和"股神"巴菲特的表现都高出 10 余个百分点。即使是在次贷危机爆发的 2008 年，该基金的回报率仍高达 82%。而在 2020 年，虽然新冠疫情席卷全球并对量化投资带来了非常大的挑战，大奖章基金仍获得了 76% 的费后收益。

由《华尔街日报》特约撰稿人、三次获得杰拉尔德·勒布奖的格里高利·祖克曼（Gregory Zuckerman）撰写的《征服市场的人：西蒙斯传》（*The Man Who Solved the Market: How Jim Simons Launched the Quant Revolution*）讲述了西蒙斯这位"非典型数学家"是如何带领一群由博弈论、物理学、密码破译、量子力学、计算机编程、数学等领域的科学家组成的投研团队，如何创立文艺复兴科技公司，又是如何在华尔街发起量化投资革命。

从"数学天才"到"模型先生"

1938 年出生于美国波士顿牛顿镇的西蒙斯，是一个制鞋厂老板的后代。"你应该做喜欢的事情，而不是你觉得应该做的事情。"西蒙斯从没有忘记父亲从小就一直不断告诫他的这句话。西蒙斯最喜欢做的事情是思考数学问题，他经常沉溺于对数字、形状和斜率的思考之中。

俗话说"3 岁看老"，正是在 3 岁这个年龄，西蒙斯就能算出某个数字的两倍和一半各是多少，还可以算出 2 到 32 的平方数，并且丝毫不觉得厌烦。有一天，在全家人去海滩的路上，父亲停车下来加油，这个举动使西蒙斯颇为困惑。他对汽车耗尽汽油的现象产生了浓厚的兴趣：车永远都不需要加油，因为即使用掉一半的油，油箱里还有另一半，如果每次都只用一半，那么永远都不会用尽。

在书中，祖克曼提到西蒙斯这种想法同战国时期庄子提出的"一尺之捶，日取其半，万世不竭"①的思想有相似之处。也类似于古希腊哲学家芝诺提出的一个著名的悖论：乌龟和阿喀琉斯（希腊传说中的英雄）赛跑（即芝诺悖论）。乌龟提前跑了一段，假设为 100 米，假设阿喀琉斯的速度为乌龟的 10 倍，这样当阿喀琉斯跑 100 米到达乌龟的出发点时，乌龟向前跑了 10 米；当阿喀琉斯再追了这 10 米时，乌龟又向前跑了 1 米……如此下去，因为追赶者必须首先到达被追赶者的原来位置，所以被追赶者总是在追赶者的前面，由此得出阿喀琉斯永远追不上乌龟的结论。这些想法体现了原始的微积分思想，而西蒙斯自幼年时就开始琢磨类似的问题，真是让人不可思议。

---

① 语出《庄子·天下》。意思是一尺长的棍棒，每日截取它的一半，永远截不完。形象地说明了事物具有无限可分性。

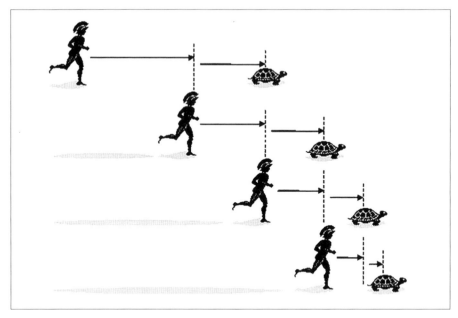

芝诺悖论图

从牛顿高中毕业后，西蒙斯这个在人们眼中有点近乎偏执的"数学天才"，在 23 岁时就获得了加州大学伯克利分校数学博士学位。在进入投资界之前，他还做了 8 年的数学教学和国防科研工作，而立之年即被任命为纽约州立石溪大学数学系主任。西蒙斯最著名的研究成果是和华裔著名数学家陈省身[①]教授一起发表论文《特征形式与几何常量》，并提出了对数学和物理学影响深远的"陈-西蒙斯常量"（Chern-Simons Theory）。该几何常量对理论物理学具有重要意义，被广泛应用于从超引力到黑洞的各大领域。截至 2019 年，陈省身和西蒙斯的论文被引用的次数已达数万次，平

①陈省身（1911—2004），祖籍浙江嘉兴，是 20 世纪最伟大的几何学家之一，被誉为"整体微分几何之父"。早在 20 世纪 40 年代，陈省身结合微分几何与拓扑学的方法，完成了两项划时代的重要工作：高斯－博内－陈定理和 Hermitian 流形的示性类理论，为大范围微分几何提供了不可缺少的工具。这些概念和工具，已远远超过微分几何与拓扑学的范围，成为整个现代数学中的重要组成部分。

均每天都有 3 次，这也奠定了西蒙斯在数学和物理学领域的殿堂级地位。1976 年，西蒙斯还获得了 5 年颁发一次的维布伦奖，这是美国数学界的最高荣耀。

"我虽然沉浸在数学之中，但从未完全融入数学圈子，我总有着一些别的想法。"数学天赋和成就并没有使西蒙斯满足，他的血液里似乎天生流淌着一种不安分基因，催促他不断寻找新的刺激，那些在金融市场流动的天文数字和跳动的价格波动，对西蒙斯产生巨大的吸引力。终于，一件小事成为他走出学术象牙塔投身到投资搏击场的催化剂。就在西蒙斯获得维布伦奖后不久，一位同事参股一家瓷砖公司，结果 8 个月所获得的盈利相当于西蒙斯全部资产的 10 倍。这使西蒙斯大受震动，跃跃欲试。

1978 年，全球各种货币的弹性加大，开始和黄金价格脱钩，英镑也开始暴跌。年届不惑的西蒙斯看准了这个市场机会，他毅然决然地辞职离开石溪大学，决心转向专注投资，拉上三五好友成立了英文名为"Monemetrics"（即金融计量学，也就是后来的文艺复兴科技公司的前身）基金公司，从事商品、债券和外汇交易。

起初，西蒙斯并未想过把自己的数学天赋运用到投资之中。恰恰相反，公司当时采用的是业界主流的基本面分析法，比如通过分析美联储货币政策和利率走向来判断市场价格走势。虽然公司的盈利不错，但市场的大起大落始终让西蒙斯胆战心惊，这让他萌生了要以更为客观的数学模型代替人做决定的想法："我想要在我睡觉的时候都能帮我赚钱的模型。"从此，西蒙斯放弃了基本面分析，彻底转型为"模型先生"。

巧借模型分析

西蒙斯在从事国防分析研究工作时，曾创建过数学模型用来捕捉"敌方"通信数据之中隐藏的真实信号。他深信完全可以用数学模型挖掘出价格背后所潜藏的规律。西蒙斯在创立文艺复兴科技公司前后共用了 12 年时间研发计算机模型，筛选了数十亿数据资料，从中挑选出中意的证券买进、卖出。人们后来将西蒙斯的这种投资方式称为"定量投资"。

到底如何将数学模型和统计学方法融入金融交易之中呢？西蒙斯一开始就把投资比作"一个难解的谜题"，因为在当时毕竟这还是一条未有前人走过的路。西蒙斯的对策是广招英才，从昔日就职的单位和科研机构找来了一批奇人异士，开发了一个计算机模型。这些人士包括博弈论专家埃尔文·伯勒坎普、美国国防分析学院的密码学专家列尼·鲍姆、美国数学协会 Cole（科伦）奖得主詹姆斯·埃克斯，普林斯顿大学数学系教授亨利·劳弗和 IBM 语音实验室的大牛人罗伯特·默瑟等。这是一个完全屏蔽了人类干预的系统，他们做的就是挖掘海量的价格数据，去除交易流程中的情感因素，其中包含了数据清洗 ①、信号机制 ② 和回溯测试 ③ 等步骤。

在那个时代，乔治·索罗斯、彼得·林奇、比尔·格罗斯等一批优秀的投资者已经开始崭露头角。他们凭借智力、直觉以及传统的经济指标和技术分析，在国际金融市场上获得了巨大收益。相比之下，西蒙斯的交易思想和策略，不仅在校园未受到欢迎，在其他领域也鲜为人知。同时，西蒙

---

① 数据清洗是指发现并纠正数据文件中可识别的错误的最后一道程序，包括检查数据一致性，处理无效值和缺失值等。

② 信号机制是一种异步的通知机制，用来提醒进程一个事件已经发生。当一个信号发送给一个进程，操作系统中断了进程正常的控制流程，此时，任何非原子操作都将被中断。如果进程定义了信号的处理函数，那么它将被执行，否则就执行默认的处理函数。

③ 回溯测试是交易者或投资者在探索新市场和策略时可以使用的工具。回溯测试可基于历史数据提供宝贵反馈，并辨别投资理念是否合理。

斯并不懂得如何管理现金流、评估新产品和预测利率走势。他所做的仅仅
是挖掘海量的价格数据，尽管当时的华尔街对此毫无概念，甚至都没有一
个合适的名字来概括这种方法，但是西蒙斯已经嗅到了计算机交易系统胜
利的味道。

祖克曼通过调查和走访发现，西蒙斯将他的数学理论巧妙地运用于股
票投资实战中，即针对不同市场设计数量化的投资管理模型，以电脑运算
为主导，并在全球各种市场上进行短线交易，这就是他的成功秘诀。文艺
复兴科技公司主要由三个部分组成，即电脑和系统专家、研究人员和交易
人员。西蒙斯每周都要和研究团队见一次面，共同探讨交易细节以及如何
使交易策略更加完善。

一开始大奖章基金表现平平，1988 年的回报率仅为 8.8%，甚至团队内
部也摩擦不断，但经过几个月的调整后，终于找到了基金的定位，即所谓
的"壁虎式投资法"，就像壁虎一样平时趴在墙上一动不动，蚊子一旦出
现就迅速将其吃掉，然后恢复平静，等待下一个机会。西蒙斯的策略是通
过对短期的商品行为数据进行挖掘，捕捉市场中转瞬即逝的微小盈利机会，
就如同在不计其数的干扰电波中寻找传递的密文一般。虽然单笔交易获利
较小，但通过重复交易，鉴于大数定律①和凯利法则②，就能取得可观回报。

这个频繁交易的策略与华尔街流行的"买入并长期持有"的理念截
然相反。借助模型分析，西蒙斯和他的团队仔细检视历史价格数据，以期
找出未来可能重复出现的价格走势。这个策略隐含的假设前提是投资者的
行为会不断重复，即已有的事，后必再有；已行的事，后必再行。日光之

---

① 概率论历史上第一个极限定理属于伯努利，后人称之为"大数定律"。概率论中讨论随机变量
　序列的算术平均值向随机变量各数学期望的算术平均值收敛的定律。在随机事件的大量重复出
　现中，往往呈现几乎必然的规律，这个规律就是大数定律。通俗地说，这个定理就是，在试验
　不变的条件下，重复试验多次，随机事件的频率近似于它的概率。偶然中包含着某种必然。
② 所谓的凯利法则，是指企业的成功靠团队，而不是靠个人。

下，并无新事。

华尔街的大佬们基本上把这种方法看作"暗黑艺术"，但是西蒙斯确信这种方法是行得通的，前提是要用更科学和更复杂的形式来实现，并且只应用于短期交易，而非长期投资。他们还认为，如果交易不频繁，每次交易成果对公司都具有较大的影响，那么如果亏损的交易多来几次，公司就完蛋了。但是如果交易频繁，那么单次交易的结果就不至于那么重要，有助于降低公司的整体风险。如果交易得足够多，那么只要保证其中51%是盈利的就够了。

通过不断筛选挖掘数据，西蒙斯和他的团队发现了周内价格变化规律。比如说，周一的价格变化常常是周五趋势的延续，而到了周二，这个趋势会反转。他们还发现前一天的交易常常可以引领后一天的市况，他称之为"24小时效应"。大奖章基金开始利用这些发现。如果周五的市场展现出清晰的上升趋势，那么大奖章基金会在周五收盘前顺势买入，在下周一早上就卖出，期望能够利用"周末效应"占到便宜。

西蒙斯和他的团队创建了一个理论：场内交易者对商品和债券的买卖有利于保持市场的流动性。比如他们会在周末来临前清仓，以防周末传来坏消息导致亏损。与之相类似的是商品交易所的场内经纪人会在经济数据公布前减仓，以防低于预期的数据导致头寸蒙受损失。这些交易商在过完周末或者经济数据公布之后会立即补仓，从而又助力价格反弹。大奖章基金的交易系统会利用这个规律，在交易商们卖出时买入，在他们觉得安全了又重新买入时，再把头寸卖回给他们。

外汇市场的异常现象也提供了颇具吸引力的交易机会，特别是在德国马克的交易中。西蒙斯和他的团队发现：一旦某一天马克升值了，它第二天继续升值的概率非常高；而如果它贬值了，那么第二天大概率会继续贬值。无论是看月度、周度、日度甚至小时数据的相关性，德国马克都展现出一种不同寻常的价格趋势，这种趋势甚至比想象中的更明显。

在 1989 年末，西蒙斯开始将这一新的交易方法应用在基金的管理上，取得了令人震惊的效果：大奖章基金的交易频率大大提高，基金的平均持有时间从之前的一周半被减到一天半，更重要的是，基金几乎每天都在赚钱。

西蒙斯和他的团队找到的某些交易信号并不特别新奇和复杂，但是很多投资者都忽视了。这些信号要么出现的概率不足 50%，要么相对于交易成本的潜在盈利空间太小。投资者选择忽视，继续寻找更丰厚的投资机会，就像渔夫忽视网中的孔雀鱼，总想着抓大鱼一样。但是由于交易的频率很高，所以大奖章基金认为这些孔雀鱼也很值得拥有。不过，当市场处于极端波动等特殊时刻，大奖章基金的交易会切换到手工状态。西蒙斯虽然相信量化交易，但不完全信任自动交易系统。在市场危机中，他倾向于减少对某些信号的依赖性，这曾使那些始终认为应该交由计算机程序来发出交易指令的研究人员感到懊恼。

就这样，"壁虎式投资法"创造了令人惊叹的业绩：1990 年，即大奖章基金重回正轨的第一年，其回报率就达到了惊人的 56%，而当年标普 500 的回报率仅为 –3.1%。在之后的 30 年里，直至西蒙斯退居二线，大奖章基金一骑绝尘，从未出现过年度亏损，即使是在 1994 年美联储重启加息周期、2000 年互联网泡沫破裂和 2008 年次贷危机时，依旧傲视群雄，堪称金融史上的一大奇迹，因此被称为"华尔街的印钞机"。

找出被忽略的关键多维因素

东晋大诗人陶渊明在《形影神赠答诗》中写道："纵浪大化中，不喜亦不惧。应尽便须尽，无复独多虑。"诗中关于形影神三者之间的辩证关系与基金行业当下的热门话题"量化基金"有诸多相通之处。量化投资策略以及对应的各类量化基金冲浪于"大数据＋人工智能"时代，但本质上只是投资研究和投资执行过程中的一种工具和方式。量化基金既不是百发百中的金如意，更不是不可见人的"黑匣子"。量化策略与其他所有投资策略一样服务于投资价值的实现，在事实上"天下同归而殊途，一致而百虑"（《易经·系辞下》）。

在纽约有一种说法："你必须非主流才能入流。"西蒙斯特立独行的一生，刚好是这句话的注解。作为一位数学家，西蒙斯也深知靠幸运只有1/2的成功概率，要战胜市场必须以周密而准确的计算为基础。西蒙斯的成功极大推动了量化投资的发展。一直以来，导致市场失效的原因多而复杂，跑赢市场要么依靠信息优势，要么能够做到小输大赢。大奖章基金抓住了50.75%的机会，并做到100%正确。西蒙斯和他的团队依靠的是应用数据科学去发现大数据中隐藏的那些与各种股票价格相关的多种因素和相互关系，找出容易被其他投资者忽略的关键多维因素，从而获得击败市场的信息优势。

西蒙斯透露，"只有系统能决定我们交易什么"。经过多年的实践和探索，西蒙斯和他的团队总结出了发现交易信号的三个步骤：识别历史价格数据中的异常模式；确保异常在统计上显著，随着时间的推移表现一致且并非随机；查看是否可以合理解释与之相关的价格表现。西蒙斯还反复强调："我是模型先生，不想进行基本面分析，模型的优势之一是可以降低风险。而依靠个人判断选股，你可能一夜暴富，也可能在第二天又输得精光。"

韬光养晦是优秀的对冲基金经理恪守的准则，西蒙斯也是如此，即使是华尔街专业人士，对他及其旗下的文艺复兴科技公司也所知甚少。西蒙斯对于投资策略的保密，有内外两种完全相反的做法：对内鼓励公司内部的研究人员分享、探讨和合作；对外是严格保密，需要员工签署极其严苛的保密协议。公司的研究人员很多是数学家和计算机科学家，这些人通常比较内向，习惯的工作方式是自己一个人研究，而西蒙斯具备数学家中罕见的善于交际的"领袖型人格"，能让这些内向的聪明人团队协作，不停地改进单一交易系统和多因子交易策略，进而带来了 1+1>2 的效果，而这也伴随着机密泄露的风险，投资策略一旦泄露就会失效，所以他也会用各种严苛条款来控制这种风险。

一个人要在一个新领域成为专家，至少需要花费 10 年时间。而成为投资家所需缴纳的"学费"更昂贵。大众普遍看到的是西蒙斯作为一个数学家能够轻易跨界成功，然而这并不是全部真相，即便是西蒙斯这样的天才人物也经历了各种挫折。1988 年，西蒙斯设立大奖章基金时已经 50 岁了，此前他在投资上已经历了 10 多年的挫折。西蒙斯的成功还有一个时代背景，那就是电子计算机和信息技术在 20 世纪 90 年代之后的高速发展，使得数学在"量化投资"领域有了用武之地。

按照祖克曼的叙述和分析，西蒙斯的高明之处在于，他真正地将科学性带入了金融市场，虽然在他之前也有不少经济学家运用数理手段对市场进行研究，但他们更关心的是演绎的精确性，而不是模型与现实世界的重合度。

西蒙斯正是认识到了这一点，积极寻找市场偏差中隐藏的可理解信息，而不是数据相关性背后的深层原因，并以此为基础发展出了自己的交易策略。同时，他所主导的文艺复兴科技公司以数据和模型为导向，将交易过程高度自动化，从而避免了个人认知偏见和主观情绪的干扰。诚如哈佛大学经济学教授安德瑞·史莱佛在其所著的《并非有效的市场》一书中所言：市场中其实存在许多微小的无效之处。这些无效之处只能通过庞大的数据集和强大的计算能力发现，而文艺复兴科技公司则找到并运用了正确的方法。

必须提醒的是，对于普通投资者来说，与其苦心钻研西蒙斯的投资策略，购买指数基金类的被动投资或许更为保险。在《征服市场的人：西蒙斯传》最后一章"量化投资的未来"中，祖克曼也给市场参与者留下了一段耐人寻味的箴言："市场具有比大多数人想象中更多的无效性。实际上，对投资者而言，他们可以用以获利的无效性和潜在机会比大众所设想的要少。尽管文艺复兴科技公司聚集了独特的数据、高超的计算能力、特殊人才以及交易和风险管理领域的专业知识，但也仅能从其略微超过50%的交易获利。这表明试图击败市场有多困难，以及大多数投资者尝试这样做是多么愚蠢。"

资本市场最具吸引力的一个特征，就是其提供了林林总总的可能性，投资者可以根据自己的偏好，选择与探索不同的投资路径，并且承担投资决策的结果。西蒙斯只是一个数学家，对投资的历史知之甚少。然而，西蒙斯一生中的大部分时间都致力于解开谜题和应对挑战。他始终坚信：每一件事都有它美的一面，他一生都在"被美丽指引"，找一群正确的人，用正确的方法探索把事情做正确。很显然，拥有过人的数学基础是西蒙斯在投资界游刃有余的一个制胜法宝。比起基金经理人的身份，他更像是一位精通数学的书生，通过复杂的赔率和概率计算，最终成为金融界的传奇人物。

怎样摆脱"高买低卖"的魔咒

世界上只有两位真正伟大的投资者，他们是史文森和巴菲特。

——摩根士丹利投资管理公司原董事长巴顿·毕格斯

与其他在当今投资界留下深刻印记的投资大师一样，大卫·F.史文森（David F. Swensen）思维缜密、判断精确，同时要求严格。但是与其他投资大师不同的是，史文森能游刃有余地游走于理论与实务之间，并且能够融会贯通：一方面，由他开创的"耶鲁模式"使其成为机构投资的教父级人物；另一方面，由他培养的人才不仅在耶鲁创造了佳绩，也向哈佛大学捐赠基金、麻省理工学院捐赠基金、洛克菲勒基金会、希尔顿基金会等重要投资机构输出了领导力量。

不论是投资还是从教，史文森似乎总是在主流思潮之外，寻找着"特立独行"的自我。与众不同并不代表能做到更好，而史文森恰恰能很好地做到这一点。在他的专著《非凡的成功：个人投资的制胜之道》（*Unconventional Success: A Fundamental Approach to Personal Investment*）中，史文森立足全球视野，从资产配置、择时交易和证券选择等维度出发，开诚布公地为个人投资者讲述了投资的基本法则，他给出的不仅仅是答案，而且还是每一名个人投资者都应掌握的思维框架和行动指南。

开创"耶鲁模式"

在威斯康星州①河瀑市长大的史文森，从小受爷爷、父母的影响和熏陶，认识到生活中有许多重要的事情不能用金钱来衡量。当思想走在了市场发展前沿之时，史文森在校园的象牙塔中早就寻找到了精神的寄托。1975 年在耶鲁大学读经济学博士期间，史文森便结识了后来获得诺贝尔经济学奖的詹姆斯·托宾。托宾是资产组合选择的开创者，史文森直接从他的身上吸取了颇多营养，这也是他后来提出创新性多样化投资组合的基础。

1980 年，史文森博士毕业并进入所罗门兄弟公司。1981 年，他因为参与设计第一个货币互换协议而改写了金融历史。第二年，他被雷曼兄弟挖走，掌管新成立的互换部门……在华尔街初露锋芒后，史文森应托宾之邀于 1985 年出任耶鲁大学首席投资官。

当时耶鲁捐赠基金的投资回报率正处于低谷。从 1970 年到 1982 年，耶鲁捐赠基金的年均净收益率仅为 6.5%。该基金 3/4 以上的资产投资于美国股票、债券和现金，只有 1/10 投资于所谓的"另类投资工具"。因为缺乏资产管理经验，史文森起初也不知该如何管理耶鲁这笔巨大的捐赠基金。在与耶鲁投资高层多次开会沟通之后，史文森最终决定将投资组合理论付诸实践。

史文森所"设计"的耶鲁捐赠基金分散投资组合是这样的：美国国内股票 30%、国外发达市场股票 15%、新兴市场股票 5%、不动产和自然资

---

① "威斯康星（Wisconsin）"的州名是由法文中的一个印第安词源改编而来。它可能来自奥吉布瓦语（Ojibwe）的词语"密斯瓦星宁（Miskwasiniing）"，意指"红石之地"，这也可能影响到威斯康星河的命名，河名由法文记载的欧斯康星（Ouisconsin）改至今日的英文名称。然而，现今奥吉布瓦语文中的"威斯库星（Wiishkoonsing）"或"瓦扎斯库星（Wazhashkoonsing）"，意指"麝鼠栖息之地"或"小麝鼠之地"。其他理论则有威斯康星之名源于"水的聚会"或"巨石"之说。威斯康星之名最初只被用于威斯康星河，在威斯康星正式成为一州后泛指整个州。

源 20%、美国国债 15%、通货膨胀保值债券（TIPS）15%。这种多元资产组合证券的投资方式，与传统的公司、大学或者教会捐赠基金的投资方式有天壤之别。史文森将投资方案中债券的比重由先前的 70% 降到了 30%，并且调整后债券中的一半都是美国通货膨胀保值债券。与之相对应，史文森将股票的比重由原来的 30% 增加到 50%，同时还大幅投资国外证券产品。他坚信这种非传统的投资方式可以战胜股市，而且风险比较小，因为组合里的各种资产是"不相关的"。尽管史文森的一些投资项目本身具有很大的风险，但这些投资组合却恰恰验证了投资组合理论所预料的：降低了波动性，提高收益率。

史文森没有墨守成规、因循守旧，在他领导的耶鲁捐赠基金 20 多年里，其凭借果敢的投资决策风格、极高的团队领导魅力，使得该捐赠基金创造了近 17% 的年均回报率，在同行中无人能及。史文森始终坚持的"股票偏好 + 多元化 + 另类投资"投资组合理念，开创了"耶鲁模式"。由于此模式带来的持续高额投资回报，使其他的捐赠基金和机构都争相效仿。

什么才是最重要的

史文森的出类拔萃主要体现在环境越是艰难，竞争越是激烈，他的投资组合的表现反而越好。在投资实践的具体操作中，史文森并不是从抽象的思维角度进行概述性说明，而是循序渐进地给出了个人投资者可以进行操作的步骤。

在书中，史文森开宗明义地指出，资本市场为投资者提供了赚取投资收益的三类工具，即资产配置、择时交易和证券选择。这三类工具就像"三把钥匙"，只有弄清了这三者之间的关系，投资者才会真正重视那些有利于长期投资目标的因素。

对于资产配置，史文森颇为认同这样的配置准则："偏重持有股票、投资组合多元化和对税负敏感。"具体而言就是，把资产配置到股票之类的投资工具上突出了投资组合的特色，因为正是那些预期能带来更高收益的高风险头寸最终创造了更多财富；将资金投入一系列业绩表现各不相同的资产类别能提升投资组合的特性，因为多元化的投资组合可以降低风险，并最终带来更稳定的收益；重视不同种类大类资产在税收负担水平上的差异，同时考虑投资组合策略在纳税后的实际收益水平，将有助于提高投资组合的业绩，因为得到改善的资产组合可以创造更高的税后收益率。

如果说资产配置是一项长期的决策，那么择时交易则是对资产配置长期目标的背离。这是因为对一个精心设计的长期目标组合做短期的投机性赌注是前后矛盾的。择时交易很容易增持过去表现强劲的资产并减持过去表现疲软的资产，但这并不是一个好方法，最终都会产生负面影响。换言之，由企业不断成长所驱动的收益，才是投资者最应该追求的、最具有确定性的投资选择，而不是所谓的"市场套利"。

而在证券选择方面，对于一个无论由 2 种证券或 20 种证券所组成的投资组合，如果投资者采取的都是被动管理策略，那么他们都将获得市场收益。如此，证券选择就没有任何意义。但是许多投资者都奉行主动管理的策略，试图战胜市场，其实这是一场"零和游戏"，即胜者的收益刚好抵消了败者的亏损。对于整个投资团体，证券选择在投资业绩中起了减少收益的作用。

经过多年的探索和实践，史文森发现，投资者如果理解了哪些力量可以把资产配置放在了主要地位，而将择时交易和证券选择放在次要地位，就能对如何构建证券投资组合有重大的领悟。在结构合理的投资组合中，史文森坚信有三条基本投资准则始终影响着资产配置的决策。

其一，在构建投资组合时，长期投资者应着眼于侧重股票资产。不管是耶鲁大学管理学院教授罗格·伊博森过去78年的投资收益率调查报告，还是沃顿商学院金融学教授杰里米·西格尔在《股市长线投资》中的研究，都证明了在很长的持有期内，股市能带来丰厚的收益。

其二，稳健的投资者应构造一个非常多元化的投资组合。一直以来，经济学研究者都信奉"天下没有免费的午餐"，但有一点还是会让他们觉得惊讶，那就是诺贝尔经济学奖得主哈里·马科维茨把多元化投资称为经济领域中罕见的"免费的午餐"。借助于多元化投资，投资者可以在降低风险的同时保持稳定的收益率水平。

其三，在构造投资组合时，聪明的投资者应充分考虑到税负造成的影响。根据麻省理工学院经济学家詹姆斯·波特巴的研究和测算，在过去25年里，对股息和利息所征税的税率要远远高于对长期资本收益的征税率。

这三条基本投资准则，既符合常识认知，也是学术理论所倡导的，但令人吃惊的是，在现实的资产配置活动中，投资者并没有集中精力解决首要问题——制定合理的长期资产配置目标，却将注意力过多地放到证券选择和择时交易这些次要问题上。

接受被冷落的产品

在《非凡的成功：个人投资的制胜之道》中，史文森还提出了一种反向投资策略，即建议投资者选择不以营利为目的的基金管理公司，通过远离主动管理型基金，并挑选忠实于客户利益的共同基金经理，构建一个高度多元化、被动管理型的投资组合，从而为自己的成功投资创造先决条件。

在达尔文式的商业世界中，只有胜利才能孕育出下一个成功。而在投资者的世界中，当下的失败会为未来的成功埋下种子，选择投资价格具有吸引力、不为人关注的产品，通常会比选择高价、受追捧的产品更能带来高额预期收益率。

怎样摆脱"高买低卖"的魔咒？通过多年的实践探索，史文森建议反向投资者要意志坚定地买入并持有非传统型投资组合，如果投资者由于非传统投资策略的业绩表现不佳，就中途放弃，并转向使用近期业绩表现不错的投资方法，那么就会因"高买低卖"而亏损。情况往往是在这些投资者放弃反传统策略之后的一段时间里，市场理性又会重占上风，而原本短期内并不被看好的反向投资组合开始大放光芒，"高买低卖"的投资者最终只会自食苦果。

毋庸置疑，反向操作是绝大多数投资策略成功的核心所在。然而不幸的是，对于投资者而言，人性总是渴望跟随大众来获得正向强化。"每个人都喜欢胜利者，所以没有人喜欢我。"在电影《酒店》[①]中，萨莉·鲍尔斯所说的这一句话正是对这种世俗态度所做的最好诠释。

英国经济学家凯恩斯也曾言："大多数人都会告诉我们，相比非同凡响的成功，传统型的失败听起来要更好一点。"凯恩斯的这条至理名言可谓深入投资圈的每个角落。以人为鉴，可以明得失、悟成败之道。不盲目相信市场的历史经验，也不拘泥于固定的思维范式。史文森关于"耶鲁模式"的资产配置、反向投资策略等诸多探索实践，或许是在提示众多个人投资者：唯有"不落俗套"或"离经叛道"才能续写新的投资篇章。

---

① 改编自法国著名作家左拉的同名文学名著《小酒店》，本片被认为是最佳版本。让·雷诺阿拍摄的《娜娜》系本片的续集。故事讲述一个女人在被情人抛弃后去做洗衣妇并独自抚养两个孩子，后来她和一个老实的工人结婚，又生下一女，丈夫不幸摔断腿，在家休养；她在用完积蓄后开了一家小店维持生计。当初遗弃她的老情人又来找她，并促使她丈夫酗酒；不久后丈夫染上酒瘾，老情人又在家白吃白喝，她辛苦工作仍然无法支付这些人的开支，结果他们竟然也怂恿她一起来借酒浇愁，于是被酒精弄得家破人亡……本片忠实于左拉的原著，充满了对现实生活的控诉和对下层人民悲惨命运的同情。

T 神的道与术

投资人的心境必须和乌龟一样，慢慢观察，谨慎买卖。

—— 日本"股神"是川银藏

"他以股票为吃饭、睡觉的伴侣，如果有一个人在富达每周工作 7 天，那就是他。"被投资圈戏称为"T 神"的乔尔·蒂林哈斯特（Joel Tillinghast），不仅是彼得·林奇亲自选定的衣钵传人，更保持了惊人的近 30 年的成功选股纪录。1989 年，蒂林哈斯特创建了富达低价股基金，从那时起到现在，该基金年平均回报率高达 13.8%，规模达到 400 多亿美元。早前，当人们提起富达基金，投资界首先就会想到超级明星彼得·林奇，不过现在，蒂林哈斯特的一举一动更加引人瞩目。

蒂林哈斯特是一个典型的价值型投资者，他将自己如何锻造价值投资的"道与术"，以及数十年来应对市场不确定性的方法汇集在《大钱细思：优秀投资者如何思考和决断》（*Big Money Thinks Small: Biases, Blind Spots, and Smarter Investing*）专著中。虽说成功难以复制或照搬，但站在巨人肩膀上学习经验和教训，或许才有可能成功或少走弯路。

押注"经济趋势"的一场惨败

罗马不是一天建成的。在《大钱细思：优秀投资者如何思考和决断》

中，蒂林哈斯特披露了很多自己投资进阶的过程和感悟，而这一切的起点，都来自早年押注"经济趋势"的一场期货合约买卖惨败历程。

早在 1980 年，蒂林哈斯特刚刚到德崇证券做研究员。入行不久的蒂林哈斯特对投资还只是一知半解，他的投资逻辑是将经济数据与利率联系起来，观察其中的关系，然后用利率变化推导股指变化，再用股指变化计算个股走势。

那时，蒂林哈斯特正在读商学院课程，身负大量的学生贷款，用少得可怜的存款维系着生活。所以他参与市场交易的初始，不得不从小做起，从一份期货合约买卖开始。

1983 年 1 月，美国失业率高达 11.4%，到了 5 月下降到 9.8%，到了 12 月 8 日，已经降到 8%。蒂林哈斯特完全看好当时的市场就业前景，并明显感觉到经济的走强，于是便在期货市场大胆下注。当蒂林哈斯特的资产积累到可交易 25 份合约，他意识到每一次的价格跳动，会使他盈利或亏损 625 美元时，他便紧盯屏幕关注价格变化，只要价格向对自己有利的方向跳动 3 点，就会在原有合约上加仓。在期货市场，利润增长的速度远比股市快得多。仅用了十几周的时间，蒂林哈斯特的账户规模就已超过 4 万美元，这比他的年薪还多。

但是，在接下来不到一个月的时间里，一切都变了。经济继续强劲增长，但通货膨胀放缓了，利率大幅下跌。后来由于他的账户余额为 0，期货公司要求蒂林哈斯特追加保证金。除了亏损以外，更令蒂林哈斯特苦恼的是，失去了判断对错的依据，而追加保证金的通知彻底摧毁了他的投资系统。后来，蒂林哈斯特才明白：虽然经济数据与其他数据存在紧密的关联，但是经济数据、利率、股票市场和最终交易获利之间并不存在简单的直接关系。

蒂林哈斯特将运用宏观策略进行成功投资的人视为少部分具有特别素

质的人，他们能接受互为矛盾的信息，对信息的正确性能辩证地分析，以及愿意改变自己的看法。在他看来，那些"自上而下"的投资者失败的原因主要有两点：一是没有考虑投资标的公允价值；二是没有理解新的信息。在评判投资理念的对错时，市场价格和投资者计算的内在价值之间存在差距意味着必定有一方是错的，投资者需要不断地、理性客观地去检视这些差距。

押注"经济趋势"进而惨败的并非只有蒂林哈斯特一人。"宏观经济学之父"梅纳德·凯恩斯的投资履历上也有着相似的经历：前期他凭借在宏观经济上的卓绝造诣进行"自上而下"的操作，结果惨败。后期他开始关注微观的公司本身，做"想得小"的投资，最终取得了成功。

智者往往善于见微知著，循舍大求小的朴素之道。蒂林哈斯特是想通过自己早期的投资经历和凯恩斯的案例提醒人们，宏观经济理论常常无法解释股票价格的波动，与其陷入宏观经济信息的汪洋大海，不如深入研究某一家具体的公司，毕竟分析一家公司所面对的信息量比一个经济体少得多。

专注于"它价值几何"

在投资中，大多数的投资人都在追寻两个问题的答案。一是"接下来会发生什么"；二是"它价值几何"。

通常，投资者总是首先关注"接下来会发生什么"，然后根据预测来指导自身的投资行为，这个有点类似于"自上而下"的投资行为。即先判断宏观经济的趋势，进而分析未来一段时间有机会的重点行业，再在细分行业中寻找优质企业。

但是蒂林哈斯特多年的实践发现，这种"自上而下"的分析难度很大，一旦有一个环节判断出错，整个投资链条就出错了；而且这种投资方式往往聚焦于中短期，越是这样，就越容易出错。蒂林哈斯特由此建议投资者，要把投资时间拉长，将自己的问题专注于"它价值几何"。虽然这个问题也很难，需要去判断企业的价格和价值之间的偏离，但是一旦回答了这个问题，将创造出更优秀的业绩。

关注"接下来会发生什么"，还是关注"它价值几何"，也恰恰是投机者和投资者的区别。投机者关注的是"催化剂"，也就是什么因素能让股价上涨，投资者关注的则是公司内在价值。投资者区别于投机者的主要特征就是，投资者会收集信息、管理风险以及应对未来的不确定性。蒂林哈斯特认为，耐心持有是回答"它价值几何"这个问题的关键，不断预测"接下来会发生什么"会促使投资者频繁交易，可是大多数人甚至一些专业人士，都很难从频繁的短线交易中获利。

投资者喜欢关注"接下来会发生什么"，与人类的思维方式有着密切联系。蒂林哈斯特专门引用 2002 年的诺贝尔经济学奖得主丹尼尔·卡尼曼在《思考，快与慢》中的观点进行说明。当在人类认知所处的世界时，往往用"两种模式"来归纳：快模式与慢模式。卡尼曼将其分别命名为"系统 1"和"系统 2"。"系统 1"敏感，依赖情感、记忆、经验等直觉来判断，有着明显的情绪化特征。"系统 2"则较为缓慢、审慎且具有分析性、逻辑性。因为要有意识地不断分析以求得可靠的结果，"系统 2"要吃力、迟钝得多，所以人们通常会不自觉地走捷径，不假思索地采纳"系统 1"的直觉型判断结果。

在投资过程中，大部分人也依赖"系统 1"快速反应来做决策，但真正好的决策往往需要"系统 2"慢思考。很显然，在投资的决策体系中，"慢"才是"快"，才不会被情绪所影响。其实这与美国橡树公司创始人霍华德·马克斯在《投资最重要的事》中所提出的"第二层思维"有异曲同工之妙。

你是哪一种价值观?

"价值投资之父"格雷厄姆曾说:"投资是经过深入分析,在确保本金安全的前提下,收获满意的回报的活动。"蒂林哈斯特认为,格雷厄姆早年这一思考和判断,为人们带来了三点反思:第一,满意的回报指的是什么?第二,我们如何判断本金是否安全?第三,怎样的研究才算深入研究?

满意的回报一定是比市场上可获得的平均收益要高,或是一个你可以接受的回报率。对于投资股票的本金来说,安全的真正含义应该是基于会计报表中的数据谨慎地预测未来,并计算出足够的"安全边际"。在蒂林哈斯特看来,如果投资者想要避免本金损失,那么还应当尽量学习巴菲特,减小"不安全边际",关注市场中价格已经跌穿了极端保守值的股票。

作为一个价值投资者,蒂林哈斯特持有的牛股都是依靠盈利持续增长来推动股价。通过自己多年的探索和实践,蒂林哈斯特建议投资者,可以通过五步骤来寻找"安全边际":其一,明确你的动机;其二,聚焦于那些你最了解的领域;其三,选择诚实守信、能创造独特价值的人合作;其四,投资那些不会因时代变迁而被摧毁的公司;其五,最重要的是,永远去寻找那些价值远远超越价格的投资机会。

著名投资大师彼得·林奇曾说过这样一句话:"不做研究就投资,和玩扑克牌不看牌面一样盲目。"经过多年的思考和实践,蒂林哈斯特发现,研究对象为整体市场的交易行为可以分为三类。第一,如果对整体市场进行了"深入的研究"，可以称为投资；第二，如果只进行了"粗浅的研究"，那也是投资，但是高风险的投资；第三，如果"不做任何研究"只是拍脑袋，而想法又得不到事实的证明，比如认为总有一天价格会涨上来，那么这就是赌博。

针对投资中可能出现的盲点，蒂林哈斯特给出的补救办法之一，就是扩大视野。他会先考虑大范围，再去审视小的地方，即放大至理论，再缩小至细节。这么　来，不仅能了解事实，也能够了解人，或者知道事情如何完成。蒂林哈斯特认定，可识别、可分析并能提供概率优势的风险才是投资者应该参与的风险。他身体力行的"投资日记"记录投资方法和策略，颇为值得投资人参考和借鉴。在蒂林哈斯特的"投资日记"中，记录下每一笔投资决策的过程，等到结果产生时，他再回过头检视当时的买入或卖出的因素，为的就是避免重蹈覆辙。

"印度国父"甘地曾言："信念决定思想，思想决定语言，语言决定行为，行为决定习惯，习惯决定性格，性格决定命运。"事实上，最终决定我们命运的，是我们的价值观，而价值投资的核心，也来自正确的价值观。对于每一个投资者来说，"术"是能力圈，"道"是安全边际。做投资或许就是不断地在"道与术"的循环实践当中总结经验，不断地对"道与术"的相互关系加深理解，才能更好地做好投资。

人弃我取 人取我与

图表能反映出一切股市或公司股民的总体心理状况。

——技术分析大师威廉·江恩

西汉史学家司马迁在《史记·货殖列传》中曾提到战国时人白圭的一套经商致富的原则："乐观时变，故人弃我取，人取我与。"白圭依据对年岁丰歉的预测，实行"人弃我取，人取我与"，被后人奉为中国的"商祖"。英国知名投资家安东尼·波顿（Anthony Bolton）"进行与众不同的投资吧，做一个逆向投资者"的投资秘诀与白圭基本一致，都是逆向操作，不与人趋同。

在《泰晤士报》评选的全球十大传奇投资人物中，波顿的名字在本杰明·格雷厄姆和沃伦·巴菲特之后。从 1979 年至 2007 年的 28 年中，波顿掌管的"富达特殊情况基金"的年化收益高达 19.5%，仅次于巴菲特。在欧洲，这是个迄今未被打破的纪录，因此他又被冠以"英国巴菲特"或"欧洲股神"称号。

以"逆向投资"著称的波顿始终坚信，价值投资灵活多变，从不画地为牢。在他的专著《逆势而动：安东尼·波顿成功投资法》中，波顿毫无保留地透露自己是如何进行逆向投资的。在提倡价值投资的当下，波顿的投资理念或值得颇多投资人学习和借鉴。

寻找名不见经传的"另类"公司

波顿职业生涯始于 1971 年。原本学习材料工程的波顿，在毕业以后因机缘巧合入职了一家小型的商业银行凯塞·厄尔曼。尽管后来这家银行在英国 20 世纪 70 年代中期的银行整改中倒闭。但是，在凯塞·厄尔曼银行的工作经历形成了波顿后来一直秉承的投资风格。波顿在该银行负责管理"史罗格莫顿信托基金"，主要投资于一些中小型公司。波顿就是从那个时候开始形成了对中小公司的投资偏好和自己做调研的习惯；而且凯塞·厄尔曼银行的分析团队包括基础分析师和技术分析师，从那以后，波顿就一直喜欢使用股市趋势图表作为他的投资参考。

1979 年是波顿人生中具有关键意义的一年。这一年，波顿加入了富达国际。当时富达国际在英国市场投放了首批 4 只信托基金，其中就有后来波顿管理的"富达特殊情况基金"。

波顿投资技巧的核心是以一种逆向进取的方法寻求资本成长的机会，并且自始至终都没有变过。波顿这样解释所谓"特殊情况"的各种类型：特殊情况公司的净资产、股利收益率或每股未来收益被低估了，但是这些公司却具有某些潜在因素可以提升未来股价。

基于这一点，波顿集中投资于那些并非市场巨头公司的股票。而且采取"自下而上"的选股方法，主要选用和有争议公司本身密切相关的特定标准，而非宏观经济因素选择投资对象。

换言之，和老谋深算、买入蓝筹并长期持有的巴菲特相比，波顿明显剑走偏锋，热点题材股他不要，主流蓝筹股他不碰，炒作概念股他不选，他挑选的永远都是一些价值没有被充分发现，价格没有被完全释放的优质且不受关注、备受冷落公司的股票。

回望富达特殊情况基金近 30 年的重仓股名单，虽然也有像英国石油、渣打银行、英国电讯之类的明星公司，但真正的"主角"永远是那些名不见经传的"另类"公司。波顿曾总结过自己的主要投资目标，比如拥有复苏与增长潜力的公司，资产价值未得到市场普遍认可的公司，或者是拥有特定市场份额、特定产品的公司等。

逆向的前提是深入研究

识别出那些"不受欢迎"且具备持久性竞争优势公司后，须进行内在价值和投资回报率的量化分析，做到心中有数。通过多年的实践和总结，波顿发现，逆向投资者取得成功的一个重要先决条件是研究。独立评估各个公司的优劣势，以及判断当前股价在多大程度上反映了各公司的优劣势，是波顿判断是否持有公司股票的重要途径。

从早期开始，波顿的投资方法就一直是建立在对公司进行内部调查的基础上，他既要考虑股票分析师的分析结果，又要与投资目标公司的管理层定期召开会议，这种模式后来也成了波顿竞争对手的范本。在波顿看来，一名成功的投资者必须具备两种品质：对潜在投资机会进行勤勉而广泛的研究，以及摆脱市场对"热股"普遍追捧的影响。

总在寻找价值被低估的、"不受欢迎"的股票，持有至充分估值卖掉，再寻找，再卖掉……波顿近乎偏执的投资理念，让他获益良多：1999 年持有的 30 只股票"乌鸡变凤凰"般全部被并购，并由此奠定了他"重组 + 并购王"的江湖地位；互联网泡沫破裂前不断增仓传统行业股票，躲过一劫；"9·11"事件后大举买入保险、旅馆、交通业、医疗等公司的股票，并在经济复苏之际大赚了一笔……

从波顿曾投资过的股票中，更能读透他"逆向投资"的精妙。比如，

Gallagher 烟草公司。自 20 世纪 90 年代后期，波顿开始购买该公司的股票。波顿喜欢它，是因为它有趣的地理位置、具有被并购的潜力以及本身强大的盈利能力。市场最终印证了波顿的精明。2006 年 12 月，Gallagher 烟草公司逐步被日本烟草公司收购，富达特殊情况基金不仅因为该公司业务的成长而获得了股价的增值，还因其股票被竞争对手并购而获得了相当程度的溢价收入。

是什么在支撑着波顿这种与众不同的判断力呢?

其一，源于波顿前瞻性的想象力。要知道波顿多么有想象力和判断力，只要看看他自 20 世纪 90 年代以来就长期持有的诺基亚公司的股票就知道了。在那时，当多数人都觉得移动电话就是些无用的砖头并对此嗤之以鼻时，波顿却很早就意识到这只股票的价值。

其二，毫无保留地工作也是波顿"寻宝"的关键环节。波顿每天早上6:30 离开西萨塞克斯郡的家，赶坐去伦敦的火车。在火车上阅读《金融时报》，并对至少一家他当天要考察的公司进行分析。除此之外，他还要看富达内部的分析资料以及从外部获得的经纪人的调研。如果他出差去考察其他地方的公司，一般一天要亲自参加 5 至 6 个会议。每次会议，波顿都亲自做文字记录。在他书桌后面的书架上，摆放着一排按时间顺序排列的笔记本。

当然，波顿不是神，也会犯错，甚至曾经有过持续 3 年（1989 年至1991 年）基金业绩不如《金融时报》股票价格指数增长的"至暗时刻"。但是正像他自己说的，"投资从来不是一门精确的科学，而且我也没听说过哪一位成功的职业投资者不曾从许多失败中吸取教训"。波顿能做的，或许就是让这些失误成为小概率事件。

定期复核"投资理由"

在《逆势而动：安东尼·波顿成功投资法》中，波顿反复强调"投资理由"的重要性，并将"投资理由"作为其买入之后也必须定期检查的核心内容。巴菲特说："不管持有什么股票，你都要说出你的投资理由，你要把股票看成公司的一部分。"彼得·林奇也曾说："当你持有一家公司股票时，你应该用几句话将你的买进理由说出来，而且这些理由连十几岁的孩子都能听懂。"

波顿是如何做的呢？在建立投资组合时，波顿首先要确定的是"我的投资组合是否与我的信心程度相匹配"。在选择个股方面，波顿只选择那些被严重低估的股票，如果对一只股票没有信心，他决不买进。开始时，波顿只在一只股票上投入资产组合的 0.25%，之后随着信心程度的增强，再渐进式增仓，但任何一只股票在组合中的比例都不会超过 15%。

持有投资组合后，波顿每月都要做一次例行检查，以评估自己对投资组合内每只股票的信心程度。波顿还会在笔记本上端写上五个标题："强力买入""买入""持有""减持"以及"？"。随后，他会把投资组合里的股票一个个写在这些标题下。这样做不仅能帮助自己树立自信，还能让自己知道需要在哪些股票上做更多的工作。

有一项数据表明，波顿平均持股的时间为 18 个月，与巴菲特的动辄十来年相比，波顿的投资周期明显短了很多。所以，波顿的事例告诉人们，价值投资并不必然等于长期持有，价值投资也有不同的风格、不同的手法、不同的策略。相对而言，与其花精力在选择什么时候卖出股票，倒不如重点去寻找真正有价值的股票。事实上，波顿也总是在重复"发现价值股票、持有至充分估值后再转向另一只价值股票"的过程。

与其他价值投资大师不同，波顿在时机的把握上还善于利用技术分析作为一个辅助工具，并充分利用富达基金内部的技术分析师团队，定期与他们交流对股票标的投资时机的看法，以相互验证他对股票买卖时机的判断。如果技术分析和他的观点一致，波顿的投资就会比预定的投资更多。如果技术分析和他的乐观看法不太一致，那他就会检查一下投资计划，看看是否忽视了某些消极因素。

由于意识到公司独立分析研究的重要性，波顿除了分析目标公司的财务状况和相对估值法，他同时还会去会见大量这种类型的公司管理人员，旨在获得信息优势，因为获得一手信息更有利于发掘市场的无效率性和被低估公司隐藏的内在价值。和其他参照比较基准的基金经理不同，波顿并不在意把持有的股票，与《金融时报》股票价格指数的成分股走势进行比对。他的目标是在长期内尽量获得最高的年平均收益，即使短期内收益会有所波动也不为所动，正是这种特殊和独立的方法，使得波顿赢得更多高于市场平均水平的超额收益。

很显然，正是这些看似琐碎的投资细节和理念，让波顿从容地行走在波谲云诡的资本市场，创造出一个又一个属于自己的荣耀。

终极目标和直接欲望

赚钱和理想融合是最美妙的事情。

——环球旅行投资家吉姆·罗杰斯

他生于 1903 年，在 2010 年以 107 岁的高龄离开这个世界。作为横跨一个世纪的百余岁老人，他曾经历过 1929 年和 1987 年两次历史上最惨烈的股市崩盘，并且两次都毫发无伤。不仅如此，在其长达 68 年的投资从业生涯当中经历了 20 世纪 26 次熊市，也没有一年赔过钱，他由此被业内称为股市"不倒翁""世纪炒股赢家"。这些光环足以令世人记住罗伊·R. 纽伯格（Roy R.Neuberger）这个名字。

一座智慧的灯塔照亮了一个世纪，依然熠熠生辉；一块活着的化石穿过百年岁月，告诉世人一段精彩的历史。纽伯格的一生，既是一部华尔街金融史，也是一部美国社会文化史。他 1939 年创办的路博迈公司如今管理资产规模超过 4000 亿美元，作为一家已有 80 多年历史的老牌华尔街投资机构，长期业绩斐然；公司股权 100% 由员工控股，有超 500 位员工持股，持有股权员工占 20%；公司始终贯彻的合伙人文化将资源和力量集中于核心的投资管理事业上，并鼓励员工与客户共同参与投资公司的产品与策略，与客户利益保持一致，实现投资管理业务长久共赢的局面。

纽伯格在 1997 年 94 岁之时，以第一人称自述的形式，写下这本《至善之路：共同基金之父罗伊·纽伯格的投资艺术人生》（*So Far, So Good: The First 94 Years*），与世人分享他传奇又辉煌的 94 年。10 年后的 2008

年，104 岁的纽伯格依旧在展望未来："对我而言，生命是一场冒险。"透过这部回忆录作品，或许可以给我们提供一个看问题和审视投资艺术的新视角。

创造金融购买艺术

在《至善之路：共同基金之父罗伊·纽伯格的投资艺术人生》中，纽伯格一开始就提到，在他出生那年，时任美国总统还是罗斯福；飞机的发明者莱特兄弟还没有进行过试飞；而他的父亲路易·纽伯格是骑着马上下班的。父亲在内战时期就从德国来到了美国，虽然父亲经历了美国中西部冒险创业的时代，成为一名商人，但性格还是颇为敦厚老实。纽伯格的母亲则来自一个庞大而颇为富有的犹太家庭。

纽伯格出生时，其父已经年过半百。12 岁时，纽伯格的父母相继离世，他和姐姐不得不从小就开始独立面对社会。幸好殷实的家底令他有权利选择过自己理想的生活。少年时代的纽伯格对于艺术有着浓厚的兴趣，在其投身华尔街之前，他拿着父母留下的财产奔赴欧洲。他不仅在旅游中开阔了眼界，还在法国巴黎学习了 4 年的语言和艺术。

一次偶然的机会，纽伯格读到弗罗里特·费尔斯写的著名传记《梵高传》时，他了解到梵高生前居然只卖出一幅作品，"他孤独地死去，如同一个不幸的乞丐"。纽伯格还惊奇地发现，许多伟大的艺术家生前一直被生活不公正地对待。于是，纽伯格立下终生宏愿，要竭尽全力，支持那些活着的艺术家。对于艺术，纽伯格向来都是推崇备至。他曾经说："我明白，金钱能够使这个世界运转，但我不相信金钱。我知道，艺术无法使这个世界运转，但我笃信艺术。"

甚至，纽伯格投身金融的原始驱动力竟然也是艺术。"金钱本身从来没有真正让我产生兴趣。我事业和生活的驱动力是交易这门艺术以及我对艺术的支持。当然，钱作为交易的副产品，使我能够买许多伟大的艺术品，从而支持文化。"

开阔的眼界以及对知识的渴求，在日后成就了纽伯格。在《至善之路：共同基金之父罗伊·纽伯格的投资艺术人生》中，纽伯格毫不讳言地指出："我确信我在华尔街的成功可以归结为我对生活的好奇。买卖证券需要许多直觉，这种直觉只能通过在生活中学习才能培养起来。"

纽伯格从来没有取得任何大学的文凭或商学院的学位，但在年轻时，包括在巴黎的岁月里，还有从那以后，纽伯格一直在不断学习。"我研究人，研究生活，我观察，我倾听，我阅读。我从未发现学东西是浪费时间。我过去学的所有东西都曾帮助我在华尔街闯荡，同样，我在华尔街学的每样东西又都在生活的其他方面帮助了我。"

纽伯格的终极目标是艺术，直接欲望却是金钱。这个看似矛盾的信念，在纽伯格的心里以一种奇妙的平衡关系共存。在过去的 20 世纪里，这位成功创办路博迈公司和发明无预付佣金（"护卫共同基金"）的投资方式的投资天才，这位后来成了美国联邦艺术馆主席的家伙，生活对于他来说就是"创造金融购买艺术"的征程。

"在大崩溃前抛出的人"

1928 年的冬天，纽伯格横渡大西洋回到美国，也就是在看了《梵高传》的半年之后。1929 年 3 月，他投身到了华尔街。从巴黎来到了纽约的华尔街，纽伯格并不知道几个月后，自己将经历美国证券历史上最惨烈的一场熊市。这个家伙竟然在股灾之前来"淘金"，结果证实"世有非常之功，必待非常之人"。

来到华尔街后，纽伯格起初在父亲的一位朋友的帮助下，来到大型经纪公司哈里—史蒂格里兹公司做跑腿的收账员。做了三天的收账员后，纽伯格因为对数字的敏感而被调入股票购买和销售部进行交易。他每一天的工作是记录客户的买卖。纽伯格说："最初我走进华尔街是为了赚钱，以便我能买伟大的艺术作品，支持艺术家们的事业。但我未料到的是，在华尔街买卖股票本身居然是令人着迷的艺术。我几乎马上就适应了。对我而言，工作就是玩耍，生活就是冒险，这令我无比兴奋。"

1929 年 10 月 24 日，星期四。1929 年大恐慌的第一天，灾难来得无声无息，股市一度还很坚挺，但到了 11 点，突然开始逆转。那一天换手的股票达到 1289460 股，纽约四大银行都掷入几千万美元试图护盘救市。许多股票售价之低，足以令很多人的美梦破灭。

焦虑与歇斯底里弥漫了整个华尔街，也弥漫了哈里—史蒂格里兹公司。此时 26 岁的交易记录员纽伯格正在紧张地盯着报价机出的纸条，上面罗列了所有证券交易所在大厅里的交易，就像一部惊险影片拉开帷幕。

在 20 世纪二三十年代，没有计算机，盯着报价机记录每一笔交易是纽伯格的工作。他疯狂地工作，试图跟上触目惊心的交易，以他生活的全部经验来经历这场空前的大股灾。其实这只是一个开始，直到 1929 年 10 月 29 日，一切都分崩离析了。

这一天，纽约证券交易所里的人们都陷入了抛售股票的旋涡之中。股指从之前的最高点 363 骤然下跌了平均 40 个百分点，成千上万的美国人眼睁睁看着他们一生的积蓄在几天内烟消云散。这一天，史称华尔街的"黑色星期二"，自杀风从那时开始蔓延，一小时就有 11 个百万富翁自杀。这种遭遇不仅仅降临到普通的投资者身上，就连 20 世纪最为著名的经济学家凯恩斯，也在那次危机中几近破产。

而纽伯格的表现却令人称羡。在做股票交易记录员的过程中，纽伯格看到一些客户每天都在赚钱，年轻的他自然也开始心动，于是纽伯格卖掉了父亲给他的价值 3 万美元的房地产按揭债券，一股脑儿地投入了股市。到当年 5 月份股票价格上涨了 12%，净赚 5000 美元。然而，从 5 月份之后，股市开始一点点下滑，到 9 月底，他赚的 5000 美元就被抹平了。此时，他感觉整个金融市场的情况似乎有点不对头了。

危机的到来，如同地震来得毫无征兆，纽伯格却察觉到了其中的异常。那时华尔街上交易最频繁的是美国无线电公司的股票，纽伯格当然也持有。作为当时科技股的龙头，美国无线电公司每股的股价从 1921 年的 2.5 美元，上涨到了 1929 年的 549 美元。当纽伯格的股票跌回到 3 万美元的时候，他发现美国无线电公司的股价已从 574 美元的高点下降，由于 1 股拆分为 5 股，股价从 114 美元跌至 100 美元。"即使这样，我还是觉得股价高得可笑。"崩盘之前，纽伯格就开始研究这只股票价格为什么如此之高，他意识到股价走势已经违背了一般逻辑。

经过调查，纽伯格发现：美国无线电公司是由一群投机商组成的财团联营操纵的。此时，他开始了第一笔套期保值交易操作，以 100 美元的价格卖空了 300 股美国无线电公司股票，恰好与他所持有的 3 万美元的其他股相等。

借助套期保值交易操作，他在"黑色星期二"股灾当中独善其身。就这样，名不见经传的交易记录员纽伯格成功抛出，只可惜那时还没人找他管理资金。

1930 年 10 月，距离大恐慌一年后，股市再创新低，市场平均跌到 1929 年 9 月高峰时的 11%，而原先每股 100 美元的美国无线电公司股票此时已经降到了每股 2 美元。正是这一笔操作，在大萧条时期保住了他的资金，也使他确立了此后套期保值交易的信心和操作风格。

这让他立即对投资着了迷，觉得赚钱的过程本身就是艺术。1987 年的第二次世纪大股灾，他也是这样抛出股票，由此被称为"在大崩溃前抛出的人"！

不要留恋，适时退出

或许是自小就继承了巨额财富，纽伯格对财富的追逐在华尔街一定不是最热烈的。因此，他的投资经验也告诉世人，不要留恋，适时退出是不被股灾席卷的一大原则。

纽伯格是世界上唯一经历过 1929 年与 1987 年股灾的大师，因此他经常被人邀请对两次股灾进行比较。

纽伯格认为，两者最明显的区别在于其影响的深远程度：1929 年的股市大恐慌导致了长期而沉重的经济大萧条，甚至到第二次世界大战开始时都没有结束。大量的财富消失了，无论富人还是不怎么富的人，无数家庭的生活都发生了变化。1929 年大恐慌对个人、对大型企业及对整个美国都有长期重大的影响。到 1932 年 6 月，股市价值损失已高达 89%。"但是1987 年股市崩盘之后的日子却相当不同。事实上，股市在 20 世纪 90 年代里急速上升。与 1929 年的灾难性严重后果相比，1987 年只是对股市一次相当肤浅的调整。股市下跌只在 10 月持续了一周。这是因为此前利率太高导致年初股价疯狂上涨——与其说 1987 年是熊市，倒不如说它是对过激牛市的修正，毕竟 1994 年股市的价值就翻了一番。"

据此，纽伯格也对投资者越来越趋于浮躁提出了警示。"有一种非常不好的投资者，喜欢追随别人尤其是陌生人的潮流。这种潮流在 20 世纪

90 年代末期尤其明显。如果有一位了解某种证券的分析者发表了一个或乐观或悲观的评论，或者一位重量级人物发表某种高见后，投资者就会一窝蜂地跟随那些也许他们根本不认识的人。市场也就因此产生强烈震荡，而这种震荡通常难以持续。"

但此番言论对股票产生的影响，仍会令其价格出现 10% 左右的波动，这既不能被称为真正的牛市，也不能被称为熊市："我把它称为'羊市'。有时候，羊羔们被领向屠宰场不过是被剪了一层毛。也有时候它们很幸运，既未丢性命又未被剥皮剪毛。"不过分逐利、忌盲目跟风，是纽伯格对于自己两次可以避开股灾给出的答案。

发明无预付佣金的投资方式

大恐慌的洗礼对纽伯格来说可谓终身受益，在之后 68 年的投资生涯中，他几乎都是像初涉股市那样炒股。1930 年 4 月 3 日，纽伯格进入了公司交易室，成为经纪人。他的市场操作手段也由此逐步成形："当市场持续上升时，我会提前进入跌势；当股市明显下跌时，我却处于涨势。"

纽伯格认为，"市场有它自己的规律，就像大海的波涛一样，股市每隔几个月就有一次变化，投资者只有绝对适应不断变化的波浪才能获得胜利"。1929 年大恐慌后是长达 10 年的大熊市，善于平衡的纽伯格在逆境中赚钱，找他管理资金的客户源源不断，他的名声也越来越大。

在股市游刃有余后，1939 年纽伯格和合伙人罗伯特·伯曼以 6.4 万美元创办路博迈公司，第二次世界大战也在 1939 年爆发，1941 年日本偷袭珍珠港，美国正式加入第二次世界大战。萧条了许久的经济就在那时得以复苏，而这也为纽伯格赢来了做投资的大好时机。

战争一开始，美国很快紧急招募了 1100 万人参军，动用几百万家国防企业参与制造轮船、飞机及其他军械装备，经济开始复苏。路博迈公司的生意也因战争而蓬勃发展起来，它全盘接下了华尔街上十几个经纪人的生意，因为这些人要去前线打仗，只得把生意移交。

1940 年到 1950 年这段时间是路博迈公司发展壮大的 10 年，但纽伯格从不愿提及，因为他将这种成功归结为外因。他最得意的是 1950 年之后，1950 年 6 月 1 日，纽伯格的护卫共同基金正式成立，这是他一生最为骄傲的艺术。

1950 年，纽伯格敏锐地发现：共同基金很明智，把许多人的钱合并起来成立一个基金，使得小型的投资者能拥有各种各样的大型公司的投资组合，但缺点是收取 8.5% 的手续费。纽伯格意识到这笔手续费不是付给基金经营者及决策者的，而是付给基金销售者的。这时纽伯格的理想主义直接上升为智慧，他坚定自己的判断并决定采取行动。

他大胆设立一种无佣金基金，即共同基金，但不预先收取手续费。他给客户和每个认识的人都发出简介，强调这个基金没有 8.5% 的佣金。大家一开始并不认可这种基金，销售人员没有动力推销这种基金，因为他们拿不到钱。不过这种情况没有持续多久，好的东西总是能够经受住时间的检验。最后，护卫共同基金这种明智的投资方式被人们口口相传，吸引了不少小型客户，这个当初注册资金 15 万美元的基金只用了几年时间，基金的市值就增加到了 100 万美元。

到 1976 年底，当基金达到 7400 万美元时，公司收到交易指令的每笔投资交易额平均达到 25 万美元，有好几笔已经超过 100 万美元。那年他们所付的分红达到 480 万美元，其中有 320 万美元又被重新投入基金。

纽伯格的护卫共同基金，对共同基金行业的颠覆并不仅仅在于改革销售佣金这一点，还在于对基金组合配置的突破——加大股票比例。当今资本市场，当我们购买一只股债混合的基金时，股票仓位占大比例是件再正常不过的事情。可是早在 1950 年，由于大萧条的伤痛记忆太深刻了，共同基金还是以债券配置为主，许多基金只有三分之一的股票，其余的仓位去购买年收益率 2.63% 的政府公债。然而，纽伯格的护卫共同基金却以股票为主要配置对象。

总结起来就是纽伯格的护卫共同基金给共同基金行业带来了两个最大的"颠覆"：其一，改革销售佣金，让持有人更多分享到基金净值的增长，不需要支付昂贵的手续费。其二，发展了以股票配置为核心的基金产品。也让共同基金进入了普通老百姓家庭，成为今天美国家庭资产配置比例最高的产品。

护卫共同基金的增长更是令世人刮目相看，而发明无预付佣金的投资方式，也让纽伯格从此奠定了在美国投资界的教父级地位。

纽伯格能近一个世纪处于不败之地还有一个原因，即他对新技术的积极态度。他对新技术持开放和接纳的态度。这种态度使他多次幸运地把握了时机。计算机诞生早期还是一个庞然大物，有许多缺点，维护起来很不方便，花钱又费力。但他在路博迈公司率先使用计算机。纽伯格看到，即使那样，计算机还是比人力快。最后，"这台计算机帮助我们在华尔街生存下来并渡过难关"。在 20 世纪 70 年代，许多大大小小的公司都纷纷倒闭了，但路博迈公司却生存了下来，并且生意兴隆。虽然纽伯格谦逊地把这一切都归功于他的合伙人，但人们都能体会到，那绝对是纽伯格自己作为公司决策人的明智。他能预感到"科技使金融业产生革命"。

很显然，"把目光放得长远一些"，这既是纽伯格投资上的忠告，也是他面对科技革命时的处世法则。

永远正确是不可能的

吉姆·罗杰斯推荐过一个投资英雄，一个叫纽伯格的人，说他有某种超自然的能力，几乎可以闭着眼睛买卖股票，还赢得利润。对此，纽伯格却说，"我不过是赚的比赔的多"。

1958 年夏天，美国电报电话公司发行 10 亿美元可转换债券，并且是无溢价发行，这是华尔街历史上最大的一次债券发行。纽伯格对这个公司做了深入研究，认为这只股票的价值被低估了，当时市价是每股 125.625 美元，由于不是热门发行，一下子很难卖掉 10 亿美元的股票。

纽伯格认为这是一个千载难逢的机会，随即为他的客户付保证金，大规模购买这种债券。这次债券级别被定为 AAA，由一家他所看好的公司评定。于是他实行杠杆操作，买了总发行量的 4%，这对于当时的路博迈公司来说是相当大的数额。

这只股票于当年秋天开始上涨，次年上涨的利润大大高于大盘，此后每股被分为 5 股，有些客户身价从 10 万美元一跃成为百万富翁。纽伯格与他的客户都大赚一笔。纽伯格坚信多样化投资的安全性和高利润，在美国电报电话公司股价攀升之后，他觉得持有这种股票太多了，便于 1959 年卖掉了一些。

1960 年春天，纽伯格公司改为大规模买入小少女橙汁公司，小少女市价是 15 至 16 美元，每股盈利约有 3 美元。他只是相信那是一家靠得住的公司，并没有看到什么趋势会使其股价上涨。后来，小少女的主管和勒布罗兹公司的第二号人物阿曼德·厄普夫来找纽伯格共进午餐，因为他持有小少女比银行持有的都要多。在午餐期间，没有任何人提到当年 9 月将要发生的消息，即小少女被可口可乐公司收购。

1960 年 9 月 20 日，收购一事宣布不久，纽伯格接到来自小少女公司的电话。对方说，"我希望你会同意这笔交易，因为如果你反对的话，交易就会流产"。由此可见，当时纽伯格持有小少女的股份有多少。

"无论如何，我们都会支持这次交易。"纽伯格说。小少女被可口可乐公司吞并了，纽伯格认为，当时可口可乐与百事可乐的竞争正在白热化，不看好可口可乐，就把持有的小少女股票全部卖掉了。事后纽伯格懊悔不已："我观察可口可乐公司潜力的视觉被误导了，我永远都不应该卖掉它。"

纽伯格解释说，1996 年可口可乐销售额仅增长 3%，"我想不通人们为什么愿意支付 42 倍市盈率的价格"。但是他又说，"到目前为止，我在这件事上还是个傻瓜，我应该意识到全世界都对可口可乐上瘾"。

想在华尔街永远正确是不可能的，纽伯格在华尔街犯的最大一个错误，就是让一个巨大的潜力股从手中溜走了。虽然，他失去了看似不该失去的收益，但他已然实现了投资生涯的收益最大化。诚如纽伯格所说："在 68 年的华尔街生涯里，我有 30% 的时间在犯错误，这当然意味着许多的损失；但我有 70% 的时间是对的。如果有一个投资者在所有时候都是对的，他或她就一定积累了全世界所有财富的绝大部分。正像你怀疑的那样，永远正确的投资者是不存在的，除非他是个谎言家。"

"泥沙"包含着金子

纽伯格对财富和成功的看法颇为独特，他认为金钱不是财富的全部，成功也不等同于有钱、有名、有身份、有地位。他的财富包括家庭和事业两部分。他的成功包括爱情的成功、子女的成功，还有与朋友交往的成功（例如，与洛克菲勒家族及各大博物馆馆长的友谊等）。他的成功涉及方方面面。从一开始，他就说："我的完美的大家庭增添了我的宝贵财富。"到尾声，他又强调："生活待我不薄，我有一个美满的大家庭，又有一份令人激动的事业。"细心的人也许会发现，纽伯格把"美满的大家庭"放在"事业"前面，可见，在这位从小失去双亲的金融家心里，一个美满的家庭比一份轰轰烈烈的事业更加重要。

在长达 68 年的投资生涯当中，没有一年赔过钱，这个纪录很可能"前无古人，后无来者"。作为投资大师，纽伯格也将自己的投资经验进行了总结与归纳，并毫无保留地公之于众。而令纽伯格受益匪浅的可能就是他总结的"成功投资十大原则"。

原则之一："认识自己"。纽伯格认为投资者应首先对自己诚实，在开始研究股票之前，必须首先研究自己。而成功投资是建立在灵活运用知识和经验的基础上，专注于已有特定知识的某个领域。纽伯格认为投资者应该保证自己身心的健康，因为它会保证作出明智的决策。

原则之二："研究高手"。许多曾经杰出的投资者在市场中有过艰难的时期，然而无论怎样，他们的经验教训在任何时候，对我们都有所启发。回过头来看那些成功的投资者，很明显，他们各不相同，甚至相互矛盾，但他们的路都通向成功。例如，洛威·普莱斯的成功靠的是注重分析新兴工业成长的重要性。本杰明·格雷厄姆通过了解掌握基本价值而获得成功。沃伦·巴菲特则进一步发挥他从哥伦比亚大学的老师本杰明·格雷厄姆那里学来的知识和经验而获得成功。乔治·索罗斯则是把国际金融与深刻的哲学结合起来才成功的。吉米·罗杰斯则靠发现国防工业的股票并为其老板乔治·索罗斯献计献策而成功的……他们每个人都通过自己的方式取得了巨大的成功。

原则之三："警惕羊市"。某个人对某只股票发布评论，有时会让它上下浮动 10 个百分点，但那只是一瞬间，一般是一天，不会超过一个星期。

这种市场既非牛市也非熊市。纽伯格称这样的市场为"羊市"。有时羊群会遭到杀戮，有时会被剪掉一身羊毛。有时可以幸运地逃脱，保住羊毛。羊市与时装业有些类似。时装大师设计新款时装，二流设计师仿制它，成千上万的人追赶它，所以裙子忽短忽长。心理学在股市中的作用巨大，除去经济统计学和证券分析因素外，还有许多因素会影响买卖双方的判断。在羊市中，人们会尽可能去想多数人会怎样做。他们相信大多数人一定会排除困难找到一个有利的方案。这样想是危险的，这样做是会错过机会的。设想大多数人是一机构群体，有时他们会互相牵累成为他们自己的牺牲品。纽伯格的建议是：你可以学习成功的投资者的经验，但不要盲目追随他们。因为你的个性、你的需要与别人不同。你可从成功和失败中吸取经验和教训，从中选择适合你本身、适合周围环境的东西。

原则之四："目光放远"。好的股票是需要时间检验的，坚持长线投资观点可以使你不盲目追随潮流。注重短线投资容易忽略长线投资的重要性。企业经常投入大量资金，进行长线投资，当然同时会有短期效果，如果短期效果占主导作用，那将危害公司的发展和前景。所以，获利应建立在长线投资、有效管理、抓住机遇的基础上。如果安排好这些，短线投资就不会占主要地位。

原则之五："适时进出"。时机可能不能决定所有事情，但时机可以决定许多事情。本来可能是一个好的长线投资，但是如果在错误的时间买入，情况会很糟。有的时候，如果你适时购入一只高投机股票，你同样可以赚钱。优秀的证券分析人可以不追随市场大流而做得很好，但如果顺潮流而动，操作起来就更简单些。把握有利时机一部分是靠直觉，一部分却正相反。时机的选定要靠自己的独立思维。在经济运行中，升势可能在跌势中产生，衰退会从高潮开始。在有的时期，普通股票是最好的投资，但是在另一时期，也许房地产业是最好的。任何事情都在变，人也要学会变。

原则之六："研析企业"。知己知彼，方能百战不殆。必须认真研究公司的管理、领导人，公司过去的经营记录及他们的目标，尤其需要认真分析公司真实的资产状况，包括：设备价值及每股净资产。这种观念在20世纪早期曾被广泛重视，但是后来已几乎被人遗忘。另外，公司的分红派息也要纳入考虑范围内。在弄清楚这些以后，你如果能在一定程度上把控公司的整体市值，就可以从中获利。

原则之七："不要迷恋"。在这个充满冒险的世界里，因为存在着许多可能性，人们会痴迷于某种想法、某个人、某种理想。最后能使人痴迷的恐怕就算股票了。但它只是一张证明你对一家企业所有权的纸，它只是金钱的一种象征。过去有些人可以说是相当幸运的，他们可以以自己的方式痴迷、热爱一些事物，但这并不意味着他们总是幸运的。换句话说，热爱一只股票是对的，但当它股价偏高时，还是别人去热爱比较好。

原则之八："投资多元化"。套期保值交易就是对一些股票做多头，对另一些股票做空头。专业人士在日常的市场利用套期保值交易回避风险，有时新入市做套期保值交易只是一场赌博。但如果你坚持做套头交易，而且确信有经验可以帮助到你，记住要使它保持多元化，要统观全局，确信你的法则是正确的。如果要使你的投资多元化，你就要尽量增加你的收入，比如资金。投资大师杰拉尔德·勒伯（Gerald Loeb）的有关投资的书，写了大量的有关把你所有的鸡蛋放入一个篮子的问题。许多年前，他把他所有的鸡蛋都放入纽约中央铁路和宾州铁路。结果两个都破产倒闭了，他的鸡蛋也全没了。

原则之九："审时度势"。"环境"是指市场走向和整个世界的环境。你需要变通模式，以适应自己所在的市场的运作。股票不分季节，按照日历投资是没有必要的。记住，对投资者来讲，任何时候都是冒险的。对享受人生和享受投资快乐的人来说，季节虽多变，但机会随时都有。

原则之十："不要墨守成规"。至少不要太奴化地因循守旧。根据形势的变化改变自己的思维方式是有必要的。你应该主动根据经济、政治因素的变化而变化。至于技术上，有时我们可以控制，但有时却是在我们控制之外的。

也许，在某些投资者的眼里，纽伯格总结与归纳的这"成功投资十大原则"可能有些"老生常谈"或者都是"泥沙"。但正是这些"老生常谈"的"泥沙"包含着金子，而总结与归纳的真谛就是"沙里淘金"。

多事之秋也能安然入睡的秘诀

病人不是死于疾病，而是死于人们给他的药。

——投机奇才安德烈·科斯托兰尼

在股票投资领域，许多投资者都推崇沃伦·巴菲特，而在基金投资领域，巴菲特最推崇 2019 年 1 月 16 日去世、享年 89 岁的约翰·博格（John Bogle）。巴菲特曾说："如果要竖立一座雕像来纪念为美国投资者做出最大贡献的人，非约翰·博格莫属。"

约翰·博格是何许人？为何"股神"都对他推崇备至呢？博格在他 66 年职业生涯中始终致力于修正那些蚕食投资者权益的行业明规则和潜规则；他所推崇的消极指数化投资管理、降低管理费用、保持适度的管理规模等变革措施，为美国乃至全球的基金业革故鼎新、更好地服务于投资者指出了一个清晰的方向。博格一生出版过 12 部作品，其最为珍视的作品之一《投资稳赚：博格谈指数基金》信心满满地认定他所提供的"单纯的事实、朴实的论述和常识"将获得投资者的肯定。"指数革命"将帮助人们构建一个新的、更高效的投资体系，且这个体系优先服务于投资者。

投资理念源自毕业论文选题

生于 1929 年、比巴菲特大一岁的博格，实际上，他与基金投资的缘分始于他的大学时代。在《投资稳赚：博格谈指数基金》中，博格透露他走上基金投资的道路带有某种"偶然性"，即是从他自己大学时期的毕业论文选题开始一步步奠定起来的。

博格性格具有其所处年代的典型特征：他生在美国新泽西一个富裕的中产阶级家庭，童年经历了"大萧条"年代，从衣食无忧到一无所有；青年时期，博格的父亲在"大萧条"中失去了大部分的财富，并开始酗酒，最终和博格母亲离婚。母亲坚强地抚养着孩子并维持着家庭的日常生活。"大萧条"下家庭的分崩离析，给博格的童年留下难以磨灭的记忆。

所有的这些坎坷，也使得博格拥有了节俭、坚忍、知难而进的独特性格特征。艰苦的童年没有成为博格成长的阻碍，反而成了他勇往直前、敢为人先的精神动力。博格上学后，好胜心极强，不论是学习还是业余兼职，都致力于做到最好。他从不认为第二是好的。在他看来，第二就意味着失败。

博格的投资理念源自大学时期的论文选题。20岁那年，就读于普林斯顿大学经济系的博格，就在他想要标新立异、寻找一个"没有出现在正式学术论文中的主题"时，1949年的《财富》杂志上一篇关于共同基金的文章 *Big Money in Boston*，激发了他对基金行业的好奇和浓厚兴趣。

一切便由此开始。之后博格用两年的时间深入地研究了当时鲜有人知的基金行业，并以《投资公司的经济角色》为题，并最终拿到了"A+"的好成绩而完成了自己的大学毕业论文。这篇著名的毕业论文完全不像出自一个刚刚大学毕业青年之手，论文的一些独到见解，如"基金行业的发展成果要通过减少营销成本和管理费来实现最大化""基金投资的目标必须被明确地表述出来"等等，孕育了博格毕生为共同基金服务的理念，成为他事业成功的秘诀，且成为博格一生践行的基本投资准则。

论文完成后，博格曾将文本寄送给该产业中的几位重要人物。当时威灵顿管理公司（Wellington Management Company）掌管人瓦特·摩根（Walter Morgan）对这位年轻人颇为赏识，邀请他毕业后加入威灵顿公司工作。从这里出发，博格踏入了为之奉献一生的基金事业。

1965 年至 1968 年期间，美国股票市场经历"沸腾的岁月"，博格的地位在公司也逐渐得到提升，不到 40 岁就成为首席执行官。然而好景不长，1973 年至 1974 年间的股市崩盘，极大地冲击了公司的股东和合伙人利益，博格由此在管理层的"内部纠纷"中失去了公司董事会的支持，并最终在董事会投票表决后被撤职。

然而即使是这样沉重的打击，博格也并没有一蹶不振，相反，他反思过去，转变观念，决心寻找新的机遇。1974 年，绝对是一个美国的基金史上值得铭记的年份。那一年，经济学泰斗保罗·萨缪尔森写下名篇《对批评的挑战》，提出"被动的指数可以比绝大多数积极的基金管理人业绩更优秀"的观点；那一年，芝加哥的美国联邦银行根据"标准普尔 500 股票指数"设立了一个公共信托基金；同样是在那一年，博格自立门户，以英国海将纳尔逊在尼罗河战役使用的船只 HMS Vanguard 为名，成立了"The Vanguard Group"（领航集团，也译作"先锋集团"），而且定下公司的发展方向就是指数基金。

在 1975 年，博格以复制、追踪"标准普尔 500 指数"为架构，创造出世上第一个指数型基金——"First Index Investment Trust"（"第一指数投资信托"），之后更名为现今的"Vanguard 500"（"先锋 500 指数基金"），1977 年，博格采取旗下基金免手续费（No-load）的销售制度，2012 年管理总资产已达 2 万亿美元，如今则超过了 5 万亿美元。早在 1951 年，共同基金业务仅占美国家庭储蓄的 1%。如果说在威灵顿管理公司只是博格初入基金行业的成长时期，那么 1974 年，先锋基金的成立标志着博格开始走一条完全与众不同的共同基金之路。

博格以一系列的颠覆性创举向世人展现了他自己和先锋集团的"品格"：他首创"共同化"基金公司的股权结构，先锋集团本身是被旗下管理的基金共同持有的，先锋集团反过来又为基金份额持有人提供投资管理服务，第一次使得购买基金份额的基民成为基金的股东；在所有基金仍在溢价销售时，博格去掉经纪人和交易商环节，开创了基金直销的方式，让基金公司真正与客户紧密联系到一起，降低了基金投资成本，开创了一个全新的投资时代。

博格之所以能够成为美国投资界的传奇人物，与其个人取得的两项卓越成就密不可分：第一，他推出了面向个人投资者的世界上首只指数公募基金，面对种种质疑，坚持推广指数基金理念并最终获得广泛成功；第二，他一直把投资者利益放在首位，成功推动整个公募基金行业的成本削减。

博格最伟大之处远不止于此。多年以来，他致力于为工薪族投资者提供低费率、低风险且有稳定收益的投资产品；他在媒体和多个公开场合甚至是政府听证会上批判基金行业中存在的牺牲股东利益实现利润最大化等弊病；由于他对基金行业不留情面的批判，被业界戏称为"讨厌鬼"；而也因为他长年对小投资者的担当与承诺，他也被知名传记作家刘易斯·布雷厄姆誉为"投资行业的良知""基金业的良心"。

"投资血案"的隐喻

何为指数基金？在《投资稳赚：博格谈指数基金》中，博格认定："购买一只涵盖全市场组成的基金，然后长期持有。这样的基金被人们称为指数基金。"换言之，指数基金就是一个包含很多很多鸡蛋（股票）的篮子（投资组合），这样人们就可以模拟任何一个金融市场或是市场板块。这种基金可以消除个别股票、市场板块以及基金经理的决策带来的风险，只留下整个股票市场的固有风险。

要认识指数基金，首先要了解股票市场的运行机理。在《投资稳赚：博格谈指数基金》的开篇，博格还对巴菲特曾在 2005 年的公司年报上讲过的戈特罗克家族"投资血案"故事进行了一番改造和生动演绎。博格希望人们通过这个"投资血案"隐喻，进而能清晰认识这个庞大而复杂的金融市场固有的非理性和反效率性。

曾经有一个非常富庶的戈特罗克家族，经过世世代代的生息繁衍，这个包括几千个成员的大家庭成了所有美国股票的 100% 所有者。投资让他们的财产与日俱增：几千家公司创造的收益，再加上它们所分配的股利，成为这个家族取之不尽的财源（如果戈特罗克每年再购买一点新发行的有价证券，也许会让这个问题稍加复杂化）。所有家族成员的财富都在以相同的速度增长着，大家相安无事、和睦相处。这场永远不会有输家的游戏让戈特罗克家族的投资如滚雪球一般，几十年便会翻上一番。戈特罗克家族在玩一场赢家的游戏。

但好景不长，某些擅长花言巧语的帮手出现了，他们劝说一些"头脑灵活"的戈特罗克家族成员，使他们相信只要动动脑筋，自己就能比其他亲戚多挣一点。帮手说服这些家族成员把手里的一部分股票卖给其他亲戚，然后再向他们买进另一些股票。作为中间人，这些帮手全权负责股票交易，他们的回报就是从中收取佣金。于是，所有股票在家族成员之间的分配格局发生了根本性的变化。但让他们感到意外的是，家族财富的总体增长速度却降低了。原因何在呢？因为这些帮手拿走了其中的部分收益。最开始的时候，美国产业界烘制的这块大蛋糕全部属于戈特罗克家族，但是现在帮手们却要拿走其中的一部分。

更糟糕的是，这个家族以前只需要为他们收获的股利纳税，但现在，部分家庭成员还要为股票交易实现的资本利得纳税，这就进一步削减了整个家族的财富。

几个自作聪明的家族成员很快就意识到，他们的计划实际上反而让家族财富减少了。他们认为，这些帮手挑选的股票并不成功，有必要聘请更专业的人，帮他们挑选更好的股票。因此，他们开始雇用选股专家，也就是更多的帮手。这些人通过提供中间服务而收取费用。一年之后，当整个家族再度评估其资产的时候发现，他们享有的份额进一步减少了。

噩梦还远没有结束。新上任的管理者必须设法保障自己的收入，于是更加积极地交易家族持有的股票。这不仅增加了经纪业务的佣金，也让家族需要支付的税款直线上升。现在，家族最初所享有的100%股利和收益又再度缩水。

"起初我们没有为自己选好股票，于是聘请专家帮我们选股，结果我们又找错了选股专家。"这些聪明的家族成员又开始想，"到底该怎么办呢？"前两次的挫折并没有让他们就此罢休，他们认为应该继续寻找帮手。于是他们找来了最好的投资顾问和财务规划师，请他们协助寻找足以胜任的选股专家。当然，投资顾问们肯定会信誓旦旦地向这些家族成员保证："只要付给我们一些费用，一切问题都会迎刃而解。"结果，额外产生的成本，又让戈特罗克家族的蛋糕少了一大块。

最后，戈特罗克家族终于察觉到情况不对，于是，大家坐在一起，严厉批评了那些试图卖弄小聪明的家庭成员。他们疑惑不解地问："以前，我们是这块大蛋糕的唯一主人，我们享有100%的股利和收益，但现在怎么会萎缩到只有60%了呢？"家族中最聪明的成员、一位贤明的老叔叔温和地对大家说："你们付给那些帮手的钱，还有你们本不必支付的那些税款，本来都是属于我们自己的股利和收益。回去解决这个问题，越快越好，赶走所有经纪人，赶走所有基金经理，再赶走所有顾问，这样，我们的家族将重新拥有美国企业帮我们烘制的大蛋糕。"于是，大家听从了老叔叔的建议，重新捡起最初消极但有效的策略，继续持有美国企业的所有股票。这也正是指数基金的操作策略。

这个故事反映了金融行业从业者与股票债券投资者之间存在利益上的深刻冲突。金融行业从业者想要赚钱，就得说服其客户："不要只是坐在那儿，想办法做点什么。"但对客户来说，要想让财富增长，就必须遵循相反的准则："什么也不要做，等着就足够了。"试图击败市场是不可能的，而这是唯一可以让你避免陷入其中的办法。

在博格看来，倘若某个行业的做法，总是不断损害整体客户的利益，那么客户清醒过来只是时间早晚的问题。然后，这种变化就会不请自来，而这种变化必然引爆当下金融系统的革命。因此，戈特罗克家族故事的主旨是成功的投资就是持有企业，并赚取企业股利带来的巨额收益和美国（从这一点来看，或许是全世界）企业的增长收益。投资活动越频繁，中介成本和税金就越高，财产所有者的整体净资产就越少。而投资者的总体成本越低，他们所能实现的收益也就越高。因此，要在长期投资中成为胜者，明智的投资者就必须将财务中介成本降到最低，让这些成本仅仅局限于绝对必要的层次上。这就是常识带给我们的告诫，也是指数投资的真正含义。

"买下整个市场"远比"战胜市场"更重要

众所周知，在赌博中，赢家永远是赌场；赛马场上，庄家永远不会输；在彩票市场，政府必定是赢家。投资领域也不例外。在投资中，金融主导者就是赢家，投资者整体却是输家。在扣除投资成本之后，想要击败市场，只是一场输家的游戏。作为一个群体，全部投资者的回报就是股票市场的整体收益。如果我们中的某些人获取了高于平均水准的报酬，就代表另一些人赚取的报酬必定低于市场平均收益。因此，在扣除投资成本之前，想要击败股票市场，绝对是一场零和博弈。

然而，战胜市场是所有基金经理的梦想，少数基金经理短期能战胜市场，但能长期战胜市场的微乎其微。知名投资家彼得·林奇掌控麦哲伦基金时，曾经以连续13年战胜市场的业绩威震业界，并于1992年金盆洗手全身而退。而掌控雷格·梅森基金的比尔·米勒，连续15年（1991—2005年）战胜标准普尔指数，创造了基金史上的神话。可惜，米勒并未立即退出江湖，在随后的第16年即2006年败给了标准普尔指数，当年指数增长了15.8%，而雷格·梅森基金只上涨了5.8%，连胜纪录戛然而止。

投资业界如此推崇林奇和米勒的投资业绩，是因为在基金业能长期战胜市场的基金经理寥若晨星，让投资者想从众多基金中挑选米勒这样的常胜将军，几乎是大海捞针。那么，能不能找到一种跟市场同步又容易操作的基金呢？这正是博格创立的指数基金事业所要完成的使命和任务。著名经济学家保罗·萨缪尔森曾高度评价指数基金在人类史上的重要作用，"其开创性完全可以和车轮、字母的发明相提并论"。

从严格意义上说，一国的股票市场基本上包含了该国的大部分公司，这些公司的全部收益几乎代表了该国的整体经济。而股市长期回报率与所有企业长期收益率是基本一致的。美国（或全球）企业的长期累计收益与美国（或全球）股市的累计年收益率就是一致的。整个20世纪，美国企业年投资收益率9.5%，股票总体年均回报率9.6%，两者0.1%的差别属于投机收益。指数基金的投资组合涵盖了市场的所有股票，投资指数基金因之可以分享所有上市公司的股利和收益增长，也就等于投资了这个国家的经济，可以分享国家经济增长的成果。从长期来看，每个国家的经济处于向上增长趋势，只要长期投资指数基金，也就可以分享国家经济的增长成果，不断获得上升的收益。

提到投资成本，博格还以对比的方式给我们算了一笔账：在所有基金投资中，标准指数基金（不包括 ETF）的费用最低。美国指数基金的费用只有 0.2%，而股票型基金费用繁多：管理费和运营费、销售费、股票转换费用、经纪人佣金还有交给国家的税收等等，每年成本可能达到 3% 至 3.5%，比指数基金的成本高了 15 倍，短期看是小数字，但从长期复利看，这样成本可以导致总体收益减少 50% 到 60%。

即使是比尔·米勒这样的"基金业王者"，以长达 15 年的连胜战绩，让雷格·梅森基金的年均收益率高达 15.3%，但减除 3% 的高额成本后，其基金持有者收益只有 12.3%（15.3% 减 3%），而同期标准普尔 500 指数的年均收益率是 12.9%，若投资标普指数基金，减除成本后每年收益是 12.7%（12.9% 减 0.2%），雷格·梅森基金持有者的收益不如指数基金的收益。考虑到很多基金投资者可能是在股市最红火时被吸引进股市，收益可能会更低。

一项学术研究表明，在 1990—1996 年股市最火爆的这段时间里，交易最活跃的 20% 的投资者的月均换手率超过 21%。他们在牛市里获得的年收益率为 17.9%，交易成本却高达 6.5%，最终的年收益率只有 11.4%，仅相当于市场收益率的 2/3。

博格极为强调的一点是，成本乃基金投资回报高低的决定因素。基金业绩时好时坏，但成本永存。在 1991 年至 2016 年 25 年中，成本最低基金的平均年净回报率为 9.4%，成本最高基金的净年化回报率 8.3%。仅通过最小化成本就可提升回报。投资者看不见的费用是基金在买卖证券过程中产生的各种交易费用、市场冲击成本等。这在交易频繁的基金中尤为突出。换手率高的基金，交易成本造成的费用会很轻易超过 1%。博格指出，在所有投资风格大类中，低换手率的基金整体业绩要持续好于高换手率的基金业绩。

在《投资稳赚：博格谈指数基金》中，博格还反复证明，对于投资业绩来说，"均值回复"是必然的，即无论什么类型的基金，其最终的回报必将回归长期的平均水平。因而，试图通过不同的投资风格、市值规模、股票价格、发行市场的选择以期获得超额回报，这在长期来看是徒劳的。博格尤其提醒投资者要注重成本对业绩的影响。无论交易成本还是税收成本，都会显著削弱投资业绩，保守估计，主动管理型基金的各种成本将使投资回报率每年降低 2% 以上。

指数基金刚诞生的时候，并不受欢迎。当时的市场反应极为消极。人们嘲讽这是"追求平庸"，称其"不像美国人"，还有人说这是"一个坚定的、始终如一的、长期的失败者公式"。博格没有放弃。他认为绝大多数投资者无法战胜市场，最好成为市场本身，而成为市场本身的最好方式，就是选择成本最低的指数基金。改变投资者的观念是很艰难的，但愿有更多人能接受博格的观点："你能获得的收益就是公司的股利和收益增长，这是你应得的一份蛋糕。为了获得这份收益，最好的选择不是去主动战胜市场，而是选择买入整个市场，把资金长期投入标准指数基金。"

在诸多对《投资稳赚：博格谈指数基金》的褒奖中，诺贝尔经济学奖获得者保罗·萨缪尔森教授的评语一语中的地指出了其价值所在："博格所主张的理性概念，可以让无数人受益，20 年后，我们就会成为周边邻居羡慕的对象。与此同时，我们仍然能够在多事之秋安然入睡。"因而，从这个意义上来说，博格的《投资稳赚：博格谈指数基金》所传达的投资理念和投资哲学，对机构和个人投资者同样具有启发价值和指导意义。

PART TWO

胜负的门道

稳扎稳打地搜集证据，才是研究历史的"捷径"。若想打破"时间"这一神秘的屏障，历史学领域为有效，也几乎是可选的方法，就是这条费力不讨好的路。

——远藤秀纪，东京大学综合研究博物馆教授

每个人、每个行业都有自己拼搏的"赛场"，有的人却把它视作"名利场"，更多去钻研进退之道，力争让自己在事业辉煌时功成名就，在遭遇波折时全身而退，所以身心背负着沉重的枷锁。

　　生活中，时时有竞赛，有竞赛自然也就会有赢家和输家。赢家自然可贺，但对输家而言，却大可不必自鄙乃至沉沦，将一时之输看作一生之结局。

精于"私底下训人"的幕后英雄

事了拂衣去，深藏身与名。

——李白《侠客行》

    Trillion Dollar Coach——如果直译，谷歌排名前三位高管埃里克·施密特、乔纳森·罗森伯格和艾伦·伊格尔这本著作的书名应为《万亿美金教练》。国内出版方却巧妙地译成《成就：优秀管理者成就自己，卓越管理者成就他人》，让其披上亦真亦幻的"标题党"面纱，散发出迷人的财智味道，好在这并不影响其思想的时代光芒和现实意义。

    埃里克·施密特掌帅谷歌 18 年，带领公司成长为全球科技行业的佼佼者。当他总结职业生涯时，绕不开师从 15 年的导师比尔·坎贝尔（Bill Campbell）。坎贝尔是创造硅谷奇迹的幕后英雄，曾为苹果、谷歌、脸书、亚马逊等伟大公司提供指导，创造了超过万亿美元的市值。在《成就：优秀管理者成就自己，卓越管理者成就他人》的写作过程中，埃里克·施密特等三位作者走访了这位"万亿美元教练"的 80 余位弟子，如蒂姆·库克、拉里·佩奇、谢丽尔·桑德伯格、杰夫·贝佐斯等硅谷领导者，他们共同总结出了 32 条大道至简的管理之道。坎贝尔特别强调了简单做法的重要性，因为把所有的简单做法相加，就等于强大的公司运营。

需兼具教练的思维与本领

"桃李不言，下自成蹊"——用这句中国古语来形容坎贝尔的人生轨迹或许并不为过。坎贝尔喜欢"把聚光灯打在别人身上，而他自己更喜欢待在阴影里"。一个个故事就像一块块拼图，拼出坎贝尔的样子，也拼出教练型领导者的隐秘画像和管理之道。

在进入硅谷之前的1974—1979年之间，坎贝尔曾在哥伦比亚大学当橄榄球队教练。与学生时代相对成功的橄榄球生涯相比，坎贝尔的橄榄球教练生涯是个失败。坎贝尔先是成为波士顿大学的橄榄球助理教练，后来才成为哥伦比亚大学橄榄球队主教练。但是到1979年赛季结束时，他带领的球队只取得了12胜、41平、1负。这个表现乏善可陈，心力交瘁的坎贝尔大病一场，最终结束了橄榄球教练生涯。

多年的教练生涯，让坎贝尔磨炼出了出众的演讲才华和沟通能力，因此当他38岁进入一家广告公司时，他的客户柯达被迅速折服，将他挖到了一个更大的平台之上。随后，时任苹果公司CEO（首席执行官）、被乔布斯从百事可乐挖来的、"卖糖水"的约翰·斯卡利（John Sculley），通过自己的兄弟认识了坎贝尔，并力邀他加盟苹果出任营销副总裁。

对许多人来说，一生参与一个伟大公司的塑造就已经非常了不起。坎贝尔一生中从未写过一行代码，但是他的神奇之处在于，他同时是很多硅谷著名公司创始人和CEO的"教练"。在残酷的商场博弈中，坎贝尔的存在就像是一缕清风、一壶温酒，让一群被利益所裹挟的企业家，找到心头最温热的角落。这让坎贝尔受到了广泛的尊重，甚至被描述为一个"商业领袖"一般的人物。具备"现实扭曲力场"的乔布斯，是一个具有极端主见甚至偏执的人，能够在思想上影响到他的人屈指可数，坎贝尔正是其中之一。

坎贝尔曾与乔布斯密切合作近 30 年，乔布斯在世的时候，经常找坎贝尔解决各种问题。1985 年，约翰·斯卡利和董事会将乔布斯从苹果公司董事会除名。坎贝尔认为，乔布斯在苹果的第一段经历并不能说明他是一位伟大的领导者。1997 年，苹果公司收购了乔布斯创立的 NeXT，他也回到苹果公司担任首席执行官，那时坎贝尔发现，乔布斯像是换了个人。"他一直很有魅力，充满激情，才华横溢。但当他回归苹果的时候，我发现他成了一名优秀的经理人。他看重所有事情的细节，对产品自不必说，他对财务销售、运营和物流的管理也做得很细。我从中学到了很多。直到成了优秀的经理人，史蒂夫才成长为一位领导者。"

优秀的管理者只能成就自己，而优秀的教练能够成就他人。乔布斯去世后，坎贝尔又"辅导"乔布斯的继任者蒂姆·库克。直到 2014 年，他才离开苹果公司董事会。作为一名商业指导教练，坎贝尔的任务不是负责特定项目，也不是做战略决策，而是让其他人做得更好。尽管他是向个人提供建议，但关注的重点却是确保团队能够通力合作。他的座右铭是："头衔让你成为管理者，而员工才让你成为领导者。"

虽然坎贝尔在团体会议上不吝表扬，在工作之外也宽宏大度，但他可不是软柿子。他只是主张"私底下训人"，而且精于此道，也因此总能赢得被训之人的感激。与人交谈时，坎贝尔总是全神贯注：讨论时从不打断对方，也从不会看手机。但指导必须是双向的。有些人因性格使然，不会恰当地做出回应。坎贝尔认为，要真正接受指导，管理者得是诚实、谦逊并乐于学习的。

自 2016 年坎贝尔去世后，还没有人能取而代之，他的独特个性由此也可见一斑。这个故事也告诉世人，最优秀的管理者需要兼具教练的思维与本领。谷歌正在尝试将坎贝尔的理念纳入公司的运营方式。"所有的管理者在某种程度上都应该是指导"——这种观念似乎正在流行开来。

"非工作话题"沟通

商业教练在中国并不多见，在硅谷却非常普及，很多伟大的公司背后都有商业教练的身影。这是因为，再优秀的管理者，也常常会有视野盲区和能力边界。更重要的是，一家公司的成功，并不仅仅依赖某一位超级英雄式的管理者，还需要强大的团队。因此，为了保证最好的训练效果，坎贝尔指导的不仅仅是个人，更是整个团队。

作为团队指导的一部分，埃里克·施密特等三位作者提到了谷歌独特的开会方式。在每周全员会议开始前，谷歌经常以"周末做了什么"环节为开场，两位创始人拉里·佩奇和谢尔盖·布林也会参与，类似风筝冲浪的逸事、极限健身的近况，经常能引起同事们的浓厚兴趣。这样的沟通策略，看起来很即兴、很不正式，但它是坎贝尔和施密特一起改进的成果。

这个沟通策略有两个目的。其一，它能让团队成员把彼此看作普通人，了解彼此工作以外与家人的互动，以及各自经历的有趣生活。其二，它能让大家在会议开始时以一种有趣的方式参与进来，而且这时大家的身份变成了谷歌员工和普通人，而不仅仅是特定职责领域里的专家和负责人。坎贝尔和施密特明白，有趣的工作环境和更好的工作表现之间有着直接联系，而关于家庭和趣事的交谈（学者往往把它们称为"社会情感交流"）是实现前者的一种简单方式。

这种简单的交流让人们分享了彼此的故事，大家看到了各自真实的人的一面，实际上也确保了大家能做出更好的决策，增进同事情谊。这也是坎贝尔作为商业教练最重要的理念之一：人最重要。人是所有公司成功的基础，而优秀的管理者懂得如何创造一种充满能量的环境，并通过支持、尊重和信任，帮助优秀的员工实现卓越和成长。

相映成趣的是，玛丽莎·梅耶尔（Marissa Mayer）在担任雅虎首席执行官时，发展出了一种出差报告分享的变体。她主持的全员会议一上来不分享出差报告，而是会互道感谢。"我的同事们叫它家庭祈祷。每个人都必须为上周发生的某件事情感谢另一个团队。你不能感谢自己，也不能重复别人说过的话。事实证明，用这个方式来回顾过去的一周很不错。"

坎贝尔始终认为，沟通是公司成功的关键。"为了在团队成员之间建立和增进融洽的关系，可以在团队会议开始的时候分享出差报告，或者其他跟个人有关的非工作话题。"即使你已经清楚地传达了某个信息，也还是可能需要重复说几次才能让人真正明白。重复并不会破坏沟通的效果。事实上，来自美国南方卫理公会大学的一项研究表明，知道与谁分享和交流、知道该分享和交流什么，是管理者工作的重要组成部分。如果做得恰当，这种"知识公共性"能让团队表现得更好，为此付出时间是值得的。

对"健全个体"的尊重和爱

在工作中，坎贝尔强调终端销售人员对企业产品的影响，他看到当年乔布斯认为用户"对自己都没有概念的东西不会有什么意见"，就去告诉他"一个营销人员可能永远也不会想到去发明一个麦金塔电脑，但他们的存在，有能力让公司的产品变得更好"。

在整个科技行业刚刚兴起、几乎完全处于卖方市场时，能够有这样贴近用户的思维，在当时是非常难得的。事实也最终证明，漠视消费者需求的乔布斯最终因为产品销量不佳，一度被踢出了董事会。想必这也是其尊重坎贝尔最重要的原因之一。

为了帮助团队实现宏伟目标，坎贝尔运用了各种技巧：妥善招人（挑选合适的团队成员），促进性别多元化（让女性坐到主桌），在小误会扩大化之前化解它们（弥合人与人之间的鸿沟），等等。坎贝尔思想的核心其实和任何体育教练思想的核心一样：团队至上。所有队员，无论是不是明星，都必须准备好把球队的需要放在个人的需要之上。有了这样的承诺，团队就能实现一番伟业。这就是为什么当坎贝尔面对问题时，他首先关心的不是问题本身，而是负责解决这个问题的团队。团队组建好，问题就能解决好。

当一位经理试图推动团队做出决定时，会议室里满是各种意见。要如何做出这艰难的决定呢？坎贝尔总是建议人们透过这些意见，直击问题的核心。管理者的职责在于主导决策过程，确保听取和考虑到了所有观点。如有必要，管理者需要打破僵局，做出决定。在任何情况下，总有一些不变的真理是每个人都能认同的。这些真理就叫作"第一性原则"，这个术语和它背后的概念在硅谷很流行，针对每家公司和任何情况都有相应的一套"第一性原则"。观点问题可以争论，但原则问题一般没得争论，因为它们是每个人都认可的准则。坎贝尔指出，当面临艰难抉择时，领导者必须把这些"第一性原则"跟所有人讲清楚，提醒大家。这样一来，决策过程往往会变得容易许多。

如何管理"非一般天才"？坎贝尔提出的建议是：只要他们的行为不涉及不道德或虐待，他们创造的价值超过他们的行为给管理层、同事和团队造成的损失，那些表现出色但较难相处的"非一般天才"就应当被容忍甚至被保护。

当团队变得消极的时候，坎贝尔开出的药方是：要从消极情绪里跳出来，要去解决问题，别让会议陷在消极情绪之中太长时间。心理学家把这种方法称为"以问题为中心的应对策略"，与之相对的是"以情绪为中心的应对策略"。当面临无法解决的问题时，后者可能更合适，但在职场环境下，对情绪的关注和情绪发泄不能持续太久，这样一来，人们就能把更多的精力放到解决问题上。

在商业世界里，裁员和解雇是不可避免的，在初创公司和技术领域或许更是如此。不少人都会经历被裁员和被解雇。坎贝尔对此的观点是，裁员说明了公司管理的失败，而不是任何被解雇的人的失败。因此，公司管理层要让员工有尊严地离开，这很重要。要对员工好一点，尊重所有人。支付遣散费的时候也请慷慨一点。再向团队发一封内部公开信，赞扬一下离开的人所做的贡献。正如本·霍洛维茨在他所著的《创业维艰》一书中指出的那样，善待即将离职的人对团队成员的士气和身心健康至关重要。

坎贝尔在"教学"中，另一个重要的成就，是他独创的一套员工评价体系，这套体系在当时的硅谷非常领先，很多接受过他辅导的高级经理，至今都仍在使用这套体系。他主张在评价员工时，均衡考虑四个方面：第一个方面属于传统范畴：业绩达到预期。但是接下来，他审视的是管理技巧、与同事的合作关系及创新能力。可以说，如今大多数硅谷公司都在沿革这一模式。

管理者除了要不断提高自身水平外，还要讲究管理的效率，毕竟科技企业的管理者比例不应该很高。坎贝尔反对搞任何方式的形式主义，比如在做 PPT 时，不要搞一堆花里胡哨的东西，要有实质内容，要关注细节。

很显然，真正的"成就"，不是世俗意义上的成功，而是成就他人，成就自己。商业领域也一样。成就的源头是对人，对"the wholesome person"（健全个体）的尊重和爱。从这个意义上说，坎贝尔不仅是一位商业教练，某种程度上也是一位人生教练。他所坚持的商业管理原则，也适用于人际交往和日常生活，比如诚实、自律、热情、信任、尊重、勇敢、倾听、理解。

父亲没有野心，我有企图心

就投机钻营来说，世故的价值永远是无可比拟的。

——俄国作家果戈理

在一个好了伤疤忘了疼的年代里，回避记忆、抹掉记忆、热衷于失去记忆，已是司空见惯。德国著名作家、诺贝尔文学奖获得者君特·格拉斯在他的回忆录《剥洋葱》中毫不讳言地指出："回忆本身就是选择性的，人总是有意无意地记得美好，忘记丑陋。"把自己不为人知的过往和内心层层剥开，格拉斯直面"阴暗自我"的非凡勇气颇为令人敬佩。

每个人都有自己的"洋葱"，以"剥洋葱"姿态审视自己的绝非格拉斯一人。美国黑石集团董事长、首席执行官兼联合创始人苏世民（Stephen A. Schwarzman）在他的自传《苏世民：我的经验与教训》（*What It Takes: Lessons in the Pursuit*）中并没有过多炫耀自己高端的管理技巧，而是回顾了自己的成长历程，并列举出那些关键的节点以及自己从中吸取的经验和教训，同时以"剥洋葱"的姿态和方式向人们讲述了自己的创业、工作和生活准则。

依靠"两大主要利好因素"

苏世民和彼得·彼得森在 1985 年联合创立了黑石集团。自成立以来，黑石集团资产规模每年以大约 50% 的速度增长，过去 30 余年平均回报率达 30% 以上，其人均利润是高盛的 9 倍。现在的黑石集团已经管理着全球超过 5500 亿美元的资产。

苏世民以其严谨的投资流程、创新的交易方式、多样的业务领域、做好每一件事而闻名。他花费一生时间去学习、去思考如何成功、如何实现梦想。出生在中产阶级家庭的苏世民，10 岁时就在父亲的窗帘麻布店打工。1970 年，苏世民还在路易斯安那州有过一段当"储备军"的短暂军旅生活经历。作为婴儿潮的一代，苏世民在成长过程中，看到的只是发展和机遇，好像成功是必然的。但是，在经历了 20 世纪 70 年代和 80 年代初的经济起伏后，他逐渐明白，成功就是充分利用你无法预测的那些罕见机会，但抓住机会的前提是你必须时刻保持开放的思维、高度的警觉和严阵以待的姿态，并愿意接受重大变革。

在继承了祖父的生意后，苏世民的父亲仅仅满足于按部就班地经营店铺，丝毫没有扩张店铺、跨越自己"舒适区"的野心。苏世民自己却有很强烈的企图心。所以他说："一个人可以学着做管理，甚至可以学着当领导，却无法通过学习成为企业家。"通过观察父亲经营窗帘麻布店的做法和得失，以及凭借后来为很多企业和企业家提供咨询建议的经验，苏世民得出了关于创业的重要结论：创立和运营小企业的难度和大企业相差无几。因此，如果你要将自己的生命奉献给一个公司，就应该选择一个发展潜力巨大的企业。

以"剥洋葱"姿态审视创业的得失时，苏世民发现，创业的成败往往取决于时机。创业太早，客户还没准备好。创业太晚，竞争对手又太多。1985 年创立黑石时有两大利好因素。

一是美国经济。在时任美国总统里根的领导下，美国经济已进入复苏阶段，贷款利率很低，借贷很容易，大量资金在寻找投资机会，而金融业正在调整结构及提供新型业务，以满足市场的需求。同时，市场上还出现了对冲基金。作为一种投资工具，其采用高度技术性的方法来管理资产风险，从外汇、股票等各类资产中获得收益。这些投资方式的潜力刚刚显现，竞争还不激烈，是尝试新事物的好时机。

二是华尔街的佣金制度解体。纽约证券交易所自 18 世纪后期成立以来，一直采取固定佣金制度。美国证券交易委员会（SEC）判定这种操作为限价，下令在 1975 年 5 月 1 日结束这一制度。在旧的制度下，华尔街的经纪公司几乎不需要竞争，也没有必要进行创新。而当佣金可以商讨了，价格和服务的重要性就提高了。科技的发展又加速了这一过程，规模小、成本高的经纪公司出现亏损，那些能够提供更好服务和更低价格的公司则获益。自美国证券交易委员会改变规则之后的 10 年间，勇于创新的公司变得越来越大，而那些因循守旧的公司最终以倒闭收场。

正是依靠这"两大主要利好因素"，黑石几十年来开展的庞大私募股权投资，让希尔顿、范思哲、乐高乐园、杜莎夫人蜡像馆、徕卡相机等大众品牌，成为这家公司投资的产业。

寻找"10 分人才"

在金融行业，能力出色、雄心勃勃的人比比皆是，然而只有能力是远远不够的。在面试了上千人以后，苏世民已形成了自己的面试风格。他会捕捉一系列语言和非语言的线索，他还会尝试与候选人深入交流，然后观察他们的反应。苏世民没有什么固定的套路，但在每次面试的时候，他的目标都是调动自己的洞察力直入候选人的大脑，以评判他们的思维模式，了解他们真实的自我，判断他们是否适合黑石。

伴随着公司发展，苏世民发现，公司的所有员工就像美式橄榄球的外接员，有的人像是石头做的，你把球扔给他们，球就会从他们身上弹开；有的人则像手上涂了胶水一样，接球稳健、做事靠谱。这时公司创业者就会面临两种选择，要么继续经营一家没有前途可言的中等公司，要么清除自己一手打造的平庸队伍，让公司获得重生。

有一次，一位年轻的分析师因恼羞成怒踢坏了一台影印机，这让苏世民颇为恼火。正视缺点是消除这种行为的第一步。苏世民专门请了一个名为"尊重工作"的团队，该团队采访了整个公司的员工，以便了解现状。他们把黑石员工分成小组，每个小组排练短剧，由演员或员工本人扮演"霸凌者"或"受害者"的角色，通过表演的形式向大家展示自己的行为。每次表演苏世民都会坐在前排看，这些"演员"的表演令人震惊，但可怕的是，这些事都真实发生过。苏世民明确表示，如果有人再有类似的行为，那么"肇事者"将被解雇。

经过多年的观察和实践，苏世民还总结出自己的"8910"人才观：得8分的人是任务执行者，得9分的人非常擅长执行和制订一流策略。如果公司都是9分人才，就可以获得成功。但10分人才，无须得到指令，就能主动发现问题、设计解决方案，并将业务推向新的方向。"10分人才"能够为企业带来源源不断的收益。

苏世民和创业团队向来坚持招聘"10分人才"。现在的黑石可以从全球最优秀的年轻毕业生中进行选择。2018年，黑石的初级投资分析师岗位收到了14906份申请，而黑石的岗位机会只有86个，录取率为0.6%，远远低于世界上最难进的大学。连苏世民自己都坦言，如果现在要他申请进入自己的公司工作，他觉得自己应该不会被录用。

摒弃"单人决策"

"剥洋葱"会呛出眼泪，但那又是成长的必经之路。苏世民早年曾从德崇证券公司金融部聘请了一位年轻的银行家。他头脑聪明又雄心勃勃，在 1989 年加入黑石后不久，就为公司拉来一笔交易：总部位于费城的埃德科姆公司的钢铁业务。这位年轻的合伙人曾在德崇证券做过几笔埃德科姆的交易，但由于缺乏深入调研，在完成这笔交易几个月后，钢铁价格开始急转直下，埃德科姆项目最后"土崩瓦解"。

苏世民认为，埃德科姆的案例意味着他不可能永不犯错。对任何组织而言，失败才是最好的老师，但是改变必须先从自己开始。苏世民由此认定决策系统不应再受制于一个人的能力、感受和弱点，企业需要摒弃"单人决策"的做法，审查并收紧企业决策流程，通过制定规则来剔除投资流程中的个人化因素。

在埃德科姆事件发生后，苏世民加强审查了公司的决策机制。黑石还颁布规定，任何提案都必须以书面备忘录的形式提交，备忘录必须完整翔实，并至少提前两天提供给参会人员，以便大家对其进行细致理性的评估。之所以要求至少提前两天，是因为研究备忘录的人这样可以有时间进行标注、发现漏洞、梳理相关问题。黑石还规定，除非有重大的后续发展，否则不得在会议上对备忘录进行任何补充。

苏世民还特别提出讨论有两个基本规则：第一，每个人都必须发言，以确保每个投资决策是由集体制定的；第二，要把讨论重点放在潜在投资机会的缺点上。对负责推介的人来说，这种建设性质询的过程可能是一个挑战，但黑石对质询过程进行了设计，保证质询只对事、不对人。

这不仅是一个程序严格的风险评估流程，更是一种冷静稳健的思维方式。随着黑石引入新业务、进军新市场，苏世民将同样的流程应用于所有投资决策中。每个人都参与讨论，针对风险进行充分而激烈的辩论，以达到系统性分解风险、理解风险的目的。按照同样严格的标准审查每项投资，这种标准统一的投资方式已成为黑石风格的支柱。

此外，苏世民在公司内部反复强调"三个需要"：其一，需要创建一个投资流程，并随着时间推移不断完善这一流程；其二，需要打造一个极为可靠的风险评估框架；其三，需要为公司内部的专业人士提供培训，教他们如何把每个投资机会提炼为两个或三个主要变量，这些变量将决定投资能否成功、能否创造价值。

在苏世民的职业生涯中，他还曾亲历过 7 次大规模的市场下滑或衰退。苏世民始终认为，经济衰退是正常现象。随着市场疲软和经济下行，市场会逐渐触底，但其底部是难以发现的。大多数公共和私人投资者过早买入资产，低估了经济衰退的严重程度。此时的关键在于保持沉着冷静，不要过快地做出反应。投资者大都没有信心和耐心，也缺乏自律精神，无法等到一个周期完全过去。这些投资者没有自始至终地贯彻自己的投资理念，因此无法将获得的利润最大化。

不懂经济学？ 多听摇滚乐

经济学由于其特有的方法论，必将侵入其他社会科学领域并将君临其上。

——1970 年诺贝尔经济学奖得主保罗·萨缪尔森

18 世纪的苏格兰作家和革命者安德鲁·弗莱彻有句常被人引用的名言：“让我来为国家编写歌谣吧，我才不关心谁制定它的法律呢。”这句话将音乐具有的那种塑造一个民族的精神与情感的特殊力量概括无余。然而，“枯燥”的经济学和“狂乱”的摇滚乐，看似毫无关系的两个领域，却被普林斯顿大学经济学教授艾伦·克鲁格（Alan Krueger）找到了其中的内在关联：“到音乐产业的后台转一转，我们便能窥见经济学以及生活的门道。”

克鲁格教授终其一生都致力于研究如何切实改善普通人的生活，因此被誉为“幸福经济学”研究员。在奥巴马担任美国总统期间，克鲁格教授担任白宫经济顾问委员会主席，推动了一系列关于劳动和收入分配的研究，其中包括“了不起的盖茨比曲线”（The Great Gatsby Curve），即社会公平程度与代际流动性的关系。克鲁格教授有次做了一场题为“摇滚经济学”（Rockonomics）的演讲，以音乐产业为例对美国经济发表看法，奥巴马对演讲内容大加赞赏。克鲁格教授此后对“摇滚经济学”这一概念做了进一步的拓展延伸，写就了《摇滚吧，经济学：披头士、流媒体和经济学的故事》（*Rockonomics: A Backstage Tour of What the Music Industry Can Teach Us about Economics and Life*）。

以摇滚乐为切入口，克鲁格教授研究发现：音乐产业是研究经济学相关问题的理想实验室，所有受人欢迎且适用于经济分析的音乐都可以被纳入"摇滚经济学"的范畴之中。从"摇滚经济学"的比喻出发，克鲁格教授进而论述了近年来发生在美国乃至世界各地的一系列经济变化，以及我们每个人应该做好哪些准备才能创造一个惠及每个人的更公平的经济。

音乐市场脱节

电影演员的大部分收入来自其出演的电影，因为这是影迷欣赏和消费他们艺术的方式。有些职业运动员虽然也通过赞助产品或出演电影挣钱，但他们主要还是靠从事体育运动领取薪水的方式谋生，这也让粉丝或球迷能接触到他们的工作。最接近音乐人的或许就是写书的作家们了。他们的大部分收入来自书籍出版之前出版商支付的预付金和书籍销售带来的版税。克鲁格教授调查研究发现，在当今音乐产业的核心存在着一个根本的脱节之处：艺人收入的主要来源与大多数粉丝消费和欣赏他们音乐的途径截然不同。换言之，大多数音乐人的绝大部分收入来自现场演出，而非唱片的销售。

具体来说，从唱片中赚到的大部分钱并未被创作的音乐人得到。通常，唱片合同签署之后，唱片公司会给音乐人一笔预付金，后者则同意在音乐未来的版权收入（扣除成本）中只拿10%至12%的份额。这种不均衡的收入划分原因很简单：绝大多数唱片都是不赚钱的。唱片公司发行的唱片每十张中只有一到两张能够回本。唱片公司需要面对巨大的市场风险。他们类似于风险投资人，将赌本押在众多新人和新音乐上，期待他们当中有几位能够大红大紫一把。唱片公司必须用少数能赚钱的唱片来抵付其在许多亏本的唱片上花费的成本，至少在那些终于成名的明星重新谈判并达成他们的新合同之前是如此。

矿工们常用金丝雀来探测矿井中有无危险，音乐产业正是这场变革中的"金丝雀"。创造性的破坏在音乐产业中时有发生。虽说从扩音器、收音机、黑胶唱片、八轨磁带、盒式录音带，到音乐视频、激光唱片、MP3播放器和流媒体……技术变革，让艺人能覆盖到更加广泛的听众群体；但技术进步也有意想不到的后果。按照克鲁格教授的分析，复制和传送音乐录音的成本变得极其低廉，对未经授权的音乐复制的监管又难以实施。这便导致那些最成功的艺人的版税收入下降，也使得他们不得不转而提高现场演唱会的票价。

这也是自 20 世纪 90 年代末以来，演唱会票价上涨势头一直凶猛的最主要的原因，它的涨幅几乎与医疗保健成本的通胀速度一致。从 1981 年到 2018 年间，演唱会的平均票价上涨了 400%，远远高于总体消费物价指数 160% 的涨幅。究其原因就在于，文件共享极大地降低了音乐人从专辑销售中获取的版税收入。唱片业内的整合，在经过萧条的几年之后，进一步威胁到艺人的唱片收入。

譬如说，2017 年，被誉为"钢琴师歌手"的比利·乔尔通过现场演出挣了 2740 万美元，但他从唱片销售和流媒体得到的收入只有 130 万美元，而版税收入只有 60 万美元。换句话说，他 90% 以上的收入都来自现场演出。除了乔尔外，2017 年办过巡演的 48 位艺人平均 80% 的收入来自巡演，15% 来自唱片，5% 来自版税。巡演为他们挣来了绝大部分的钱。

斯迪利·丹乐队的唐纳德·费根 69 岁时，曾就他为何会在 2017 年决定重新加入巡演做了简单的回答："巡演是我唯一的谋生方式。"一些主流艺人，过去只在为自己的专辑做宣传的时候才会参加巡演，而现在，即使没有新歌需要推广，他们也照样巡演。

随着研究的深入，克鲁格教授还发现：付费流媒体这一最新涌现出的颠覆性技术，使得艺人从唱片中所获得的收入开始回升。不过，消费者如何消费音乐，艺术家如何挣钱谋生，几乎可以肯定这二者之间的脱节还将继续存在下去。所以，演唱会现在被视为最主要的利润来源，数字唱片倒成了替演唱会做宣传的工具。

摇滚明星兼经济学的先驱大卫·鲍伊，多年前就预见到了这一趋势。他当时说："音乐这东西将变得像自来水或电一样方便可用……你们得做好要办很多巡演的准备，因为那真的可能会是剩下的唯一还带有个人特色的东西。"鲍伊这番话绝好地阐述了这样的一个趋势：除了唱片，你还需要有其他能拿来推销和兜售的产品——经济学家称之为"互补商品"。

在克鲁格教授看来，从鲍伊理论的角度来审视音乐产业，发现其有一长列"互补商品"的名单：现场演出、周边商品、书籍、音乐视频，迪伦和金属乐队推出的威士忌、邦·乔维乐队的红葡萄酒、艺人奎斯特拉夫的爆米花调味料，以及吻乐队推出的棺材，等等。成功的公司对鲍伊理论的重要性早已心知肚明。比如，苹果公司通过销售手机、平板电脑和电脑赚钱，同时亏本运营着苹果音乐服务，目的就在于用它来推动音乐设备的销售。

鲍伊理论也正越来越多地被运用于音乐以外的地方，比如报纸、杂志等。《华尔街日报》、《纽约时报》、彭博社和《经济学人》杂志都在越来越多地通过现场活动和论坛来实现增收。如今，新闻可以从不计其数的在线资源中获取，而且许多时候还是免费的。很显然，与现场活动和论坛相比，报纸和杂志很可能会成为赔本生意。

规模和独特性

零售店里没有超级明星收银员，也没有超级明星保险员，或者超级明星护士。为什么音乐产业更易形成超级明星现象呢？

对超级明星经济的严肃研究，始于19世纪末伟大的英国经济学家阿尔弗雷德·马歇尔。马歇尔对有生之年不断变化的收入分配形式十分惊讶，他对少数成功企业家的收入为何会越来越高颇为感兴趣。马歇尔给出的答案与技术改进有关。技术改进无疑是让广大企业家能够掌控幅员辽阔的商业帝国，并享受规模经济所带来的回报。这有力地说明：在决定谁是经济上的赢家和输家，技术起着关键作用。具有讽刺意味的是，马歇尔将音乐视作这一现象的反例，他认为超级明星的效应在音乐市场是有限的，因为只有那些能听见"歌手真实歌喉"的人才能真正欣赏其表演。马歇尔在他的论证中特别举了伊丽莎白·比林顿（1765—1818）的例子进行说明。

比林顿夫人被广泛地认为是当时最伟大的女高音。但马歇尔却注意到："只要人的声音能传及的听众人数仍然备受限制，那任何歌手都不太可能挣得到1万英镑以上。1万英镑是20世纪初比林顿夫人一个演出季的收入，这个数目与同时代的商界领袖们在相等时间内的收入水平相当接近（甚至还多）。"因为比林顿夫人和其他优秀的歌手无法让更多的听众听到自己的声音，他们所处的时代还不具备成就超级明星所必需的市场规模。

舍温·罗森（Sherwin Rosen，1938—2001）是芝加哥大学的一位经济学家，他讲求实际、风趣，并有着敏锐的头脑。多亏了他的研究，人们才得以了解，要造就超级明星，规模是必需的，但单是规模本身还不足以造就超级明星。罗森构建出一个超级明星的经济模型：要想市场被极少数超级明星主导，还需第二个基本要素，即盘踞在市场顶端的竞争者必须是非完全替代品。这意味着每一位超级明星都必须拥有自己独特的风格和技能，这会影响其盈利能力的高低。

按照罗森这位经济学家的分析，这种非完全替代品会受到一种叫"竞赛效应"的深刻影响：某个稍稍"优秀"一点的人能够轻易赢得整块蛋糕，使其他人什么也得不到。人们宁愿花 10.99 美元购买世界最负盛名的钢琴家霍洛维茨的音乐，也不愿意花 0.9 美元购买某个挣扎中的钢琴家的音乐。知名作家也是如此，众多读者愿意花 13.99 美元看知名作家米兰·昆德拉的小说，还是愿意花 1 美元看某个不知名的作者的小说呢？所以这就像一场竞争，赢者获得一切，而且他并不需要胜出很多。

站在马歇尔和罗森这两位经济学家研究的基础上，克鲁格教授进一步研究发现，假如所有企业经理都拥有相同的才华，如果他们都是完全替代品，那么公司任命谁为首席执行官或高管也就无关紧要了。而顶级商界人士也就无法获得高收入，因为他们将面临拥有同等资质的竞争对手的激烈竞争。同样的道理，假如每位音乐人的声音听上去都雷同，那人们在智能手机和广播里听谁的歌也就不重要了，而且，所有音乐人得到的报酬也会变得一样。只有当某个顶级竞争者能在某些相关方面脱颖而出，市场才可能被超级明星所支配。

克鲁格教授由此认定："最重要的主题是美国就业市场已成为一个超级明星或者赢家通吃的市场，这正与音乐产业的状况一模一样：少数几位顶级艺人能日进斗金，而其他所有人却只能勉强维持生计。"音乐产业是由超级明星操纵整个市场的典型范例，少数参与者吸引了绝大部分的眼球并赚走了绝大部分的钱。

这个市场有两个重要特征。首先，那些最成功的艺人、专业人士或者公司往往能接触和覆盖巨大的受众和客户群：这便是人们所说的规模。其次，在超级明星市场中销售的那些声音、服务和产品都必须独一无二，并且具有鲜明的特征。对消费者而言，它们不存在其他替代品。即使市场上排名第二和第三的优异者合起来也无法打造出能与最优秀者相媲美的声音、服务或产品。正如罗森所说："一帮平庸的歌手轮流登台献唱，并不能让演出变得精彩。"换句话说，要想造就超级明星市场，规模和独特性二者缺一不可。互联网、数字化和社交媒体正日益将市场改造成超级明星市场，这反过来导致了中产阶层的萎缩，并给工薪阶层、消费者以及整个政治、社会和未来带来了严重的后果。

运气的力量

能力和个人努力与运气相比到底哪个对成功而言更重要，始终是争论不休的话题。犹如历史哲学上的规律与偶然一样，到底哪一个决定了历史的走向，迄今仍然得不出完全让人信服的结论。

经济学家罗伯特·弗兰克在他的《成功与运气》一书中曾指出，在创造出当前男子和女子 100 米跑、110 米跨栏、跳远和三级跳世界纪录的八场比赛中，有七场是在顺风的助力下完成的。风速当然是他们无法控制的，却对他们有利。也有一些不太走运的短跑运动员由于风力过强，他们创下的世界纪录因此被判无效；所以，有时候运气太好了也可能是件坏事。

在克鲁格教授看来，在超级明星市场中，运气好坏所起的作用尤其容易被放大，这使得它在音乐产业的影响有目共睹。鉴于运气在经济中所起的作用越来越显著，因此，了解偶然事件对我们生活的影响，以及如何才能让偶然因素更多地向有利于我们的方向倾斜，也就变得极其重要。

在艺术受运气影响的众多事例当中，克鲁格教授最喜欢的是跟《哈利·波特》系列的作者 J.K. 罗琳有关的一个有趣案例。罗琳的文学经纪人——克里斯托弗·利特尔，以区区 2500 英镑的价格就把《哈利·波特与魔法石》一书在英国的版权卖给了布鲁姆斯伯里出版公司，但接下来他等了两年，通过读者的口碑为该书积攒人气，最后才以竞价的方式将美国的版权卖给了美国学乐集团。此后这本书也终于声名鹊起。可在 1995 年，当时才 32 岁的罗琳怎么会选中利特尔当她的文学经纪人呢？罗琳最早曾把手稿投给了另一位文学经纪人，可被后者拒绝了。于是，她便到爱丁堡的一家公共图书馆，打算从《作家和艺术家年鉴》中另找一位经纪人。她之所以选中了克里斯托弗·利特尔，完全是因为此人的名字听上去像她孩子读的故事书中的一个角色。利特尔（2011 年被罗琳解雇）绝对是世界上最幸运的人之一。他从《哈利·波特》系列丛书中拿到的佣金达数千万美元之巨。

许多迹象表明，运气在音乐产业的影响之广也不遑多让。当百代唱片公司放弃在美国发行瑞典摇滚乐队洛克塞特的专辑之后，该乐队却突然间火了起来。原因是一名在瑞典交换的美国高中生回到他位于明尼阿波利斯的家中时，凑巧带回了他们的唱片，并缠着当地几家电台在节目中播放该乐队的歌曲《神色》（*The Look*）。

为了确定运气对一首歌的人气能有多大影响，社会学家马特·萨尔加尼克和邓肯·瓦茨曾经做了一个十分巧妙的实验。和他们在其他实验中所做的一样，研究人员在征得有关音乐人的许可后，在一个在线音乐库中发布了 48 首歌曲，随后邀请听众登录音乐库试听，听众还有机会免费下载这些歌曲。他们向参与者展示了歌曲名单，而名单是按每首歌被下载的次数多寡排列的。参与者能看到每首歌已被下载的准确次数，这样他们就能从其他参与者对每首歌所持的态度中判断其人气。接下来，参与者只要在歌曲上点击一下，就能开始播放，还可以选择下载该首歌曲。

对最初开始的 750 名参与者，研究人员如实记录并展示了每首歌的下载次数。但接下来，他们对实验进行了调整：6000 名参与者被随机，而且是不自知地分配到两个不同的组。被分到第一组的人看到的仍是真实的歌曲下载次数。而在另外一组，研究人员偷偷将此前每首歌的下载次数颠倒过来，原本在 48 首歌中人气最高的歌曲现在被列为人气最差的，原本人气排第四十七位的现在排在了第二，依此类推。在将排名颠倒过来之后，研究人员便任由歌曲的下载次数自行累计下去。

真正的精品最后还能登上榜首吗？还是人为地颠倒排名让原本人气最差的歌（基于最开始准确的下载次数）变得更受欢迎了呢？

实验的最终结果显示，使用下载次数真实数据的那一组得出的最佳歌曲是帕克·斯瑞的《她说》，这首歌曲的下载次数超过 500 次。最不受欢迎的歌是分手后悲剧乐队的《佛罗伦萨》（Florence），被下载 29 次。所以，正常的实验结果是：人气最高的歌曲的下载次数几乎是人气最差的歌曲的 20 倍。

但在排名被人为颠倒的另一个组里，分手后悲剧乐队的《佛罗伦萨》原本是人气最差的歌曲，但最终的结果却好得出奇；事实上，它将人为赋予它的榜首位置一直保持到了最后。而在第一组中名列榜首的《她说》，在第二组的最终排名还是有所上升，所以歌曲本身的质量还是起到了一定的作用。但总的来说，在排名被颠倒的那一组，全部 48 首歌曲的最终排名与最终的真实排名几乎没有任何关联。如果人们觉得某一首歌人气很高，那么这首歌的人气会受到这想法的深刻影响，尽管它的人气原本并非那么高。

邓肯·瓦茨对他的实验结果做了这样的总结：当人们有喜欢别人喜欢的东西的倾向时，人气的差异便会受所谓"累积优势"或"富者更富"的效应的影响。换言之，歌曲和艺人的人气是呈几何级数而非呈线性增长的，通常也被人称为"幂律"。它在音乐以外的其他行业也越来越多地发挥着作用。最优秀的艺人的人气比排名第二者要高出好几倍，而排名第二者又是排名第三者的好多倍，依此类推。在科学家的记录中，我们能查到各式各样由幂律造成的结果，从各种词语的使用频率到各个城市的规模，乃至一年中发生飓风的次数，不一而足。

网络对幂律的形成也助了一臂之力。人气经由朋友和熟人构成的网络不断弹跳和传递，并形成幂律所需的各种关系，几乎所有人的注意力都被少数几位艺人吸引过去。时任《连线》杂志编辑的克里斯·安德森在其畅销书《长尾理论》中曾经预言互联网将为那些身处被他称为"长尾市场"的人带来更多的机会，因为小型生产商将能从中找到适合他们而且有利可图的利基市场。但在音乐产业中，此种趋势尚未出现。正好相反，处于中层的那些人已退出音乐这一行业，因为越来越多的消费者都被极少数超级明星给吸引过去了。在过去的 30 多年中，顶尖的 1% 的音乐人的演唱会收入的占比增长了一倍多，从 1982 年的 26% 增至今天的 60%。顶尖的 5% 的音乐人则占据了全部演唱会收入的 85%。唱片的销售也呈现了相同的模式。"长尾"依旧长而孤独；所有激动人心的事都只发生在那条尾巴的最前端。

这意味着如果某个事物在一个恰当的节点上比另一个事物人气稍微高出一点，那它将变得更具人气。因此，甚至连很小的随机波动也可能带来巨大的冲击，让原本实力相当的竞争对手之间产生巨大且长久的差异。这一现象在某种程度上与混沌理论中著名的"蝴蝶效应"有相似之处。

克鲁格教授由此毫不讳言地指出，才华和勤奋是成功的必要而非充分条件。运气，这个无法预测的命运的随机作用以数不胜数的方式影响着人们的生活。在音乐产业，这种影响尤甚。因为在音乐产业，人们的喜好变化无常，衡量质量的标准又极其主观，所以众多的才子才女或者有明星潜质的人历尽千辛万苦却还是功亏一篑。最合适的艺人有可能在最不合适的时机被推向市场；或者，尽管艺人赶上了最合适的时机，但推出的歌曲又不合适；还有的艺人推出的时机和推出的歌曲都无可挑剔，但他选错了经纪人或唱片公司。无论运气所起的作用是好是坏，运气在超级明星市场中的作用都会被成倍地放大。

与老年人共情

不要向井里吐痰，也许你还会来喝井里的水。

——苏联作家肖洛霍夫

像极了当下人们日常交流中频繁提起的"数字货币""元宇宙""5G""共同富裕""碳中和"等热词一样，"养老""银发经济"等关键词也常常被反复提及——因为老年人正成为高技术、智能产品的有力消费群体，他们也开始拥抱和探寻更加潮流的生活和娱乐方式：从玩自拍到发短视频；从"银发战队"到"高龄网红"；比你老，但比你会玩，比你有钱，还比你时间多……掌握了时间与金钱的"银发一族"以充满活力的形象出现在以往被视为"年轻人地盘"的互联网领域，早已不是新鲜事。

"家家有老人，人人都会老"。步入老年人行列的人越来越多，一个庞大的"银发经济"市场由此正悄然降临。然而，面对一边是流量见顶的互联网巨头无处扩大用户，另一边是几亿的老龄人口，多数与互联网严重脱节。"银发经济"应该如何破局呢？在《更好的老年：关于老年经济，你必须知道的新理念》（*The Longevity Economy*）中，著名老年问题研究专家、美国麻省理工学院老年实验室（MIT AgeLab）创建者、主任约瑟夫·库格林（Joseph F.Coughlin）却告诫人们：忽视老年人需求或将淘汰目光短浅的企业。

在过去 20 多年当中，库格林采用开创性的跨学科研究方法深入探究"老年人到底想要什么，而不是传统观念告诉老年人需要什么"。库格林就如何看待老年人提出了颇多深刻洞见，企业如果想要为不断增长的老年市场提供产品和服务，无疑是不能忽视这些洞见的。库格林还精准地发现了"错误观念"和"真实现实"之间的差距，并在研究实践中寻找到弥合此种差距的"药方"。

超越医疗实践认知偏差

早在19世纪中后期，西方医学赞成年老就意味着某人已经丧失了"生命力"。人一旦变老，唯一的选择就是停止工作、休息，并为"糟糕的事"做好准备。受这个医学思想影响最大的领域当属慈善贫困救助，它向公众说明：一旦生命力耗尽，生活将会有多悲惨。历史学家卡罗琳·托马斯·德拉佩纳（Carolyn Thomas de la Pena）曾说，"个人体内的生命力存量成为比灵魂更重要的问题"。一些自诩为专家的人甚至用这种标准来量化生命力的流失，其中一个信誓旦旦地说："男性精液所含的生命力是从心脏中流出的等量血液的40倍。"

由于早年医学领域把年老当作一种病态的偏差，到现代社会保险在其中起到消极作用：自从19世纪末产生了养老金制度，65岁便成为老年阶段的开始；社会保险虽然给老年人提供了一定生活保障，但是同时在社会上形成了思维定式，使得65岁以上的人被定义为老年人，成为"无用的人"，加上工业化之后"八小时工作制"带来的对工作效率的追求；还有管理者害怕老年人无法跟上节奏，新出现的"泰罗制"等科学管理法，都是从各个侧面验证老年人开始受到歧视，并使得他们被迫给年轻人腾岗位，或被迫离开工作岗位。

《更好的老年：关于老年经济，你必须知道的新理念》最为发人深省的创新性理念，就是提倡采用更加积极的眼光看待老年期和人口老龄化。库格林提出了一个核心观念，即"老年观"（即一种代代相传的故事），也就是关于"老"的含义，具体包括老年个体的自我观、对老年这一生活阶段的理解以及对待老年人的态度等。库格林认为我们当前的"老年观"并非固有，而是由社会制度和医疗实践在一个多世纪以来建构而成的。它影响着人们度过自己老年期的方式，也影响他人看待老年人的方式。当前的"老年观"认为，老年人是疾病缠身的、贫穷的、贪婪的、无用的，他们没有工作能力，"无法进行经济生产"，是需要照顾的麻烦和需要解决的问题，是索取者而不是给予者。此外，当前的"老年观"将老年人视为单一、同质的人口群体，所有人会在同一时间进入老年期，并且只有一种度过老年期的正常方式。

在库格林看来，这一"老年观"已经与现实完全不符。它限制了我们应对老龄化的思维，限制了创新。囿于这样的"老年观"，老年人在面对长寿这一经济、技术和教育带来的成果时充满迷茫，并不知道自己应该做些什么来度过老年时光。在此基础上衍生的"退休观"则认为老年人应当在某个确定的年龄结束工作，并在之后的岁月中追求享乐。这也限制了老年人追求有收入的工作或其他有意义之事的权利和机会。

囿于这样的"老年观"，企业或是根本没有提供能够满足老年人真正需求的产品，或是提供的产品使老年人感到尴尬或难以使用，从而限制了老年人的发展，使他们无法在老年期尽可能长时间地保持独立、保持与世界的联系、保持工作中的竞争力或者在文化上做出贡献。老年人不仅仅需要维持生存和健康的产品与服务，他们还有对自由、社交、乐趣、幸福、自我实现等马斯洛需求金字塔中更高层级的需求。

"长寿是一个礼物而非一种负担。"库格林研究发现，老龄化是好事，它是社会保持其成员健康、远离危险、接受更多教育以及掌握自己生育权

的自然结果。老年人群体内部具有巨大的异质性和多样性。每个人的衰老
过程也都不尽相同：每个人都以独特的起点步入老年期，并以不同的速度
经历各种各样的老年生理体验。因此，并非只有一种度过老年期的正常
方式。

不反思"为什么非得是这个问题"

继"粉丝经济""青年消费"后，"银发经济"无疑正在成为当下"硬
核"的消费新势力之一。数量庞大、有钱又有闲的老年群体，消费潜力巨
大。面对老年消费的新"蓝海"，国内外不少企业也都摩拳擦掌，努力在
健康、食品、医疗、家居、文化娱乐等多个方面展开竞逐。然而，老年人
权益倡导者对面向消费者的企业提出的第一个抱怨是企业似乎不希望老年
人成为其客户。

在麻省理工学院老年实验室发给一家管理学院的一项调查中，研究者
询问管理学院的学生：如果他们必须立刻为老年人设计一款产品，他们会
想到什么？尽管有一些有趣的答案，如自动驾驶汽车、"一种有助于弥合
计算机技术差距的产品"等，但大多数产品都属于健康和安全的旧范畴。
比较典型的回答主要有"助行器""老年失智症治疗仪""一个呼叫助行器/
轮椅的应用程序""多功能手杖""成人纸尿裤"，等等。

一直关注科技创新如何改善老年群体生活的库格林研究发现，无论是
学界，还是企业，对老年群体健康和安全等基本需求的关注，远远超过对
人际关系、个人追求或职业抱负、沉思以及乐趣等更高层次需求的关注。
将技术用于"一个问题"却不反思"为什么非得是这个问题"。就老年人
而言，这个问题的答案很简单：自从20世纪初"老年人"被界定为"一

个问题"后，很难想象为老年人生产的产品没有在某种程度上去"解决"这一问题。这种设想同时影响高端和低端技术产品的研发。

一些手机的设计，就是受到对老年人需求过时的思维方式的影响。一个著名的失败案子是由一家名为 Fitage 的德国小型企业研发的卡塔琳娜手机。这款于 2007 年推出的手机以叶卡捷琳娜大帝命名，物如其名，这款手机体积较大——"巨人"（这款手机有着似乎是首个特意为老年人"创新"研制的超大的橡胶按键）。总体而言，它看上去更像是 20 世纪 90 年代的便携式固定电话而不是手机。尽管很容易用它进行简单通话，但人们不想随身携带或被人看到携带这款手机。

一位女士为她 77 岁患有老年性黄斑变性的母亲购买了这款手机，她在亚马逊上发表了一篇经典的用户体验评论（用户反馈）："卡塔琳娜手机很耐用，按键方便触摸，阅读和使用都很方便——没有什么不妥。"但是，"卡塔琳娜手机又大又重，不能放到钱包或者口袋里，因为它显然是为'残疾人'量身定做的，所以我妈妈很难去接受它。效果：手机将被留在家里。"

由于这款手机越来越"没人想要"，Fitage 于 2010 年黯然倒闭。卡塔琳娜手机的失败，是基于普通流行的"老年观"：年老就意味着一堆可怜的需求，仅仅解决这些需求（而不是更高层次的需求）就足够了。

Fitage 的卡塔琳娜手机并非孤例。1955 年出现了另一个典型案例，有人观察到戴假牙的人为自己购买嘉宝（Gerber）婴儿食品，因为这种食品既便宜又容易吃，于是番茄酱和罐装食品巨头亨氏（Heinz）决定给这些人（老年消费者）他们似乎想要的东西：咀嚼过的食物。

如同 20 世纪 50 年代末业绩欠佳的行业巨头克莱斯勒一样，当时的亨氏不仅产品质量差而且把研发糊状物放在首位（亨氏推荐的食谱，比如"风车炖菜"，对发展并没有产生多大帮助）。仅从老年人的刻板印象——

"牙齿问题""有限的收入"等角度来审视老年人的需求，亨氏很显然是忽视了激励食品购买者行为的主要因素：口味。

亨氏的科学家们花了近10年的时间研发老年食品，该公司还在全国范围内发起了一场广为人知的推广活动。但是，商店货架上的老年食品依然无人问津。原因在于合理的推诿。理论上，任何购买嘉宝婴儿食品的老年人都有可能是为孙子孙女购买的，但老年食品与婴儿食品不同，把老年食物拿到收银台的年轻人面前无异于公开羞辱老年人。

不仅老年食品作为一种产品失败了，亨氏也因此匆忙返回番茄酱领域。老年食品存在的较短时期内，人们对衰老的态度恶化了。尽管大多数人不会购买在商店货架上看到的老年食品，但这些罐子仍然传播着一种世界观：作为一个"老年人"，你将不能咀嚼食物，也不关心口味。

与Fitage的卡塔琳娜手机、亨氏老年人食品等失败案例相似，一种按下按钮就能呼叫急救服务的颈部挂坠——（对老年人）无疑是有帮助的。这类设备叫作个人应急响应系统（personal emergency response system，PERS），性能可靠。它于1974年引入美国，但并不是什么新概念。然而，同其他老年产品一样也存在一个问题：没人想要。

早在1992年，美国65岁以上的人口中，只有超过1%的人申请了个人应急服务。到2004年，这个数字已经上升到超过2%。即使将市场限定在65岁及以上的残障独居老人，当年个人应急响应系统的市场渗透率也只有17%，与助听器的渗透率相当。与此同时，即使是在热爱个人科技的日本，65岁以上的人口也只有1%的人使用个人应急响应系统。问题的部分原因可能是成本，但如果是这样，那也只是原因中很小的一部分。在国家医疗服务体系为消费者买单的英国，个人应急服务保有率是所有国家中最高的，但依然只有可怜的16%。

如果问题不在于成本，那可能是因为老年消费者不仅想活下去，还想拥有自己的生活。当你的脖子上挂着一个像信天翁一样象征着即将死亡的标志时，你将很难与朋友交往、找乐子以及一起活动。

根据皮尤研究中心 2009 年的一项民意调查，75 岁以上人群中只有 35% 的人觉得自己"老了"。这是一个问题，因为所有人都知道个人应急响应吊坠是为老年人准备的。对于一个专为"老年人"设计的产品，无论用户年纪大小，如果他不认为自己是"老年人"就不会购买这种产品。也许他的孩子会买给他，也许他自己并不想要。但即便是在这种情况下，用户也不太可能每天都亲自使用这款设备，因此设备的效果会受到影响。2010 年德国的一项研究表明，近 1/4 的个人应急响应系统使用者从不佩戴警报按钮，只有 14% 的人每天 24 小时佩戴。更糟糕的是，当使用者摔倒并在地板上停留超过 5 分钟时，83% 的用户将不能使用他们的设备寻求帮助。

在库格林看来，无论是 Fitage 的卡塔琳娜手机，还是亨氏老年人食品，抑或是个人应急响应系统，都犯了一个共同的错误：只把老年人当成"病人"，而不是"消费者"。在尼尔森公司一项覆盖了 60 个国家 30000 人的调查中，超过一半的受访者说他们"看不到反映老年消费者的广告"。在极少见的老年专题宣传活动中（大多来自制药和退休产业），老年观众发现，他们同辈人的形象往往令人不快并且过于老套。在 2014 年的一项针对 400 位 70 岁及以上老人的调查中，不到 20% 的人说他们喜欢那些似乎以老人为受众的广告，不到一半的人认为广告中的老年人是"值得尊重的人"。

与老年人沟通的失败远远超出了广告的范畴。尼尔森公司的国际调查显示，半数受访者说很难找到容易看得清的产品标签，还有 43% 的人说难以找到容易打开的包装，这两个因素也都足以把客户推向竞争对手。

库格林由此构建了一幅完整的"银发经济"消费者图景：乐趣而不是

恐惧，渴望而不是忧虑，才是激励消费者的因素，即使是只关注基本的身体需求和人身安全的高科技产品也同样适用。"休闲产品和放松一定是老年人想要的，而针对日益衰老的身体的医疗和便利性产品也一定是老年人需要的。同时满足了老年人想要的和需要的，企业、非营利组织，甚至政策制定者都不需要额外动脑子，就可以了解他们应该为老年人做什么。"

不应脱离"卓越设计"

曾有一段"老人无健康码乘地铁受阻"的视频在网上热传。受新冠疫情影响，各行各业争相上"云"，人们的日常生活与智能手机深度捆绑。也因此，一些老人疫情期间上不了公交车；好不容易去了医院，因为扫不了码，又被拦在队伍外边……"数字鸿沟"无疑有逐渐加深之势。

在《更好的老年：关于老年经济，你必须知道的新理念》中，库格林一反现代科技就是为年轻人服务的观点，主张将科技应用于当今和将来的老龄化社会，强调主动作为。他认为在未来，科技将是提升生活质量的最重要的力量，因此不应将老年人排除在这一进程之外。设计师有责任设计出功能齐全且让年轻和年老用户都感到兴奋且愉悦的技术与产品。库格林领导的老年实验室长期致力于通过技术提升老年人的独立生活能力和生活品质，旨在使老年期变得更美好，他在研究的过程中也提供了很多有趣、有启发的案例。

在利用技术重建老年期的过程中，库格林也提醒社会和企业注意，相关产品和服务不能只把眼光局限于老年人基本的身体和健康需求，也要注重其他使人活得有价值的高层次需求，如社交互动、个人追求、职业抱负、乐趣爱好等，使人们能够充分利用老年期这一生命礼物和充满可能性的阶段。

"消费者需求"是库格林在《更好的老年：关于老年经济，你必须知道的新理念》中反复提到的重要概念，并将其视为"未来所有老年市场创新背后的唯一因素"。他认为要通往一个对老年有着全新、更好认识的未来，企业就需要创造出满足老年消费者真正需求的产品，而不是基于传统老年观的、千篇一律的过时产品。对此，库格林提出"卓越设计"的理念，并推荐通过"有意识的共情行为"达到这一目标。他介绍了老年实验室设计的模仿老年期身体状况的服装阿格尼斯（AGNES），穿上它的人会感觉到身体灵活性降低、平衡感和敏锐度下降、视力受限。通过这种体验，人们能够尽量和老年人共情，理解变老带来的困难。

库格林对比研究还发现，微波炉的发明就是融入"卓越设计"的典型代表。微波炉也许是为独居老人创造的最伟大的发明，对大学生、忙碌的父母和几乎所有其他人来说，它碰巧也是伟大的发明之一。因为它被看作懒惰或忙碌的人的工具，而不是针对有残疾的老年人，微波炉避免了污名。与此同时，手颤抖的人，比如在从烤箱里拿东西的时候可能会被烫伤的人，每天都依赖它。微波炉还有一个附带的好处，就是比起其他厨房热源更不容易引起火灾烧毁房子。最关键的一件事也许是微波炉推动了整个预制食品产业的发展，为那些每晚可能只吃烤奶酪三明治的人提供平衡的晚餐。

近年来"卓越设计"最重要的例子就是微型触摸屏超级计算机。诚然，智能手机仍然存在许多无障碍问题，而且对于许多认为自己面临陡峭学习曲线的人来说，完全接受智能手机生活的价值主张还不成立。然而，智能手机让视力有问题的人能够在线放大文本，即使不联网也能照亮餐厅菜单。对手颤抖的人来说，今天手机对声音指令的响应几乎和触摸输入一样便捷。对听力有问题的人来说，可以用震动代替响铃，可以用短信代替打电话。没有一项最新技术比短信对聋哑人的帮助更大。

重要的是，智能手机使上述所有成为可能，同时又不会疏远、分离或婴儿化老年用户。在第一代苹果手机上广泛使用的"卓越设计"，已经被证明是过去 20 多年里最能改变生活的科技力量之一，对所有消费年龄段而言都是如此。与此同时，为满足智能手机带来的新需求，下游产业如雨后春笋般涌现，无处不在的智能手机带来的生活方式的改变不胜枚举。

"卓越设计"理念还能体现在家庭范围之外，绝大多数有意义的终端产品只会在新的通往意义的路径被创造出来之后才会出现。然而，有一个值得关注的例外。从远古时代开始，老年人就非常重视遗产，目前市面上也已经开始流行为子孙后代留下先辈名字和事迹的产品。例如，得益于亚马逊这种科技巨头提供的工具和分享平台，自助书籍出版行业近年来发展迅猛，它同时也在很大程度上得益于老年人想把自己的思想和回忆都写下来这样一种愿望。在一家为客户提供定制印刷服务的大型网站 Lulu.com 上，17% 的用户据说都是老年人，而美国最大的自助书籍出版商作家方案公司（AuthorSolutions）的用户中，大约 50% 都是老年人。还有其他一些价位更高的产品，都是用来留下鲜活的记忆的。大学就尤为擅长把这种遗产包装成卖点，例如，用一些人名来命名名誉教授的头衔、纪念碑，以及建筑物。

但是这种留下某种具体纪念物的愿望，不管是一本书也好，还是一栋楼也好，只是这种传承期望发挥影响的方式之一。更为常见的是，人们只是想要为曾经帮助过他们的社区做些回报，并且无论以何种形式，他们都希望把自己所带来的改善流传下去，成为自己的遗产。这种想法与斯坦福大学心理学家劳拉·卡斯滕森（Laura Carstensen）的社会情绪选择理论十分契合。卡斯滕森认为在生命的前半段，我们有一种强大的动力，用知识、技能以及这个社会所能提供的所有资源填满我们的大脑和口袋。"你从文化银行中支取医疗、教育以及所有在我们出生之前就已被了解的、存储的和建造的东西。"到了生命的后半段，我们开始有机会来反哺这些东西。"后五十年是你用来回报的阶段；你为未来一代又一代人的银行投资……你改造文化，做出贡献，使世界得以不断进步。"进行这样的反哺会使人感受到极大的意义，而且更关键的是，不同于大多数家庭领域之外的通向意义的路径，慈善和志愿行为代表着一种获得满足感的即时的、社会认同的方式。

随着世界的人口老龄化，"卓越设计"还将继续塑造我们的生活轮廓。诚如库格林指出的那样："广泛有用的技术力量对新船和老船都有同样的潜力。它们可能包括自动驾驶汽车；物联网，尤其表现在智能家居中；以及按需经济和共享经济。虽然不是传统意义上关于老年人产品的讨论内容，但与任何明确针对老年人的产品相比，这些影响深远的力量可能对老年人的生活产生更为深刻的影响。当这些产品上市后，期望老年人会充分利用它们。年轻人可能最先接受先进的、互联的消费技术，但是通过将这些产品融入生活，如今老年人获益最多。老年人将形成下一个主要的高科技成长市场——那些在产品设计中懂得充分共情的公司将最先分得一杯羹。"

"带头用户"的创新性和主动性

在使用科技应对人口老龄化的过程中，科技工作者通常都比较年轻，那么老年人在其中又应当如何参与？库格林在《更好的老年：关于老年经济，你必须知道的新理念》中提到了老年"带头用户"这一群体。

这个先锋消费阶层拥有大量个人财富，天生对技术熟练，长期以来习惯了主动塑造他们的经济和物质世界。他们并非仅有消费者一种角色，而是会模糊消费者和生产者角色之间的界限，借助尖端技术产品扭转传统的刻板观念、开拓新的生活方式，如果某种产品不存在，他们就会将其创造出来。他们是走在时代前沿的消费者和变革的推动者，具有引导我们走向全新、更好老年生活的洞察力。

库格林尤其强调了老年女性的作用，原因在于：其一，老年群体中，女性由于拥有更长的预期寿命而在人数上远超男性；其二，女性在家庭消费决策中有更大话语权；其三，女性在非正式照护中占主要地位，在家庭中提供的老年照护远多于男性。

库格林在书中通过列举史迪奇网站、爱彼迎网站等案例，体现出老年"带头用户"的创新性和主动性，说明老年人有机会决定自己的命运、决定度过老年期的方式，他们有能力探索一条新路，而非仅仅依靠年轻人为他们创造某种环境。老年消费者的主动作为可以使他们通过意想不到的方式改造各种产品，使其实现自己原本没有得到满足的需求。

提出"破坏性创新"概念的哈佛大学商学院教授克莱顿·克里斯坦森在他的《创新者的解答》中曾提到了一个有关消费者需求的具有启发性的真实案例。一家快餐连锁店发现40%的奶昔是在早上售出的，而奶昔应该是午餐或晚餐后的甜点。这是为什么呢？克里斯坦森团队的一名成员为找出原因采访了喝奶昔的人。这些人通常单独到店，不买其他东西，然后喝着奶昔身着工作服驱车去上班，这往往是一段漫长而无聊的旅途，途中奶昔不但能充饥，还可以带来乐趣。虽然在买奶昔的时候，奶昔消费者们不是很饿，但他们告诉调查者，还是需要好好吃点，不然上午会饿。

简单来说，就是他们需要一种美味、高热量的食物，不会很快消化掉，可以单手享用，还不会弄得一片狼藉。传统的早餐产品不符合这些要求。开车时吃百吉饼会有渣子掉到大腿上，而且它还需要搭着饮料吃；吃香蕉或甜甜圈的话上午又会饿。所谓"健康"并不是关键，消费者利用奶昔来满足的需求和"健康"没什么大关系。

在克里斯坦森的早餐奶昔例子中，尤其明显的一点是"早餐"并不是该产品（奶昔）的预期用途，它应当是一种甜点。借用麻省理工学院常见的说法：消费者在无意中食用奶昔，是在"侵入"早餐。而如果你环顾四周，你就会发现这种事情到处都在发生。在大学校园里有一个常见的例子，那就是所谓的"暴露出的偏好路径"，这是世界各地场地管理员的灾星。你可能见过在修剪整齐的校园和公园里那些穿过草地的光秃秃的土路。如果有些地方规定的步行路线太迂回，而人们想要快速从 A 点到达 B 点，这些地方就会出现这种土路。事实证明，行人所需要的不是走在坚硬的路面上，而是走到他需要去的地方。

库格林对比研究发现，与所有消费者一样，老年人也在不断地权衡各种因素。但与其他年龄组的消费者不同，营销人员和设计师始终未能搞清楚什么是老年人的需求。20 世纪 50 年代，戴假牙的人选择购买嘉宝婴儿食品，而不是亨氏老年人食品。那是因为消费者的需求不仅是避免咀嚼食物，还要在收银台保持体面。在史迪奇网以及其他各种避免老年人社会疏离的项目的案例中，用户的需求也是类似的：在一个正常自然的社会场景下与他人进行互动，比如约会，而不是一个强制的医疗模拟环境。

从历史观点来看，公司一直很乐于看到消费者以意想不到的方式使用他们的产品，因为这意味着产生了一个向全新的市场销售的机会。以舒洁纸巾为例：20 世纪 20 年代，金伯利 - 克拉克公司首次将纸巾作为卸妆纸巾进行销售，然而消费者（以及制造商本身）很快就发现，这种柔软的纸张作为一次性手帕也非常好用。金伯利 - 克拉克公司改变了其营销策略和包装，"舒洁纸巾"也成为"鼻涕容器"的同义词。一夜之间，人们擦鼻涕的方式就发生了永久的变化。

就像金伯利－克拉克公司惊喜地发现它的纸巾不只可以用来卸妆，同样地，在按需和共享经济体系中，年轻公司也发现，老年人非常喜欢用前所未有的方式使用很多服务。以爱彼迎公司为例，它的几位创始人，当时20多岁，最初把公司命名为气垫床和早餐（Airbed & Breakfast），灵感来自他们在旧金山昂贵的阁楼里租下的充气床垫。很快，他们把自己的创新变成了互联网服务，瞄准和他们一样的人：希望赚点额外租金的年轻人，想找个便宜地方睡一觉的四处游荡的旅行者。但老年用户很快就蜂拥而至。爱彼迎的大多数房主年龄都在40岁以上。其中超过10%的人已经60多岁了，他们是该公司增长最快的房主人群，其中将近2/3是女性。

这些注册了的房主发展出一种新的使用模式，而这种模式起初并不在年轻的公司创立者设想范围内。纵观历史，年长房主，尤其是寡妇，赚钱的典型方式是接纳他人到家中寄宿。然而，随着时间的推移和预期的改变（监管也越来越严格），这一点变得越来越难，至少在没有专门的、独立房间的独户公寓中是很难实现的。然而，随着爱彼迎的出现，闲置的卧室再次成为老年人的收入来源，因为老人们希望将房产财富转化为流动资金。在某种意义上，老年用户"侵入"了爱彼迎，这对他们自己和公司都有利。其他注意到老年市场实力的共享和按需服务公司还包括来福车（Lyft）和优步等叫车公司，以及个人管家服务你好阿尔弗雷德公司（Hello Alfred），等等。

仔细观察当下的老年消费者，也会看到他们悄悄"侵入"，以意想不到的方式使用着各种产品，而这些产品顺应了他们原本没有得到满足的各种需求。以护理器具为例，不少人也许都见过那种两个支架脚上套着半圆形网球的老年人助行器。这种消费者入侵行为使得脚上套有橡皮的助行器可以滑行。支架上安装有小型塑料滑板的助行器变得越来越常见，就是利用了消费者通过网球窍门所反映的需求。但这种入侵只是一个开始，只是对原本就面向老年用户的产品进行了一些修改。更有趣的是，老年人和他们的护理人员发现了一些产品的新用途，而这些产品以前绝不是专门为他们设计的。

退休村和比肯山村

也许很多人还记得那一段苍老而动人的旅途：在养老院年复一年的生活中，一位退休公交车司机提出，大家应该组队参加天津举行的一场选秀节目。为此，他们排好节目，偷偷溜出养老院，开着破旧的大巴车行驶在公路上，金色的牧草、旋转的风车、疾驰的骏马在两侧不断后退，轻快的音乐中，老人们在车里大笑、欢呼、放声歌唱……这一群虚构的人物，生活在导演张杨的电影《飞越老人院》里。

20 世纪 70 年代的美国电影《飞越疯人院》早已成为影史经典，而这部与《飞越疯人院》只有一字之差的电影《飞越老人院》，说的是一群生活在养老院的老人，为了追求人生最后的意义与价值而与现实作斗争的故事。很显然，就像电影《飞越老人院》所演绎的那样：除了要为老年人提供满足他们真正需求的产品外，代际和谐的社会生活环境是高质量的老年期不可或缺的一部分。库格林在《更好的老年：关于老年经济，你必须知道的新理念》中通过对佛罗里达州的退休村和波士顿的比肯山村进行对比研究，启发人们对不同的养老居住方式引发的代际和谐问题进行思考。

整个退休村的交通工具主要是高尔夫球车，数以万计的小白车辆纵横交错。因此，社区有句口号——"免费打高尔夫球！"（36 个高尔夫球场构成了社区的核心地带）退休村以"阳光普照、休闲导向"为特征，作为一种产品在一定程度上能够实现让老年人快乐这一值得称道的目标。但库格林对比研究却发现，退休村背后蕴含的"老年观"是老年人退休后就应当集中住在与其他年龄群体隔绝的地方，只进行休闲享乐。退休村的这种"均化效应"使其不像一个独立的生活机构，而更像贵族后代和普通家庭后代混合居住在一起的大学宿舍。

这种隔离居住的退休社区模式容易加剧人们认为老年人"贫困且贪婪"的普遍想法，无疑是不利于代际和谐的。在退休村，居民们发现自己能够摆脱过去的身份，但这只是他们的新社区与整个社会隔绝，并接受一种单一的、特定的生活方式。"退休村提供的生活方式就像一顿孤独的、昏暗烛灯下的牛排晚餐。"

与之相对，比肯山村的老年成员仍然与其他年龄群体生活在一起，在不失去自己的身份、家人、朋友和历史的同时，选择自己喜欢的生活方式。与退休村的"单一性"相比，比肯山村则拥抱了"复杂性"。会员不仅可以自由地追求以"休闲为导"的退休理念，还可以追求其他的抱负和动机，包括照顾他人、与他人世代互动、保护文化机构、志愿服务和工作。

库格林的观念与我国鼓励老年人居家社区养老的模式可谓"不谋而合"。《国家积极应对人口老龄化中长期规划》提出"构建养老、孝老、敬老的社会环境。强化应对人口老龄化的法治环境，保障老年人合法权益。构建家庭支持体系，建设老年友好型社会，形成老年人、家庭、社会、政府共同参与的良好氛围"。

18世纪，"儿童经济"成为人们解构市场的新引擎；19世纪，"妇女经济"成为时代经典；21世纪，"银发经济"逐渐跃入人们的视野。库格林在整本《更好的老年：关于老年经济，你必须知道的新理念》中都努力表达一个观点：老年经济代表着一个新的前沿。他同时也提醒大家，前沿领域往往有各种风险，如果被错误老年观指引，探查不清未来老年顾客的真正需求，企业将很容易遭受失败。不过与此相比，库格林认为，对企业来说更可怕的事情在于故步自封、不采取任何行动，即使对那些不认为老龄化与自身有关的企业，这种不作为也会使自己被甩在后面，成为市场变革的牺牲品，因为老龄化与我们所有人都相关，它改变了每个年龄段人们的生活。

华尔街"网红"如何反思得与失

开发人类智力的矿藏是少不了要由患难来促成的。

——法国作家大仲马

回望华尔街内外，门徒合伙基金公司总裁兼联席首席投资官泰德·西德斯（Ted Seides）的"网红"身份无疑要比他的"知名投资者"身份更加为投资界茶余饭后所津津乐道。

在 2006 年之前，西德斯也像其他刚刚投身投资界的草根基金经理一样"名不见经传"，他的"遐迩闻名"源于 2007 年他与"股神"巴菲特的"10 年赌约"。不仅如此，西德斯还是一档名为"资本配置者"播客的主持人。这个播客专注采访全球顶级资产拥有机构和管理人的想法及其背后的过程，并了解这些资本"帝国"的守门人是如何配置其时间和资金的。

该播客曾被《巴伦周刊》《商业内幕》《价值漫步》和《福布斯》等知名财经杂志评为最受欢迎的投资播客之一。西德斯曾拥有 25 年的投资实践经验，他又花了 5 年的时间在"资本配置者"播客当中做了 150 多期投资管理行业的领袖专访，由此积累了丰富的投资实战素材。在此基础上，西德斯完成了他的专著《聪明的基金经理：世界顶级基金经理如何管理和投资》（*Capital Allocators: How the World's Elite Money Managers Lead and Invest*）。其内容主要包括基金经理的工具箱、具体投资流程的实施和一些顶尖行业领袖的对话实录。西德斯撰写这本著作的初衷，就是揭示世界顶级基金经理如何思考、决策、管理基金的，从而更好地帮助职业投资人提供一套行之有效的决策机制。

揭竿而起迎战巴菲特

《聪明的基金经理：世界顶级基金经理如何管理和投资》的内容虽然来自全球顶级基金经理实践，但对今天的中国来说依然颇有借鉴意义，前言谈到"被动投资"和"主动投资"，这个话题和"西德斯与巴菲特的 10 年赌约"这个故事紧密相关。

早在 2005 年，巴菲特提议以标准普尔 500 指数基金连续 10 年的表现作为基准，挑战全世界任何一位对冲基金经理所选的任意 5 只对冲基金组合的回报。巴菲特断言，在 10 年里，因为对冲基金和组合型基金高昂的管理费用，任何 5 只组合型基金的平均复合年增长率，都不可能高于一只标普指数基金的复合年增长率。到了 2007 年，巴菲特还补充说："没有人接受我的挑战，那么我一定是对的。"

但就有这样一位投资人，揭竿而起应了巴菲特的赌约，他正是西德斯。"傻瓜才会轻易与奥马哈的先知打赌，尤其是想要检验自己对某一重要投资事项的判断之时。"西德斯宣称自己就是那个"傻瓜"。

西德斯当时经营着自己的对冲基金母基金——门徒资本，主要投资小型对冲基金。西德斯也曾被凯塞琳·M. 利特里瑟和劳伦斯·E. 科卡德所合著的《顶级对冲基金投资者：故事、策略和建议》一书中列为顶级对冲基金投资者。

西德斯从职业生涯的一开始就深信委托外部基金来进行投资。1992 年，他从耶鲁大学经济学专业毕业后，就加入了耶鲁大学投资办公室，在投资大师大卫·史文森的指导下开始了他的投资生涯。当时他主要从事公开股票市场的基金投资和内部固定收益投资。与巴菲特不同，史文森一直认为专业的事情要交给专业的人去做，除了固定收益以外，所有的资产类别均委托外部的基金进行投资。在美国的资产管理界，人们常常认为，如果巴菲特是最厉害的人，那么史文森就是第二厉害的人。

在离开耶鲁大学投资办公室后，西德斯去哈佛大学商学院进一步深造。之后毕业几年与合伙人一起创立了门徒资本。西德斯在门徒的投资也颇为成功，一度被评价为是最厉害的对冲基金投资人之一。正是因为这样的原因，西德斯觉得有必要去捍卫对外委托投资的理念，所以应了巴菲特的"赌约"。看起来，这更像是两个投资界的顶级高手——巴菲特和史文森的巅峰对决。

西德斯毫不讳言地指出："与巴菲特打赌前我从未见过他，我给他写了一封非常老派的信，因为我觉得老派的信配老派的人。"早在西德斯在耶鲁大学读书的时候，他就已经知道巴菲特是谁了。去哈佛大学商学院读书时，当时他的教授安德烈·佩罗尔德强调说巴菲特是一个说每句话都很高明的人，而且他的每句话都充满了智慧。那是1999年，公众才刚刚开始知道巴菲特是谁。当时的西德斯可能想不到，有一天他会和巴菲特坐在同一张"赌桌"之上，一坐便是10年。

西德斯当时决定用5只母基金组合来和巴菲特打赌，而不是对冲基金组合。西德斯和巴菲特进一步达成一致，为这个赌注提供了资金做抵押。他们找到了一家叫Long Bets的慈善机构来作为赌约的见证。西德斯与巴菲特分别投资了32万美元（一共64万美元）来购买零息债券，这笔债券的价值为100万美元。债券到期日即赌约到期日。在这场博弈中，如果西德斯赢了，这100万美元将被捐给无保留援助儿童基金会；如果巴菲特赢了，这100万美元将被送往奥马哈女童之家。

财经作家卡罗尔·卢米斯（Carol Loomis）把这个"赌约"写进了《财富》杂志，在投资界引起了极大反响。当时，西德斯和他的合伙人预估他们的胜率为85%，而巴菲特认为他的赢面是60%。西德斯还专门写了一本白皮书来阐述他当时下这个赌注的逻辑。2007年，股票的整体估值在历史高位，对冲基金似乎能更好地满足机构投资者的支出需求。对冲基金组合和全市场指数之间的对比就像是苹果和橘子之间的对比，其结果大部分取决于不同程度的市场、风险敞口和税负水平等。无论如何，在当时看来这是一个赢面较大的"赌约"。

然而，对冲基金这一方的表现并不好。比赛于2008年1月1日正式开始，到2017年12月31日结束。比赛刚刚开始14个月，对冲基金组合就已经领先了近50%。然而，自从美联储在2009年3月给市场托底之后，对冲基金组合在剩下的8年9个月中就很难再跟上屡创新高的标普500指数了。

标普500是美国大盘股的指数，选取了500家美国最强的企业。西德斯选择的5只对冲基金母基金则是投资于多个对冲基金的基金。这5只基金投资了超过200只对冲基金，这意味着母基金的整体表现将不会被一个经理的好或坏的结果所扭曲。当然，每个母基金组合都有一层费用，这种双重安排中，费用的大头是底层的对冲基金。举一个例子来说，对冲基金除了管理费外还会收取20%的表现费，回到母基金手上只有80%；此外，母基金将从这80%的收益中收取5%或大于5%的费用。经年累月经过这样的层层费用，收益会被影响。

但是，从另外一方面来说这个组合更加有趣，因为它包罗万象。有一些对冲基金投资于债券，还有一些涉足大宗商品、货币、利率以及其他策略。其次，对冲基金不同于标普500，它的投资中包括全球的中小盘股。所以，对冲基金组合与标普500最关键的区别在于，对冲基金组合市场风险更小但更多样化。在标普500中投资1美元，这就是1美元的市场敞口，但是对冲基金通常只占市场风险的一半，因为它可以结合做多和做空的策略。比如说标普 500 涨了 50%，那么对冲基金可能只涨 25%，但是如果标普 500 跌 50%，对冲基金可能只跌 25%。所以，对冲基金更有效地保护了资金。

经营好对冲基金需要有深刻的洞察。现在很多对冲基金采用多策略，而不是单一策略。这就要求基金不仅需要深刻了解个别策略，还要知道如何进行资产配置，是战略配置资产和自下而上策略实施的结合。这也已经成了对冲基金的一个重要回报驱动因素，也是对冲基金的核心价值。

在 2017 年的伯克希尔·哈撒韦股东大会上，巴菲特说到"赌约"的情况：标普指数基金在这 10 年中拥有 7.1% 的复合年增长率，而这 5 只母基金组合只有 2.2% 的复合增长率。在距离赌约还有 8 个月的时候，西德斯承认"我输了"。除了 2008 年金融危机时母基金组合表现优于标普 500 外，其余 9 年，均为标普 500 表现突出。但历史不代表未来，或许这就是标普 500 最棒的 10 年。

尽管输了"赌约"，如果相同的情况放到今天，西德斯又会如何选择呢？诚如他在《聪明的基金经理：世界顶级基金经理如何管理和投资》中所坦言的那样："依然会下这个赌注。"但是，西德斯认识的一些聪明的业内人士可不这么认为。可敬的查尔斯·埃利斯（Charles D. Ellis）是格林威治联营公司（Greenwich Associates）的创始人，出版了 16 本投资类书籍。在其多年前的精彩的大部头著作《赢得输家的游戏》中，他就指出了指数化投资的威力。那时他认为，众多聪明勤奋的主动投资者涌入市场的结果只能是相互抵消，获取平庸的收益。所以，持有指数基金是一个更好的投资策略。

2016 年，埃利斯又出版了《指数革命》（*The Index Revolution*）一书。时隔 31 年，他又给出了一系列很有说服力的证据来证明指数化投资的优势。特许金融分析师（CFA）资格持有人数量的快速增长、数据的泛滥和信息的高速扩散，无不印证了 Counterpoint Global（摩根士丹利旗下投资部门）的迈克尔·莫布森（Michael Mauboussin）所说的"技能悖论"。的确，当代投资者的绝对技能水平也许高于以往的投资者，但由于如今优秀的投资者众多，所以彼此间的技能差反而缩小了。所以，现在要跑赢市场变得更加困难。

被动投资的拥趸们指出，二级市场的投资是一场"零和博弈"，有人赢就一定要有人输。而整体来看，主动投资者只是赚取了市场平均收益，却支付了较高的管理费，使得整个游戏变成了"负和博弈"。

首席投资官相当于"五拍子球员"

在《聪明的基金经理：世界顶级基金经理如何管理和投资》中，西德斯透露：他从哈佛大学商学院毕业加入石桥资本（Stonebridge Partners）的时候，鲍勃·拉齐亚诺（Bob Raziano）是该公司的首席运营合伙人。西德斯和他一起在一家金属纸制造商做尽职调查时，拉齐亚诺系统地分解公司业务各个方面的能力令西德斯感到惊讶。拉齐亚诺表示，早期的管理咨询经历就像给了他一把尺子，可以用来衡量和剖析公司的方方面面。

与此类似，首席投资官也需要一整套的工具来解构资金管理这个复杂的过程。优秀的首席投资官既要善于倾听也要善于演讲，既要善于学习也要善于传授，既要善于独立思考也要善于引导合作，既要善于管理团队和委员会也要有良好的阅读、写作甚至算法技巧。优秀的首席投资官就相当于美国职业棒球大联盟的"五拍子球员"（跑垒、长打、击球、臂力和守备俱佳）。这也正是西德斯与巴菲特"10 年赌约"之后，在 2017 年推出

"资本配置者"播客的初衷。

投资流程的核心是由一系列面谈构成的交流环节。在西德斯 25 年的投资职业生涯中，每天都要与两三位基金经理面谈，加起来也有好几千人了。不过那时候，西德斯对面谈的理解只是流于表面，直到他创建了播客，一切才开始改变。

对于如何做好一个基金经理的访谈，在《聪明的基金经理：世界顶级基金经理如何管理和投资》中，西德斯对基金经理访谈列了几个步骤：明确目标、精心准备、营造环境、积极倾听、收获反馈。比如说第一个步骤，明确目标，访谈基金经理的目标，就是要去了解这个基金经理的投资框架和体系。要思考：如果自己是这个基金经理的产品持有人，需要获得哪些信息？这些都是访谈基金经理的时候，最主要的目标。

通过总结多年的投资访谈经验，西德斯发现：在基金经理面前表现自己的"聪明"，是访谈中最常见，也是最严重的错误。实际上，在引导对方做某些回答，或者围绕自己的思路再让基金经理回答。这样的访谈，根本达不到访谈的预期效果。

提问要尽量简短、开放。在整个访谈中，最好 90% 的时间是基金经理在说，10% 的时间是自己在提问。以"怎么""什么"或者"为什么"打头的开放式问题会让被访的基金经理愿意分享他们的故事。通过这种方式提出的问题，可使资本配置者收集到超出他们预期的信息。即便是对非常优秀的基金经理来说，投资也是一个需要谦逊的行业。相应地，资本配置者也需要谦逊。最好的面谈者不避讳问幼稚的问题，主动提问以更深入地了解对方的思想是一种行之有效的方法。

提到如何倾听，西德斯特别强调，访谈者除了要学会多问开放式的问题，还要注意做一个倾听者。倾听是成功面谈的核心。需要你排除杂念，全神贯注于正在进行的话题，并且不过度打断。但在倾听过程中产生灵光一现的想法时，你也不能让它们溜走。在面谈中关于积极倾听的一系列工具包括专注、复述、确认和共情。

西德斯始终认定：设置基金经理面谈的初衷主要是为了收集信息，所以聪明的资本配置者要营造一个有利于获取尽可能多信息的环境。因为人们在放松的时候往往更容易敞开心扉，所以面谈的外在环境是影响讨论基调的一个重要因素。在过去，大部分基金经理面谈都是在会议室中隔着桌子进行的，这会直接给人一种对抗的心理暗示。渐渐地，西德斯发现了其他更合适的环境。

比如，斯科特·马尔帕斯经常邀请基金经理们参加圣母大学基金会的足球比赛；另类投资管理公司（Alternative Investment Management）首席执行官乔恩·哈里斯（Jon Harris）在配置资本之前，会邀请基金经理与他们的配偶或其他对他们来说重要的人共进晚餐；有些首席投资官会邀请基金经理一起健身、运动或者参加各种文化和慈善活动，来了解他们的个性。有一次，西德斯和一个基金经理一起打高尔夫球。西德斯留意到这个基金经理对待球童的态度非常糟糕，这有助于解释为什么这个基金经理所在的机构有着可怕的人员流失率，于是西德斯最终决定放弃了这项投资。

是什么影响我们做出正确的决策？

如果资本配置者缺乏有效的决策流程，那么从面谈和尽职调查中得到的信息都将是无效的。那么，问题来了：我们似乎天生就容易做出糟糕的决定。行为经济学对这个现象有专门的论述。人类大脑的进化是为了适应野外生存，我们的祖先遇到情况时，选择战还是跑可能是个生死抉择。

2002年诺贝尔经济学奖获得者丹尼尔·卡尼曼在他的专著《思考，快与慢》中把这种行动的直觉称为"思考系统 1"，即我们做的绝大多数决策是基于直觉的反应。偶尔，我们也会有意识地转向"思考系统 2"，那会让我们更谨慎地处理信息。

众所周知，投资需要不断地做决策，对于职业投资人来说，更是需要持续做高胜率、高质量的决策。在《聪明的基金经理：世界顶级基金经理如何管理和投资》中，西德斯指出：做出正确的决策并不容易，我们天生就不擅长于此，所以才需要建立合理的流程来弱化我们错误的偏差，这可以使我们的决策质量不那么糟糕。

为什么做出好的决策如此困难呢？西德斯借助世界扑克系列赛（WSOP）冠军、美国知名风险决策专家安妮·杜克（Annie Duke）的相关研究来验证、分享决策过程有多么不易。

杜克是扑克界的传奇人物，是《在下注中思考》和《对赌》的作者，已经在扑克桌上做了 20 多年的决策。在每一手牌中，她都会做出一些小的试探，获得实时反馈后，她就有机会评估自己的决策。杜克在这个领域的研究帮助她理解了人们会做出坏决策的原因。决策和下注类似，都是基于对世事运行规律的某种信念。当一位基金经理买入一只股票或者基金时，他肯定是相信这笔投资比其他选项更优。

人类形成信念的方式是反直觉的。有人可能认为，当我们听到一个想法的时候，会先思考它，再判断它是不是真的，然后形成一个假设。但事实上大脑并不是这样工作的，恰恰相反，当我们听到一个想法，会立刻用"思考系统 1"来认定它是真的，稍后才会转向"思考系统 2"来思考并审视这个想法。

信念是建立在事实和预测基础上的，而我们处理事实和作出预测的能力是不完美的。杜克指出，确认偏差、有动机的推理和族群认同是造成我们信念形成过程可能存在缺陷的三种最有害的方式。"确认偏差"是一个著名的行为缺陷，是指我们容易注意和强调那些能够证实我们已有观点的信息。诚如哥伦比亚商学院教授、《反直觉思考》作者迈克尔·莫布森所说："如果你身处投资行业却没有陷入确认偏差，那我怀疑你没有真正在干活。""有动机的推理"相当于服用了类固醇的"确认偏差"，投资者极力想诋毁与他们的假设相矛盾的信息。最后，我们与所属族群的关系也会影响我们的观点。作为投资者，我们总会属于某个族群，比如价值投资族群、趋势投资族群或者长期投资族群。我们不信任族群之外的信息源产生的信息。

西德斯认为，仅仅意识到我们的认知偏差并无法消除它们。我们固有的结果导向偏差、自我服务偏差和后视镜偏差等，也抑制了我们改进决策过程的能力。杜克所说的"结果导向偏差"指的是人们无法厘清好的决策和好的结果之间的关系。当资本配置者看到某位基金经理取得了好的业绩，就会认为他一定做了好的决策；而不好的业绩一定来自坏的决策。正如 Arbiter Partners 公司管理层人员保罗·艾萨克（Paul Isaac）嘲笑基金经理时说的一样："向下偏离才叫波动，向上偏离就被称为绩效。"所有投资者都有"自我服务偏差"，发生好事时就归功于自己，发生坏事时就推卸责任。当一个好的决策产生坏的结果时，就需要"思考系统 2"来仔细甄别。但如果仅仅是因为运气好而导致坏的决策过程产生好的结果时，则就很难识别了。"后视镜偏差"则会妨碍人们准确评估过去的决策。投资者会在潜意识中扭曲某个决策的真实情况。

资本配置者既聪明又有思想，但不幸的是，这可能只会强化他们的顽固。他们越聪明，就越善于合理化现有的信念，完善有动机的推理，坚持自己的观点，最终影响做出正确的决策。

团队结构是健全决策的基础

投资理念也并不是非黑即白。已知和未知的风险蕴含在每一项投资决策之中，而在团队中达成诚实的共识其实很少见。高效运作的团队会挖掘出许多情境来为潜在的结果分配概率，从而为首席投资官提供完整的信息拼图以供决策。

在《聪明的基金经理：世界顶级基金经理如何管理和投资》中，西德斯由此认为，设置良好的团队结构为健全的决策过程奠定了基础。团队协作可以比个人更有效地发掘和权衡投资决策所产生的一系列可能结果。"可以"是一个重要的告诫，因为一个建设或者管理不善的团队反而会加剧行为偏差。而团队的规模、延续性和多样性都会对首席投资官的决策有效性产生显著影响。

其一，最优规模。绝大多数首席投资官会忽视内部小团队的规模。团队的规模各有不同。莫布森引用了一项研究的观点，即一个决策单元的最佳规模是 4 ~ 6 个人。杜克则认为，一个只有 3 个人的团队会非常有效。

其二，延续性。团队在一起合作的时间越长，首席投资官的决策能力也就越强。因为多次重复可以让团队获取共同的知识和意识，增强对决策过程的信心。那些有能力和财力留住团队关键成员的首席投资官，比如大卫·史文森和斯科特·马尔帕斯，一直都是其领域的翘楚。

其三，认知多样性。一个理想的团队应具备认知的多样性，即团队成员会有不同的想法。具有认知差异的团队成员可能拥有不同的背景、训练经历、经验和个性。社会多样性（性别、年龄、家族渊源等）可以提供广泛的生活经验和视角。然而有趣的是，社会多样性并不总是导致认知多样性。良好决策的关键在于团队的成员拥有真正多样化的想法，而不是表面不一样但想法却雷同的成员。

西德斯注意到："首席投资官们要谨慎地游走在多样化的想法和团队凝聚力的潜在冲突之间。"要达到认知的多样性，必然要将来自不同文化背景的成员聚集在一起，但由于行为准则的差异，他们可能会本能地对彼此的观点抱有偏差。Zetta Ventures 投资公司总经理阿什·方塔纳（Ash Fontana）总是尽最大可能把不同文化背景的人融到同一个团队里。

弥合多样性与凝聚力之间的裂痕是一项挑战。莫布森建议寻找高"理商"（Rational Quotient，RQ，理性商数）的人。理性的思考者更善于接受差异性，从而更容易从认知多样性中获益。组建好一支高理商、认知多样化的团队后，就会开始顺利推动各项事情的进展。团队选择的方式将会决定事情的成败。

西德斯特别强调：一旦团队组建完成，引导是否得当将显著影响团队的表现。良好的决策过程鼓励"认知安全""独立思考"和"行为意识"。

关于"认知安全"，团队成员想要自由地表达不同的观点需要有安全感。这种安全感很大程度上来自团队的领导者，他通过自己的言行为团队定下基调。高效的领导者会鼓励协作、鼓励破圈的思维，并在好的过程产生坏的结果时避免相互埋怨的情况发生。

关于"独立思考"，高效的领导者会通过巧妙的会议安排，来防止自己的观点对他人造成影响。首先，他们会让最年轻的或者经验最少的成员先讲；其次，他们会引导谈话远离群体中有影响力的外向型成员，使内向者有平等参与的机会；再次，在团队中的其他人都发言之前，他们不发表自己的观点；然后，他们会以概率的口吻来阐述，以表达不确定性，并邀请大家讨论；最后，他们会引入投票的方式，以避免成员本身的影响力和他们之间的关系对决策产生影响。

关于"行为意识"，每个团队成员都带有自己的偏差。如果团队成员间能够互相理解彼此的个人偏差，那么这样的团队就更不容易受到干扰，从而更有效地直达问题的核心。对一些普遍的偏差保持警醒，可以帮助首席投资官清除决策过程中的障碍。在团队内部，首席投资官要特别注意强调对事不对人的准则。他们要引导团队成员去正确看待结果，专注于事实本身，而非情感因素。

防止糟糕的表现

投资机构的领导和管理都需要在正常的市场环境中不断实施和完善。但是，每隔 10 年左右，市场就会颠覆任何关于"正常"的概念，这些充满压力和不确定的时期考验着管理者。

对于压力所带来的心理挑战，哥伦比亚商学院教授、《反直觉思考》作者迈克尔·莫布森曾进行了这样的描述："当感受到压力时，我们会缩短视野；当我们需要目光长远时，却开始短视。而在现实生活中，人们通常更关注坏的事情。从心理上讲，因为压力而无法进行长期思考和更关注消极因素这两点，从投资者的角度来看，都不是什么好事。"

西德斯在《聪明的基金经理：世界顶级基金经理如何管理和投资》中指出：新冠疫情为首席投资官如何应对不确定性提供了一个观察案例。新冠病毒给世界各国的经济发展、人民的健康带来了前所未有的挑战。首席投资官将面临无限期居家办公、股市波动以及全球经济突然停摆的局面。

在各自投资理念的指引下，首席投资官们很快就制定了面对不确定性的领导和管理的行动指南。知名投资者马克·鲍姆加特纳借鉴了军事缩略语，应对某种 VUCA（不稳定、不确定、复杂和含糊不清）情况需要采用 OODA（观察、定位、决定和行动）循环。不同的首席投资官正以各自的方式寻求类似的路径。

西德斯认为，首席投资官首先需要适应新的工作场景。在线交流成为内部团队、投资委员会和管理者之间沟通的常态。一旦搞定了内部团队，首席投资官就会转而关注投资组合的流动性。大多数人习惯于评估资产负债表资产端的流动性，很少有人考虑过负债迅速上升的影响，而这场病毒大流行提出了一些答案未知的问题：学校什么时候能够重新开放，这种延迟对大学收入的影响意味着什么？随着旅行的减少，基金会的资助者在研究方面会有一些什么需求？当医院集中力量处理新冠疫情时，原本高利润率的志愿者项目急剧萎缩将如何影响收入和利润？收入的骤停会如何影响企业年金账户？养老基金应该如何平衡未来的退休需求和当下严峻的经济困难？

首席投资官在市场中寻求投资机会的时候，可能不得不考虑企业潜在的收入冲击这个新变量。他们从基金经理那里收集了大量信息，试图厘清情况、计算业绩和评估风险。他们如饥似渴地阅读，并与各种精心挑选的专家沟通，以了解未来可能出现的问题和可能出现的机会。许多对话都传达并证实了原先的预期。对一些人来说是敲响了新的警钟，而另一些人则认为是新的机遇来了。

西德斯发现：巨大的市场波动是让投资者调整风险和收益预期的好机会。那些拥有足够技术和数据系统支持的机构迅速行动，并对结果有了坚定的把握，而那些没有现代技术支持的机构则会明显落后。事实证明，在考虑未来的机会时，对基本情景的准确估计尤其重要。

经验丰富的首席投资官的行动反而会相对迟缓。比如，普林斯顿大学投资公司总裁安德鲁·戈尔登（Andrew Golden）并不急于行动，而是想弄明白自己是否正专注于正确的事情。这场疫情在他的机构内部引发了一场关于"认识论"的讨论，团队成员们想弄明白自己到底知道什么以及是如何知道的。他既为自己的团队从过去的危机中获得的智慧感到骄傲，也为自己未能吸取同样的教训而感到尴尬，尤其是对投资组合和现实世界的走向过于自信。危机会让伟大的领导者在采取行动之前重新认识自我，重新检验自己的假设。

在采取行动之前，资本配置者会转向他们信任的基金经理。由于基金经理并没有改变投资理念，他们只是通过增持弱势仓位和减持强势仓位来做再平衡。最重要的配置资金会流向先前关闭申购的基金经理或是特别擅长某一有吸引力领域的基金经理。所有这些步骤对于先前没有进入投资组合的基金经理来说，就像是打开了庇护所的大门。但这些举动几乎都是无效的，因为此时首席投资官采用的行为准则是以不变应万变。直到一切都尘埃落定之后，首席投资官才会开始寻找新的投资机会。

当资本配置者准备寻找新的基金经理时，他们会先从基金经理观察清单中查找。这份清单不可避免地会包括之前已经关闭的私募股权基金或风险投资基金、排名领先的私人信贷基金经理，以及已经被跟踪研究多年的公募基金经理。准备充分的首席投资官都有一份购物清单，以便在资产打折时随时买入。

在新冠疫情期间，如果破产潮到来，首席投资官就会关注不良债务；如果息差保持较宽，则会关注私人信贷；而人们一旦确立了新的生活和工作方式，则可以关注不同资产类别中的旅游和休闲行业以及房地产领域的潜在机会。正如哥伦比亚投资管理公司首席执行官金·卢指出的那样："适当的计划可以防止糟糕的表现。"

资本配置者从未设想过靠创建一个清单来应对新冠疫情，但是协调内部运营、收集信息、评估流动性和风险、监控现有投资组合、挖掘新的投资机会、维护愿望清单和建立新的委托关系等这些事务，在不确定的时期，将成为他们坚守自身使命的共同行动纲领。就在动荡搅乱市场之后不

久，市场又涨回来了。首席投资官们主导的绝大多数行动虽说都没有带来
有实质意义的投资组合调整，但这些操作让他们为下一次类似情况的到来
做好了准备。

构建一条又深又宽的动态护城河

你瞧，桑丘·潘沙朋友，那边出现了三十多个大得出奇的巨人。

——西班牙作家塞万提斯·萨维德拉

　　高瓴资本是中国投资界的一个特殊存在：超长期基金配置，项目横跨一二级市场，投资轨迹涉足海内外，不仅成为亚洲地区资产管理规模最大的投资机构之一，更支持和参与了一批伟大企业的诞生和成长。

　　作为高瓴资本的掌舵人，张磊不仅开创了一道独特的投资风景线，更是重新定义了新时代、新经济下的价值投资。《价值》既是张磊集十余年的价值投资实践和思考的精粹，又是第一次较为全面地对外界详细阐述高瓴资本的价值投资方法论。对于许多追赶财富的投资者来说，这本《价值》或许可以成为对抗不确定性的利器，帮助人们穿越眼前迷雾，渐入价值投资的境界。

一次偶然的实习定位事业坐标

　　在《价值》中，张磊传递的价值投资理念是：选择好的公司，做时间的朋友，陪伴公司长期成长，帮助创业者和企业建立公司的护城河，从发现价值到创造价值。事实上，张磊选择"价值投资"作为自己毕生事业坐标，并非他事先规划好的，而是源于一次偶然的实习经历。

早在 2000 年，28 岁的张磊就怀抱信念、充满朝气地回国创办"中华创业网"。然而，天有不测风云，创业半年时间，就戏剧化地遇到了 2001 年互联网泡沫破灭，中华创业网也受到冲击，张磊试图挽救但无果。

失败仅仅是"过程"，而不是"终点"。创业未果后，张磊继续回到耶鲁大学读书，在"山重水复"之际，一个偶然的机会让他路过了一幢维多利亚风格的小楼，找到了在耶鲁大学投资办公室的实习机会，并结识了美国投资界的"耶鲁派"代表大卫·史文森，自此与投资结下不解之缘。在《价值》中，张磊谈起这段实习经历时感慨万千："许多时候的人生际遇，是上天无意间给你打开了一扇窗子，而你恰好在那里。某种意义上，是耶鲁投资办公室定位了我今后事业的坐标，让我决定进入投资行业。"

褪去稚气，少了莽撞的张磊，这一次，谋定而后动。在耶鲁大学投资办公室面试时，史文森问了张磊许多关于投资的问题，当张磊对大多数问题诚实地回答"我不知道"时，史文森反而有些惊讶于张磊的坦诚。可能正因如此，张磊获得了这个弥足珍贵的实习机会，因为在史文森看来，诚实格外重要。

耶鲁大学投资办公室向来以严谨和专业著称，在这里，工作人员不仅面临智力上的挑战，更需要有责任感和使命感。当耶鲁大学投资办公室派张磊出去研究木材、矿业等行业时，他以"上穷碧落下黄泉"的精神，一点一点地收集信息、整理材料、深度调研，最后交出了一份 1 英寸（1 英寸 = 2.54 厘米）厚的报告。这种自下而上的研究传统后来也被引入张磊创立的高瓴资本。

在耶鲁大学投资办公室实习期间，张磊从投资的角度真正理解了金融体系最本质的功能。金融不仅包括资金供求配置、风险管理、支付清算、发现与提供信息，更重要的是，它还能够真正改善公司的治理结构。为此，张磊专门做了一个关于公司治理定量分析的报告。报告引入痕迹学及定量分析的研究视角，在一个完整的研究框架下对公司治理的众多要素进行评价打分，并且以动态的视角，揭示出动态指标相比于静态指标更能反映出公司治理的质量。

换言之，就是不看公司说的，而要看公司做的，具体包括上市公司有没有增发新股，有没有分红，小股东有没有真实的投票权，独立董事是不是真的独立，高管薪酬与净资产收益率回报之间是不是真的挂钩。这样的独立研究，让张磊掌握了寻找独特视角观察和判断问题的能力。

他是《堂吉诃德》里的桑丘

"我就是桑丘·潘沙，我的角色就是帮助英雄人物成就大事。"张磊常常将自己比作《堂吉诃德》里的桑丘。桑丘，这位西班牙农民讲求实际，冷静清醒，时刻提醒堂吉诃德从幻想中回到现实。这个角色与张磊可谓是有异曲同工之处。

海外求学和实习经历，让张磊感受到中西文化之间强烈的对比，通过近距离地学习西方思维模式，他反而对中国文化的博大精深有了更深的领悟。虽然现代金融投资的工具多来源于西方，但他希望能够结合东方特有的古典哲学，更好地理解和运用它们。在2005年创业之初，张磊就提出了三个投资哲学，在价值投资实践中予以遵循，以求在纷繁复杂的世界中坚守内心的宁静，避免错失真正有意义的机会。

张磊常用三句古文来概括它们：其一，"守正用奇"，就是要在坚守"正道"的基础上激发创新；其二，"弱水三千，但取一瓢"，就是一个人要在有限的天赋里做好自己最擅长的那部分；其三，"桃李不言，下自成蹊"，就是指只要好好做自己的事，成功自会找上门来。

　　张磊喜欢说："人生中很重要的一件事是，找到一群靠谱的人，一起做有意思的事情。"价值投资就是这件有意思的事。价值投资也需要具备一种"基因"。这样的基因决定了价值投资可以穿越周期，忽略天气，不唯阶段，不拘泥于形式，在全球、全产业、全生命周期里创造价值。价值投资必须十分明确，有些事情不能做，并且从一开始就不做。在短期与长期、风险与收益、有所为与有所不为之间，必须坚持做正确的事情。

　　如何做正确的事情呢？张磊认为，最好以"第一性原理"思考问题。简单来说，在一个逻辑系统中，某些陈述可能由其他条件推导出来，而"第一性原理"就是不能从任何其他原理中推导出来的原理，是决定事物的最本质的不变法则，是天然的公理、思考的出发点、许多道理存在的前提。

　　坚持"第一性原理"指不是用类比或者借鉴的思维来猜测问题，而是从"本来是什么"和"应该怎么样"出发来看问题。不能通过观察表象，也就是通过比较思维看待事物，是因为比较思维具有很大的缺陷。"第一性原理"最大的价值有两个：一是能够看清事物的本质；一是能够在理解本质的基础上自由地创新。用特斯拉 CEO 埃隆·马斯克的话说，是"用物理学的角度看待世界，也就是一层层拨开事物表象，看到里面的本质，再从本质一层层往上走"。

　　从"第一性原理"出发，张磊通过对腾讯产品和服务的反复思考，深刻认识到，投资一家公司，不应仅看它过去的收入和利润，也不应仅看它今天或明天的收入和利润。真正应该关注的，是它解决了什么问题，是否帮助社会、消费者提高效率，创造价值。只要是为社会创造价值的企业，它的收入和利润早晚会兑现，而社会最终也会给予它长远的奖励。品质永远是投资选择的基石。高品质的公司无论在怎样跌宕起伏的经济情势下，其地位都坚如磐石，实现持续性的增长和繁荣。

研究驱动和长期主义

但凡出色的投资人，都拥有一个难得的品质，即非凡的耐心。在《价值》中，张磊反复强调以"研究驱动"和"长期主义"发现价值。

经过多年的投资实践和对比研究，张磊发现价值投资最重要的标志就是"研究驱动"。他始终强调要基于对人、生意、环境和组织的深度理解，培养对商业本质敏锐洞察的能力。"研究驱动"主要分为"深入研究""长期研究""独立研究"三种形式。

第一种形式："深入研究 = 研究深 + 研究透"。所谓的深入研究，就是要研究深、研究透。"研究深"指研究必须是基础和根本。通过与创业者交流，对消费者访谈，了解行业和生态的历史演绎，对生意所处的环境形成了独特的认知和超预期的判断，发现真正有价值的行业和商业模式。"研究透"指研究必须全面透彻，经得起时间推敲，从而看清企业创造价值的过程和伴随的风险。

第二种形式："长期研究 = 关键节点 + 关键变化"。在投资决策面前，许多投资机会的时间窗口稍纵即逝，最重要的是对关键时点和关键变化的把握。只有长期、动态地跟踪变化，投资人才能够对变化产生超出一般意义的理解，从而拥有与市场不同的观点，而且是基于非常长期的视角的不同观点。

第三种形式："独立研究 = 独特视角 + 数据观察"。许多公司都在持续不断地创造价值，但并非所有被创造出的价值都已经被投资人发现并认可。独立研究能够重构一个条理分明的世界，让投资人在清晰的经度（产业上下游）和纬度（不同产业的交叉融合）中获得不一样的视角。比如，投资人通过同时与餐饮零售企业、生鲜电商企业、外卖送餐企业交流，可以形成对食材溯源、供应链管理、门店运营等全产业链的认知，在此基础上，就能够看到行业真正的痛点。

如果说"研究驱动"是决定投资成败的基本功，那么如何理解时间的价值往往是决定投资格局的关键。对此，张磊提出了自己的四个理解视角：第一个角度是理解时间的跨度，要根据事物本质，窥测更久远的历史和未来，判定公司在环境生态系统中的走向；第二个角度是相信复利的力量，时间是好公司的朋友，但却是"坏公司"的敌人，能随时间的流逝而不断拓宽加深护城河的，才是真正的"资产"；第三个角度是把时间作为选择，要把时间分配给能够带来价值的事情，复利才会发生作用；第四个角度是时间是检验投资正确与否的重要标准，通过时间可以检验出最好的商业模式、具有结构性竞争优势以及一流的管理者。

从"正确理解时间的价值"维度出发，张磊认为所有的品牌、渠道、技术规模、知识产权都不足以成为真正的护城河，护城河是动态的、变化的。世界上只有一条护城河，就是企业家不断创新、不断持续创造长期价值。

张磊毫不讳言地指出，如果说价值投资的出发点是发现价值的话，那么其落脚点应该是创造价值。因为技术进步使得企业及其所处的环境发生了巨大演变，那么新经济企业的估值方法也会与传统企业完全不同。寻找可靠的、前瞻性的新变量，已经成为价值投资演化的核心所在，这对于投资者是一个巨大的挑战，解决这个难题就必须投资卓越的创业组织，与拥有伟大格局观的企业家同行。

哑铃两端彼此借鉴和转化

自从"创新理论"鼻祖约瑟夫·熊彼特提出"创造性破坏"这一概念

后，科技创新总是被普遍认同为"颠覆者"，而传统产业受到冲击则被认为是社会进步必须付出的代价。换言之，新经济不仅另辟蹊径开疆拓土，还步步蚕食传统经济的自有领域。而哈佛大学商学院教授克莱顿·克里斯坦森又因为提出"颠覆性创新"而名扬四海。

这是不是说新经济来了，旧产业输了呢？在《价值》中，张磊认为，事实并非如此。不能把产业做简单的新旧分野。真正的新经济意味着一种全新的理念和经济发展驱动。科技引领世界，创新创造价值，这就是价值投资的基本逻辑。坚持价值投资，就要不局限于一时一刻、一城一地，拒绝条块化和分割化。

面对产业变革，张磊专门提出了投资的"哑铃理论"。在哑铃的一端，是新经济领域的创新渗透。创新不仅仅只局限在互联网领域，而且在向生命科学、新能源、新材料、高端装备制造、人工智能等广泛渗透。在哑铃的另一端，则是传统经济的创新转型和数字化转型，即传统企业运用科技创新做转型升级。这不是一场变革，而是向更优成本、更高效率、更精细化管理的方向持续迭代，帮助企业去创造价值增量。同时，哑铃的两端是连接的、相通的，可以随时彼此借鉴和转化。价值投资机构应该连接哑铃的两端，做提供解决方案的资本，成为两端的组织者、协调者。

多年来，高瓴资本的投资在哑铃的两端同时展开。在哑铃的一端，助力生命科学、信息与计算科学等原发创新，搭建基础硬件、基础算力和开放生态；在哑铃的另一端，重仓中国制造，帮助传统企业运用科技赋能、精益管理等方式，实现业务增量，重构商业系统。

这样就很好地解释了为什么高瓴资本，既投资像药明康德那样的生命科技组织，也投资像格力电器那样的传统经济企业。因为传统经济企业一旦经过高科技赋能，就有更多的机会来创造长期价值，所以科技绝对不是颠覆的力量，而是一种和谐再造的力量。

在这个投资过程中，高瓴资本全力以赴，擅长投资持续创新的全产业链医疗。医疗医药行业具有很强的消费属性和科技属性，市场巨大，进入壁垒高，同时具有成长性、盈利性、抗周期性的特点，这个因素决定了这个行业具有非常长期的投资赛道，可以构建出一条又深又宽、持续创新的动态护城河。

张磊对科技企业的认知是，从商业物种的创新到产业的快速迭代，从早期投资、成长期投资到并购投资，从"海外模式"的中国实践到"中国模式"的海外拓展，价值投资正经历更多的发展和变化。世界上本没有科技企业和传统企业的分野，优秀的企业总会及时有效地利用一切先进生产要素来提高运营效率，从而实现可持续增长。正因为如此，未来所有的企业都将是科技企业。价值投资既有涵盖过去的定义，也有面向未来的启示。如此，就丰富了价值投资的内涵。价值投资者只有在长远问题上想清楚，在行业的价值创造的维度上想清楚，才能经得起时间的考验，但这需要持续性的创新、探索和进化。

别做傻事，然后发家致富

历史喜爱英勇豪迈的事迹，同时也谴责这种事迹所造成的后果。

——法国科幻小说家儒勒·凡尔纳

早在1934年，有人曾半开玩笑地问美国俄亥俄州橄榄球队教练弗朗西斯·施密特，如何才能打败他的劲敌、位列全国前十的橄榄球强队——密歇根州队呢？施密特回答："这帮家伙穿裤子也是一次只能穿一条腿，和我们大家是一样的，没什么特殊。"是的，聪明人和我们一样，虽然他们穿的裤子可能是某个著名设计师设计的，但是他们也会做出错误的判断。

柯克·科克莱恩、大卫·邦德曼、奥布雷·麦克伦登、比尔·阿克曼、尼克·马奥尼斯、莱昂·库伯曼、理查德·泽纳、杰夫·格兰特、克里斯·戴维斯……这些顶级投资者曾凭借敏锐的嗅觉赢得了巨额财富，但是这些华尔街传奇的缔造者也会失足跌进投资陷阱之中，犯下价值亿万美元的错误。

拥有逾25年的投资经验，曾在奥本海默公司、所罗门兄弟公司、赛克资本公司、雷曼兄弟公司等多家知名金融机构供职的斯蒂芬·L.韦斯有幸拜访了这些知名投资者，深挖他们失败的投资经历、遍寻正确的投资之道，进而撰写汇集成《代价惨痛的教训：规避传奇投资人的错误，学习投资艺术》一书。与坊间那些林林总总的成功学、投资秘诀之类出版物不同，这本书囊括了这些投资者在基金、期权、期货、股票和债券等多方面的投资失误，它告诉人们的不是"我曾如何操作，然后发家致富"，而是说"别做傻事，然后发家致富"。书犹药也，善读之可以医愚。如若能吸取这些失败者的惨重教训，别在同一个地方重复摔跤，那么所有这些顶级投资人的巨大错误就会转而成为普通投资人走向成功的基石。

游戏已经变了，而你还站在原地

在《代价惨痛的教训：规避传奇投资人的错误，学习投资艺术》中，每一位亿万级别的投资人或者企业家都经历过一段投资失败。有意思的是，没有一个人一开始就想着去犯错，他们都认为自己很清楚在做什么，因为他们过往实实在在的成功经验证明了投资就是这样的，然而这一次却出现了"意外"投资失误，其代价可能是十亿美元，甚至是数十亿美元。

柯克·科克莱恩是美国赌业巨富以及米高梅最大的股东，被《时代》杂志称为"一个中学未毕业，却创造了150亿美元财富的洛杉矶前首富"。在很多人眼中，科克莱恩是一位足以与"股神"巴菲特相提并论的价值型投资大师。

韦斯在梳理科克莱恩如何成为亿万富翁的时候，发现了他有两种很有意思的投资模式。第一种是只要有挣钱机会，科克莱恩会习惯性地玩起"庄家"游戏，这可能是他从拉斯维加斯赌场上学到的。不管他是从哪里学的，在他处理航空业务时，便用到了这些知识，先将飞机燃油卖掉，然后再用这笔收入支付飞机采购成本。此外，他还用相似的方法，在处理米高梅公司时，卖掉了公司资产，赚到了巨额利润。

第二种是科克莱恩乐于或者倾向于在变幻莫测的宏观经济形势中拨开云雾见青天。长期以来，他都有足够的耐心坐等其收购的资产升值，但又不会紧抓着他的投资项目不松手。所以，从这个角度理解，科克莱恩是一个典型的交易天才。他不会刻意关注宏观经济指标如何，只管买入卖出股票。在公司股票估值上，无论这些价值是隐藏在公司背后，还是与其他资产交织在一起，并且需要内行人发掘出来，科克莱恩一直相信自己的直觉。比如，据说当初科克莱恩收购米高梅电影公司的目的，就是想拿到公司的里奥狮子（Leo the Lion）商标，然后用到他的酒店业务中。其实，这就是他收购米高梅电影公司的价值所在。所以，人们就能理解为什么他最终剥离了电影制片业务，又卖出了影院图书馆和电影手工艺品，因为这些东西并非科克莱恩的目标。

掌握了游戏精髓的科克莱恩一直很走运，直到他出手购买福特汽车公司股票。在此之前，科克莱恩曾成功地投资了克莱斯勒公司，获得了巨额利润。受到这一经历的激励，他对汽车业的迷恋演变成过度的激情，最终蒙蔽了他的判断力。他没有意识到，游戏方式与经济背景已经改变。2008年10月，福特汽车股票大跌到每股3美元以下，科克莱恩的投资遭到重创。那年10月21日，科克莱恩以平均每股2.43美元的价格卖出了730万股福特汽车股票，价值损失2/3。到了当年的12月29日，科克莱恩卖出了剩余的福特汽车股票，损失近7亿美元。他犯下的价值亿万美元的错误是什么呢？答案很简单：他将激情凌驾于自己的规则之上了。

德克萨斯太平洋投资集团（TPG）是大卫·邦德曼创办的私募股权投资公司，管理资产多达500亿美元。据《福布斯》估计，当时邦德曼的个人净财富已逾30亿美元。邦德曼的失败源于他对华盛顿互助银行的投资。可能是因为邦德曼之前曾在这家银行担任董事会成员，这使他对这笔交易掉以轻心。当时TPG给华盛顿互助银行一共注资了70亿美元，而该银行的总价值大约90亿美元。随着房地产市场在2008年春季迅速降温，这家银行资产快速恶化并最终倒闭。邦德曼和那些跟随他的投资者怎么也没有想到，仅仅不到6个月，70亿美元便蒸发殆尽。

邦德曼心急火燎地进入一个正在急剧恶化的市场，完全靠的是他的假设和经验判断，而不是基于对事实的客观调查，这就是他犯下数十亿美元级别错误的关键。在这个投资过程中，他用对克里·基林格（华盛顿互助银行 CEO）的熟知代替应有的尽职调查。假如邦德曼有时间去做一次他所擅长的严苛审查和分析，那么他就可能发现，2008 年的华盛顿互助银行，与他于 2002 年离任时相比，只是名字一样而已。

换句话来说，投资人不能依赖前期的股票投资经验，也不能假定他们可以从股票投资中总结出相同的经验。投资人必须把每一次投资当成全新的过程，即使你对这家公司"很熟悉"。

风险过于集中，亏损排山倒海

杠杆和其他工具一样，如果你知道如何使用，它可以化腐朽为神奇。然而，如果你没用对，那么它可以在瞬间让你的财富化为乌有。在书中，韦斯通过深入走访和调查发现，这几种后果，在被视为美国天然气行业繁荣的代表人物奥布雷·麦克伦登身上都出现过。

麦克伦登在大众眼中一直是美国页岩油和天然气革命的领导者之一。1989 年，他与汤姆·沃德共同创立了切萨皮克能源公司，并一手将其打造为世界第二大天然气生产商，仅次于埃克森美孚。切萨皮克能源公司拥有尚未探明的能源储量，并且在 2005 年左右，麦克伦登就开始悄悄收购油气区块。

在麦克伦登的领导下，切萨皮克的勘探进程十分成功，以至于美国再不需要从海外进口天然气，同时切萨皮克能源公司还获得了全国区域内的油气区块，可以随心所欲地在得克萨斯州、俄克拉何马州、俄亥俄州和宾夕法尼亚州使用水力压裂开采大量的天然气。切萨皮克能源公司成了华尔街的宠儿。麦克伦登对自己的公司充满信心，不断买入股票，并且不惜动用高杠杆。

但由于切萨皮克和其他几家公司不断大量开采天然气，导致供应严重过剩，下滑不止的天然气价格在 5 年内拉垮了切萨皮克的股价。麦克伦登由此遭受 20 亿美元的损失，这约占其总财富的 2/3，也几乎是他所有股票的价值总和。他的错误就在于用杠杆投资和"把所有的鸡蛋都放在一个篮子里"。

2013 年 1 月，切萨皮克董事局赶走了麦克伦登，这位曾被评为美国年度最佳的总裁，不得不黯然离开了自己 23 年前创建的公司。2016 年 3 月，麦克伦登还被指控非法采购石油以及操纵天然气的招标等罪名。

与麦克伦登相似案例的还有可转换债券套利专家尼古·马奥尼斯。"Amaranth"（阿玛兰斯）一词源自希腊语，意思是"不凋花"。马奥尼斯在 2000 年以"Amaranth"为自己创立的对冲基金命名，最辉煌的纪录是 6 个星期赚了 12 亿美元。

在成立"不凋花"公司之前，马奥尼斯在为投资人服务的几十年中，历经磨炼，形成了一套"分析基础结构，打造个体整合"的投资方式。这个方式经受住了市场大熔炉的考验，"不凋花"公司的成立让他有机会把这些想法用到实践中去。2004 年，明星交易员布莱恩·亨特加入"不凋花"公司，2005 年他在天然气期货交易上有过辉煌战绩，马奥尼斯因此非常信任亨特。2006 年，"不凋花"公司加大了在天然气期货上的投资力度。但随后能源市场风云突变，"不凋花"公司之前的利润损失殆尽。此时，"不凋花"公司一半以上的资产都押宝在能源交易上。由于风险过于集中，巨额亏损排山倒海而来。2006 年 9 月，"不凋花"公司因为巨量投机天然气期货亏损 92.5 亿美元而宣告破产，成为全球商品期货市场及对冲基金行业史上最大一起投机亏损事件。"不凋花"终于凋谢了。

"死法"形式多样

"接飞刀"、新兴市场、做空……在书中，韦斯还有血有肉地记录着一系列传奇投资人形式多样的"死法"。

作为潘兴广场管理基金的创始人及 CEO，比尔·阿克曼曾荣登 2014 年全球百家大型对冲基金年度排行榜榜首。过去数年间，阿克曼做空的对象曾包括康宝莱、艾尔建制药、塔吉特百货、麦当劳、美国第三大汉堡连锁店温蒂汉堡、美国第二大传统图书零售商鲍德斯集团等。近年比较著名的案例是，做多 Valeant（威灵）药业、做空康宝莱，但均惨遭失败。该基金曾经是最大的人民币空头之一，如今管理资产规模降至 82 亿美元，远低于 2015 年 7 月 200 亿美元的高峰。

在亚马逊出现之前，巴诺书店和鲍德斯集团垄断了美国的图书零售市场。但亚马逊出现后，事情就不一样了。进入 21 世纪，传统零售商被电商打得节节败退，此时再大笔投资，颇有些逆势而为的味道。

在 2008 年至 2009 年期间，阿克曼不信这个邪，接下了这把"飞刀"，逐步买入了鲍德斯三分之一的股权，平均每股 10 美元，并通过维权投资者惯用的手法，通过改变公司管理层和战略方向去影响投资标的。但是最终这家公司仍然避免不了破产清算的命运，投资者血本无归。

在对另一个零售商的投资中，阿克曼输得更惨。2007 年，潘兴广场专门成立了 IV 基金，对塔吉特进行了 20 亿美元的股权投资，其中大部分买的是股票期权而非股票。虽然阿克曼对塔吉特的价值判断是对的，也成功地推动了塔吉特管理层释放公司价值，但是在 2009 年 1 月塔吉特股票短期下跌 10% 时，潘兴广场 IV 基金的净值却下跌了 40%，到 2 月底跌幅更达到了 90%。原因就在于他买的是期权，而不是股票。

阿克曼特别喜欢网球运动。韦斯认为，网球手阿克曼很好地说明了投资者阿克曼的"自然错误"。球场上，球员通常会自然地犯一些击球错误。网球专家表示，任何一次击球，其要领在于遵守时间和位置原则。如果你稍微没做好，比如过早或过晚、没站稳或者没站对地方，那么你就打不到球。在双方处于胶着状态的比赛中，一个失误就可以让你输掉比赛。在投资中，投资准则确实也包含时机和自身所处的形势，但最关键的一条就是要降低风险。

与阿克曼喜欢"接飞刀"相映成趣，美国对冲基金界的莱昂·库伯曼则"失蹄"在新兴市场。库伯曼于1991年创立的对冲基金——欧米加顾问公司，曾与朱利安·罗伯逊的老虎基金、乔治·索罗斯的量子基金，以及梅里韦瑟的长期资本管理公司并称当时国际四大对冲基金。

新兴市场是非常危险的投资地区，有时候努力了半天赚到的利润，会全部被骗子卷走。像库伯曼这样博学、慎重以及精明的投资家，就是这样在新兴市场上一败涂地的。在外号为"布拉格海盗"的捷克人维克托·柯泽尼和自己手下的投资经理同谋诱骗下，库伯曼去买了阿塞拜疆的超大型国企油厂的期权。事实上，库伯曼付出每股25美元的买入价，柯泽尼只花了不到1美元。最终，库伯曼的投资经理被捕，但柯泽尼却在与美国没有引渡协议的巴哈马逍遥自在。

几乎每一种投资都是极大的智识冒险。比如，德国亿万富翁阿道夫·默克尔就栽在了"卖空操作"。2006年，默克尔财富为115亿美元，在福布斯世界富豪排行榜上位列第36位，在德国排第3位。2008年，他的财富缩水到92亿美元，但仍然名列全球第94位，德国第5位。

熟悉默克尔的人都说，他对风险控制的分寸掌握得很好。2007年8月，默克尔旗下的海德堡水泥集团以80亿英镑（158亿美元）收购英国建材公司Hanson（汉森）。可是，到了9月中旬，海德堡的股价从每股73.97欧元一下子跌到了34.05欧元。10月份，标普公司对海德堡的投资信誉作了降级处理。

为了周转资金，拯救家族企业，默克尔孤注一掷，准备再在市场上搏一次。2008 年夏天开始，全球金融危机爆发，大众汽车股价下跌且前景黯淡，默克尔抓住这个机会大举做空大众汽车，买入大量的看跌期权，并自信不会失误。

默克尔一生中成功了很多次，但是这一次却要了他的命。默克尔遇上了史诗级的保时捷－大众收购案（保时捷试图收购大众，最后却被大众反购，成为金融史乃至并购史上一个著名案例）。2008 年 11 月 27 日，大众汽车的股票出现了空头轧平、一路狂飙，股价从 200 欧元升至 1005 欧元，这使默克尔家族损失惨重。

卖空操作是一项非常危险的投资策略，保时捷－大众汽车事件就很好地说明，这项策略中明显存在着危险。尽管当时的事实已经非常清楚，全球经济都在衰退，德国经济受到的冲击尤其严重，而且各地汽车制造企业的销售额大幅下滑，所以这场博弈貌似很安全。可是，最后却证明投资人看到的事实并不全面，结果成了做空者的一场灾难。

风险是投资中不可分割的部分。然而，卖空操作与其他股票投资不同，它几乎就是一场赌博。毕竟，几个世纪以来，除非发生战争、自然灾害和经济大波动，否则股票价值趋势都是往上走的。即使存在通货膨胀的压力，股票行情仍是水涨船高。因此，卖空股票有违这种大势。也正是因为这样，卖空操作才可能这么暴利，但它却酿成了一种非常危险的冒险投资，大多投资人往往预测不到或者无法预测到其中的风险。

从错误中吸取哪些教训？

美国第一夫人埃莉诺·罗斯福曾说过："要从他人身上学习他们的错误。这样，你才可能不会自己去犯所有的错误。"任何投资都不是铁板钉钉的事情，不过如果你能让自己不犯太多错误，那么你就可以通过降低风险，增加赚钱盈利的机会。

将作者对这些案例的分析和总结归纳起来，这些传奇投资人所犯下价值高昂的错误，大致可分为以下几个方面：盲目乐观，未做细致的市场调查；对新形势把握不足，过于相信过去的经验；风险评估不足，有些时候靠直觉行事；投资没有多元层次，将"所有鸡蛋放在一个篮子里"；不能始终坚守规则，冲动酿成无尽后悔；轻信一面之词，向不熟悉领域或者地区投资；用人失察，被"白眼狼"暗算出卖……

那么，从这些价值亿万美元的投资失误或错误中，我们又可以从中学到哪些教训呢？其一，能力圈："赚认知范围内的钱"。还记得默克尔吗？一向保守做实业的他，却死在了高杠杆做空上。科克莱恩最擅长的还是娱乐业，但是他却高估了自己对该行业的判断力，多次在汽车行业上下重注。与索罗斯量子基金齐名的欧米加顾问公司，则是在远隔万里的阿塞拜疆石油厂上输了一大笔投资。其实，看懂一个行业、一个公司很难，投资者不可能涉猎全天下的好公司、好股票，不如就地画一个小小的能力圈，守在里边。

其二，对衍生品、卖空或高杠杆等要谨慎。"不凋花"公司在短短 6 周内赚到 12 亿美元，但又在随后的 5 个月里就亏掉近百亿美元。虽然本身策略有其合理之处，但经过几倍甚至几十倍的杠杆放大后，就完全是"赌大小"的游戏了。投资者在赚了很多钱的时候，一定要搞清楚，究竟是能力还是运气？否则，那些让你赚得盆满钵满的方法，也可能让你倾家荡产。

其三，别轻信或依赖别人。欧米加顾问公司、"不凋花"公司，都轻信了投资经理和外部人士给出的美梦，却忘了"如果好得不像真的"，那它们很可能确实不是真的。投资是件严肃认真的事，理性独立的判断是必要条件。如果你选择相信别人，至少先确保你托付的是值得信赖的人。

其四，时刻警惕"这次不一样"的蛊惑。书中讲述的众多案例大多是在 2008 年全球金融危机中爆发的，其余也都是在极端情况下发生爆仓的。为什么正常情况下暴赚的策略，会在极端情况下爆炸？价值投资大师普泽纳曾说过这样一句话：不管什么时候，当你听到"这次不一样"这句话时，你都应该紧紧守住自己的钱包，因为"这次"不是。"这次不一样"被称为是金融史上最昂贵的一句话，太多人为此付出了昂贵的学费。历史总是惊人的相似，但每次都有不同的轨迹。要防止极端事件打击，留好安全边际，别轻易动用杠杆，因为"活下来"比"一夜暴富"重要得多。

教父的"神话"何以变成"假话"

自己的行为最惹人耻笑的人，却永远是最先去说别人坏话的人。

——法国喜剧作家莫里哀

　　中国香港、东南亚的超级富豪的种种生活，一向是满足人类八卦之心的上佳来源，那里上演的生活总比电视剧精彩万分。中国澳门"赌王"何鸿燊在世时，每在他生病之时，他的四房太太和十七个儿女，与他的巨额财产分配就会被媒体报道一番。中国香港富豪李嘉诚的叛逆儿子李泽楷与女星梁洛施未婚生三子继而分手的新闻，更是峰回路转令人猜不到结局。不难想象，现实版的豪门恩怨每天在东南亚诸国的各大巨富家族中被不断翻拍。

　　不过若是抱着看八卦新闻的心情阅读美国人乔·史塔威尔（Joe Studwell）所著的《亚洲教父：中国香港、东南亚的金钱和权力》（Asian Godfathers），恐怕是令人失望的。开篇便强调"教父"的含义并没有那么多电影意味，并不暗指黑社会头领，等等。而每一章正文后数十个注解、书后数十页的人物表、长达近20页的资料索引和图表，都注定这样的阅读并非轻松。当然，考虑到史塔威尔对于书中指名道姓的描述，为了不至招惹到诽谤官司，整部作品的字里行间透着尽诉客观的小心翼翼，这也是可以理解的。不过，对于这一地区的历史背景和1997年金融危机的宏观经济背景，史塔威尔都做了不亚于学术论文般的阐释。这样的体例安排，更让人感觉这是本有着学术味道的作品。

一个被浪漫化了的神话

"教父"为大众所熟知主要源于马里奥·普佐的同名小说以及改编的电影，这个带有"罗曼蒂克迷思"的词被史塔威尔借用，并以幽默调侃的意味形容"家长式统治、大男子主义和冷漠高傲"的打通政坛天地线的财阀。这些财阀主要分布在新加坡、马来西亚、泰国、印度尼西亚、菲律宾等东南亚国家以及中国香港地区。他们之所以引起人们的注意，是因为他们建构了"一个被浪漫化了的神话"——这些主导东南亚商界的教父创造了该地区的经济奇迹。但这个神话却被史塔威尔给"破坏"了。

史塔威尔是一位"中国通"，自 20 世纪 80 年代开始在亚洲（主要是香港和北京）从事新闻工作。90 年代，他替《经济学人》的信息部（Economist Intelligence Unit，简称 EIU）写过大约 10 本与中国经济发展有关的小册子，1997 年创办《中国经济季刊》（*China Economic Quarterly*）。2002 年他的《中国热》（*China Dream*）一年"三刷"，在研究中国市场信息书刊多如牛毛的书市，足见该书言之有物，大受市场欢迎。

作为一位自由撰稿人及媒体主持人，这样的经历给了史塔威尔观察中国及东南亚华裔的独到视角。在《亚洲教父：中国香港、东南亚的金钱和权力》中，他颠覆了几个关于富豪的神话。

其一，他们的华人属性并不明显。在华人社会和文化边缘生存的大亨们，由于内心的不安全感，因此在身份扮演中，去掉"中国性"保持本土化是必要的，不过为了赢得华裔社区的领导地位，他们需要保持一点中国化。新加坡的李光耀在剑桥大学读书的时候，喜欢别人叫自己"哈里·李"，并认为自己不再是华人。不过当他需要借助儒家文化和亚洲价值观来解释新加坡的成功之时，他又变成了"李光耀"。而最让人觉得有趣的则是，他们对各种名誉头衔、博士头衔等身份的着迷。霍英东在世时要别人称他为"霍博士"。在马来西亚，亿万富翁更喜欢把联邦和州政府授予的不同头衔和学术界给予的头衔混在一起，这样他们就有一个很繁复但听起来很牛的称呼——"丹斯里拿督某某某博士"。社会心理学表明，同化程度高的人特别想要得到本地人拥有的特权。

其二，并非出身贫寒。"出身贫寒""白手起家"——这些标签式的词，是长期笼罩在东南亚和中国香港教父头顶上的光环，同时被无数青年人奉为"自我奋斗"的励志故事。但史塔威尔却戳穿了它，毫不留情地指出，这些说法太夸张、失实，只是一种一厢情愿的想法。很多亚洲富豪喜欢标榜自己的"白手起家"或"草根"背景，这到底有多大的可信度呢？确有出身一般的男人，但夫凭妻贵。也许这样的类似"入赘"历史总让男人有点不好意思，于是便塑造了种种故事。如果真的有人为那些"知音体"的故事所激励，想要"鲤鱼跃龙门"，现实点说，恐怕真不如找个有家世的老婆靠谱。

以泰国前总理他信·西那瓦为例，他无论在演讲中还是在官方出版物中，都宣称自己"是一个苦孩子，父母辛勤工作才能勉强维持一家生计"。而事实真像他所说的那样吗？史塔威尔"揭秘"说，他信家族是著名的纳兰王朝的后裔，家族企业涉足课税征收、金融、房地产业等多项，而他信本人毕业于当地最好的军事学院，后来成了一位将军的女婿……凭借诸多优势，他在警察局的职位节节高升，政治上获得了极高地位，与此同时又获得了国家经营特许权，进而摇身一变成了泰国最富有的商人。无论如何，这都不是一个"苦孩子"单凭一己之力可以获得的成就。

亚洲教父中真正白手起家者，事实上只有五分之一左右，多数教父均在某种程度上靠祖荫或父荫起家。真正发达起来的教父，多为第二代而非第一代。香港大学前校长、新加坡国立大学教授王赓武曾对史塔威尔说："我未曾见过一名苦力出身的商贾，巨富当然更不必说了。"他们致富是靠关系和人脉，包括婚姻。在香港富豪里，李嘉诚事业得以发展的原因之一是娶了有钱的舅舅之女，邵逸夫兄弟是上海的印染业巨头之子。马来西亚富豪郭鹤年的父亲经常和马来民族统一机构（巫统）创始人拿督翁主席打麻将，他本人和两位总理是同学。

史塔威尔对教父神话的戳穿，既有启迪意义，也是无情的。比如，他问道，李嘉诚的工作，真的像辛勤劳作的教父神话所显示的那样辛苦吗？史塔威尔给出的答案有些讽刺："如果你把以下内容也算作辛苦工作的话：打高尔夫；早上 10 点到公司；浏览新闻看看有没有人说他的坏话；主持一个商务午餐；再做一两次按摩推拿。"真正管理公司的是那些"首席奴隶"——帮老板打理事务的人，或是被称为"鬼佬走狗"的西方高级经理。

其三，"选择性节约"。教父们的公众形象进一步模糊不清的是他们的节俭名声。其中有些是合乎情理的，而有些则主要是为了公众的消遣。真正的节俭反映了一个企业家有强烈的保护财产的意识。一位亚洲基础设施投资银行企业家、大亨的老朋友评论说："他们比一般银行企业家更善于克制自己接受直接的世俗回报。"例如，亚洲金融危机时，郭鹤年以8000 万港币的低价在香港的深水湾道买了一所宅第。深水湾道有点像大亨巷，靠近九洞高尔夫球场，教父们喜欢每天早晨去那儿打高尔夫球。他试着住进那所房子，但是他的家人说，他认为即便对于一个亿万富翁，这样也太奢侈了。最终他拆掉了那所房子，在原房子的地基上建造了五座普通的住宅，一座他自己住，两座让他的家人住，另外两座租了出去。郭鹤年住的那种房子极为简朴，在欧洲和美国，只有平平常常的银行管理者才会住。

教父们也很喜欢向雇员和提供服务者传递能够证明他们节俭的信息。马来西亚的一位投资银行家回忆了 1999 年在伦敦与博彩业的亿万富翁林梧桐的儿子林国泰的会谈，会谈讨论的是关于签订 20 亿美元的合同收购挪威游轮公司的事项。离开伦敦的律师事务所时，林国泰招上了一辆出租车，那个银行家认为这辆出租车会带他们去希斯罗机场搭乘到挪威的飞机，但是走了半英里（1 英里 =1.609 千米）后，那个亿万财产的继承人让司机停了下来，带着随行人员走进了伦敦地铁的入口。他们乘坐地铁去机场，节省了几英镑。到了希斯罗机场，那个本已惊讶不已的银行家又发现他们去奥斯陆的机票全是经济型的。李嘉诚，非常喜欢向人们展示他节约的嗜好，常常提起他那戴了好几年的廉价精工手表与西铁城手表。他的一位高级职员回忆说，他常听李嘉诚抱怨他戴的手表是"该死的手表"。这廉价的手表已经成了他的象征。在《财富》杂志一次难得的采访中，李嘉诚也没忘记搬出手表的主题。"你的表太奢侈了！"他对采访者说，"我的比你的便宜多了，不到 50 美元。"

尽管有保护金钱的本能和向员工展示节俭的深思熟虑的商业手段，但人们所说的大多数教父生活节俭，却并非事实。让李嘉诚引以为豪的另一件事是，他从上市公司中获取的工资很少——2005 年，从他的长江集团旗舰公司中只得到了 10000 港元的工资。但有一点却未被提及，即在香港工资要被征税，而股息却不被征税，所以大亨们利用后者来避税。香港摩根士丹利公司的前任总经理卓百德谈到李嘉诚的一位同僚时说："李兆基，在 20 年内仅仅从恒基地产的旗舰公司得到的分红就有 1.5 亿～3 亿美元。"李兆基用这些钱在美国买了 3 万套公寓，当然还有别的。归根到底，他们并不是靠微薄的工资收入生活的人。

而在隐秘的赌场上，眉头皱都不皱地一掷千金则是教父们相当不节约的另一面。一位香港亿万富翁说道："他们都是大赌棍。唯一不是大赌棍的只有何鸿燊和霍英东。"无数传言说，中国香港和新加坡的投资银行家们的高尔夫赌博是进一个洞 100 万美元，也有传言说他们在澳大利亚和美国赌博，损失惨重。当然，没有任何人将这种事弄上媒体，因为大亨们没有公开赌博。另外，亚洲富豪们也并非如他们标榜的"生活节俭"，相反经常是随意、放纵的。有一位印尼大亨的女儿说，她的父亲"一生对女人和性表现出极大的兴趣，他有 18 个得到承认的妾，和她们生了 42 个孩子"。

垄断和卡特尔，以及裙带成风

创造巨大的个人财富，让原有家庭的地位上了一个新的台阶，这的确是教父们通过自己的努力获得的。但这种努力主要是体现在，利用已有的财富做资本，进行政治寻租。用史塔威尔的话来说，这些人无须为赢得市场而竞争，只要赢得特许经营权就行了。这就是《亚洲教父：中国香港、东南亚的金钱和权力》中所揭露有关教父们的最主要特点：垄断。

史塔威尔认为，教父们的故事贯穿了一个主题：东南亚经济是政界和工商界权势阶层之间关系的产物。这种关系在殖民地时期培育和发展，在后殖民地时期得到延续。在东南亚国家形成早期，就出现了种族分工。在这样的分工体制中，当地人是政治精英，他们为了保持政治权力，与欧洲和美国的殖民者合作。而外来移民者是经济精英，后来又成了官僚企业家。殖民者会赋予政治精英某些特权，政治精英将国内某些行业的垄断性经营权转给经济精英，后者从中谋取巨额的财富。

在《亚洲教父：中国香港、东南亚的金钱和权力》中，史塔威尔论证了东亚贫富差距的严重性、危害性，以及节制资本的必要性，他认为："大亨们在会议和媒体中大肆赞美他们自己为东南亚经济繁荣所作出的贡献，而实际上，真正使东南亚繁华起来的是出口加工厂里的组装工人（大部分是女性）。"亚洲教父们不是通过"开发技术能力、创造品牌企业、提高生产效率"致富，而是通过与政治权贵结成联盟，取得"垄断性的特许经营权""攫取巨额财富"。

史塔威尔指出，"香港与东南亚其他国家和地区一样，至今还是一个非常不公平的地方。最富的商人之所以富裕是因为卡特尔①和垄断，而老百姓支付着被人为控制的极高的价格，却只得到了极差的服务，都是因为那些同样限制性的安排。拥有巨大财富的大亨阶层不用交税，因为他们的收入来自免税的分红；相反，没有最低工资保障的工薪阶层（这在富有国家是绝无仅有的）却要承担食物、电、汽油、银行服务、房地产等一切价格的飞涨"。这是东南亚模式不如东北亚模式的重要原因，东南亚经济要真正实现繁荣发展，必须改变政府倾向资本（富豪大亨）的政策，限制特许垄断经营及其暴利。

史塔威尔研究发现，这些富豪真正的发财之道是"垄断市场、操纵价格、避免竞争、围标政府合约，并千方百计取得专利权"。在土地招标中，"几个有钱人投标，做做样子，最终一位得到了，然后去喝茶，瓜分利益"。"特许"性质的垄断权力，是他们的发财捷径。

比如，在印度尼西亚，林绍良与当时的国家领导人苏哈托的亲属一起垄断进口丁香权，后来又垄断面粉生产，获得了进军房地产、纺织业、橡胶等各种产业的资本。马来西亚的郭鹤年则是靠获得进口粗糖的大部分配额而赚钱。在中国香港和马来西亚，六大富豪是靠博彩业的垄断权发迹，进而为集团企业提供资金。澳门赌王何鸿燊 1961 年得到了澳门博彩垄断权，并在 1986 年又延续了 15 年。此后是霍英东，他在澳门赌业也拥有很

---

① 一种类似欧佩克的价格垄断组织。是为了垄断市场从而获取高额利润，生产或销售某一同类商品的厂商通过在商品价格、产量和市场份额分配等方面达成协定从而形成的垄断性组织和关系。卡特尔通常出现在寡头垄断市场中，其设立的目的是避免寡头厂商之间的激烈冲突。然而卡特尔的稳定性和有效性是相对的，其成员往往具有突破同盟组织以获取短期利益的倾向。参加卡特尔的成员在生产、商业和法律上仍然保持独立性。

大股份，后来郑裕彤也加入澳门博彩经营权之争。霍英东进行了大量房地产开发，郑裕彤的"新世界"发展了一系列上市公司，都是靠赌场上赚的钱来支撑的。

整个过程中，大亨们要贿赂许多高官显要。一位富豪说，他为了得到一份执照，贿赂了一位首相。还有一位富商说，当地政客"每个星期都没钱"。大亨们每天都很忙，但经营的主要是"关系"。苏哈托的妻子被商界称为"提成夫人"，他信在回答一位历史学家关于政府相关工程的提成时直言"一般是10%，非常大的项目可能降到3%到5%"。史塔威尔说，东南亚是"关系商人"的"真正发祥之地"。

而通过关系致富的结果是，这些富豪通过垄断和权钱交易而非技术创新获得巨大的财富。他们不愿从事艰苦的工业生产，也不喜欢竞争激烈的进出口业，而是控制了能源、原材料、地产、商业超市、码头、运输等上游行业。他们还拥有自己的银行，获得几乎利率为零的资金，从经济运行中提取旱涝保收的较大价值。正如哈佛大学商学院教授迈克尔·波特所说，"这些公司没有经营战略。他们只是做生意"。而真正在国际上竞争的，却是中小企业。对整个地区发展来说，这并不是一件好事。

值得注意的是，这些商人的资本来源有很大一部分是极度肮脏的。比如，在第二次世界大战期间，这些商人协助外国人运输军粮、武器，或者走私、贩毒，以此积累了原始资本。等到战后，罪行一笔勾销，他们便很识相地利用原始积累，去发展正当事业，拓展版图，然后成长为第一代教父。这种情况几乎遍布东南亚，史塔威尔的逻辑是："如果泰国在20世纪30年代就表明普通人，无论男女，都不是政治改革和殖民统治结束的主要受益人，那么其他国家在战后都证明了这一点。"

此前，人们一直迷信：在1997年亚洲金融危机前该地区的高速经济增长及此后的经济复苏，在某种程度上要归功于这些教父级人物。但实际上，上述经济增长和复苏都是由平凡的出口行业推动的，这是一个大亨们普遍回避的领域，因为它牵涉到国际竞争。史塔威尔在《亚洲教父：中国香港、东南亚的金钱和权力》中得出结论："教父们更多的是经济增长的受益者，而不是推动者。"当然，为了得出这样的结论，史塔威尔的立论逻辑和取证都非常小心，这也在另一个方面促成了过多的注释。于是给希望阅读这本内容很学术但归类于财经类畅销书的读者们提个醒，研究教父可是个严肃的事儿，没那么好玩。

在过度控制的市场里，教父要全力施展巧计才能做成生意，所以把技术人物留给了外人。东南亚有着一切现代经济的外部标志——高科技的工厂、令人震惊的高楼大厦、现代交通系统以及公用设施，但却没有一个本土的大型企业能生产世界级一流产品，提供世界级一流服务，产生世界级一流品牌。因为，真正的竞争仅限于中小企业，大亨已采摘了肥大的经济硕果。在 19 世纪的欧洲、美国和日本，来自底层的缓慢但一致的大众挑战推动了政治生活，并通过联合，迫使大型企业前进。东南亚是否能产生这样的力量，还需拭目以待。所幸的是，亚洲正在告别一个灰色的教父时代，在一个更为透明的商业时代下，亚洲奇迹或许又将上演。

或许可以试 3 个干预措施

史塔威尔的发现可能不为一些经济学家所喜爱，尤其是奉行自由市场学说的学派。他的开宗明义之词为："本书论述了亚洲国家和地区在经济发展过程中的成败得失，指出了政府可以采取 3 个关键的干预措施来加快经济发展的速度。"这也表明史塔威尔是信奉政府之手有助于经济发展的。而且，他提出的 3 个关键干预措施，都要求政府给予目标性极强的干预；

同时，要求政府拥有极强的规划和自律——当然也要有极大的权力。我们得承认，能满足这3个条件的政府本身就很少见。对于很多发展中国家的政府而言，它们也只是拥有极大的权力罢了。

这3个干预措施是：其一，采取土地改革政策，实现农业产出最大化；其二，引导投资和企业家进入制造业；其三，干预金融部门的运行，让金融业服务于小规模集约型农业及制造业的发展。

在史塔威尔看来，正是这3个方面的措施，导致日本、韩国、中国大陆以及中国台湾地区经济的迅速发展；也正是在这3个措施上的实施不力，导致了东南亚的泰国、菲律宾、马来西亚等国家的经济发展后劲不足。

土地政策之所以如此重要，是因为，"在一个处于早期发展阶段的国家里，往往有75%的人口在从事农业生产活动，依靠土地谋生"。土地改革最显而易见的好处是，它可以解决大量就业，提高土地的单位产出。第二可以缩小整个社会的贫富差距。这会为进一步的经济发展减少阻力。第三个好处是，农产品的充裕可以为下一步工业发展提供动力。此外，农业产出的增加带来了农民收入和购买力的增加，这会创造出一个农村市场，并激活农民中企业家精神的觉醒。经济学家黄亚生的一项研究表明，中国内地绝大多数后来发展成大型公司的民营企业，正是在边缘的乡村地区开始崛起的。

在史塔威尔看来，"土地分配不公和农业效率低下"，已经成为一些东南亚国家和地区面临持续恐怖活动和叛乱活动的问题根源。但这些国家和地区仍然以靠不住的自然条件原因和政治借口抗拒出台土地政策。这"是狡猾的、用心不良的，至少表明这些国家无法控制它们自己的发展命运"。

在史塔威尔看来，"东南亚模式"是失败的，这些国家的领导人没有尽力推动科技进步，有的国家现在已沦为"工业化垃圾堆"，比如菲律宾，就是一个"技术落后，贫困人口比率高得惊人的第三世界国家"。但史塔威尔是在对这些政府提过高的自律要求。他自己在菲律宾的例子中也指出，这个国家的执政者背后都是大庄园主。一些知名的大庄园主，都是总统的亲戚或挚友。"菲律宾的统治精英为了自身利益而无所不用其极地阻挠真正的土地改革，阻挠手段之多同样堪称亚洲之最。"

相比之下，史塔威尔认为"东北亚模式"更为成功，中国走的就是这条道路。这个模式有几个特点，第一是国家引导下的工业化，大力发展制造业。比如韩国的铁腕统治者朴正熙，就曾经"公开宣告自由市场的重要性，同时低调奉行国家控制之实"，强力推动了制造业的发展，并在金融等方面予以支持。韩国也"强迫"本国制造企业参与国际竞争，失败的企业遭到淘汰，通过培养、保护和竞争，造就了强盛的民族企业。这就是讲求实际的"国家主导型政策"的成功。

史塔威尔认为，中国和东北亚的另一成功经验是搞土地改革。他说，日本在第二次世界大战结束后被美军占领，美军强制推行了土地充公与再分配，韩国和中国台湾地区也搞过类似的土地分配。由于劳动力充裕，在较小的地块上进行集约式耕种，能够增加农民收入和粮食产出，农民有了钱可以买本国和地区制造商的产品，这样形成良性循环。中国在改革开放后，推行土地承包制度，通过政策性银行融资扶持大型国有企业，这些做法都是中国经济成功的关键。

PART THREE

迷人的系统

在一个具有"政策阻力"的系统中，多个参与者有不同的目标。如果任何一方的态度有所让步或放松，其他各方就会把系统往更靠近自己目标的方向拉，导致系统更加远离让步一方的目标。因此，每一方都不得不付出巨大的努力，以使系统保持在谁也不希望看到的状态。事实上，这一类系统结构以类似"棘轮"的模式在运作：任何一方增强的努力，将导致其他所有人的努力也得到加强。

——德内拉·梅多斯（Donella H. Meadows），

世界上伟大的系统思考大师之一，

知名的"世界模型 Ⅲ"主创人员

世间事物皆处于系统之中，许多事物自成系统，或是多个系统的集成。世界是普遍联系的，所以不存在孤立的系统。研究这些系统的前提，是承认其复杂性，并理解任何模型都无法完全再现世界本身，而只能看到它的某个侧面。

　　系统思考是出自系统动力学的思维工具，其哲学基础是源于东方和西方探寻真善美深处的智慧。在我们的周围充满着鲜活的系统，不仅需要逻辑分析，更离不开艺术、直觉、爱与慈悲的智慧。我们要注重心与物的平衡、左右脑的平衡，冷静洞悉系统的动态性、整体性和规律性。

以能量为标尺

世界上一切好东西对于我们，除了加以使用外，实在没有别的好处。

——英国作家丹尼尔·笛福

　　人类文明在向前发展的历史进程中，究竟是什么力量在发挥主要的推动作用？这是千百年来思想家和科学家们热切关注和探讨的一个核心话题。气候变化、流行病、科技发展、社会制度、人类的突发奇想和激情，都曾被认为是人类历史的形成因素。

　　在《能量与文明》（*Energy and Civilization: A History*）一书中，科普作家、加拿大曼尼托巴大学杰出荣休教授瓦茨拉夫·斯米尔（Vaclav Smil）另辟蹊径，以能量为标尺，通过历史学、自然科学、工程学、经济学、社会学等跨学科研究，梳理了能量与人类文明关系的发展史，并指出："虽然能量需求和使用的重要性在历史上留下了强大的印记，但它们或许只能通过理解人类动机和偏好来进行解释。"

能量是唯一的通用货币

　　"能量"一词与"时间"一样，都是人类对既定事实的一种描述，在我们的日常生活中常常被提及。无论是让无数学生头疼的"能量守恒定律"，还是让减肥人士"斤斤计较"的卡路里，又或者是那句司空见惯的

"万物生长靠太阳"……大到构造地质学上的分开洋底、抬升山脉的塑造地球的力量，小到微小雨滴的积累侵蚀作用，能量可谓无处不在。那么，何为能量呢？

斯米尔在《能量与文明》中化繁为简、以一句简洁而有力的开篇语引出了这个宏大的研究课题："能量是唯一的通用货币。"换言之，要想达成任何目标，能量必不可少。能量是贯穿宇宙运行、文明演进、社会建构、产业创新的通行货币。这样的开篇语，奠定了全书讨论的全新基调。

虽说在整个人类社会的发展进程中，意识形态和文化可能有差异，语言或许有障碍，生活方式也许有所不同，但唯一不会产生隔阂的就是能量。如果离开了将太阳能转化为有机物并释放氧气的光合作用，地球上的生命不可能存在。斯米尔引述《兔子共和国》作者、英国作家理查德·亚当斯所言，认为"历史的运行方式尽管无法预测，但必然呈现出一种结构或组织，这种结构或组织一定符合其能量组成"。也就是说，人类依靠这种能量转化来生存，且依靠更多能量流动来发展文明。

斯米尔指出，虽然宇宙的能量是恒定的，根据能量守恒定律，人类所消耗的热能，自然界会以其他的能量方式加以转换或重新生成，但问题是假如消耗过快，那么这种损失就来不及补充，进而造成不可逆转的单向状态。在斯米尔的世界观中，"熵"（与有用能量的损失相关联的度量被称为"熵"）处于一个关键地位。人类社会的发展依赖于能量和动力，而能量与动力的使用必然会带来熵耗散，文明的内在辩证法就是两者之间永恒的反馈回路。如果这条回路能够保持畅通，人与自然就处于和谐的状态；反之，就会陷入危机。

人类"直立行走"的根源

根据科幻小说家亚瑟·克拉克小说改编、由斯坦利·库布里克执导的科幻电影《2001 太空漫游》里有这样一个经典镜头：一群草食人猿在广袤无际的非洲沙漠中觅食，当他们从睡梦中醒来，发现一块巨大的黑色石板平地而起。他们欢呼雀跃，在巨石的指引下，他们学会将骨头当作工具和武器，开始猎食动物，并收复了同类抢占的失地。随着他们的首领将骨头抛向空中，下一个蒙太奇镜头展现了与骨头形状相仿的航空火箭飞行器。

这个场景正是斯米尔在《能量与文明》中最先展示的人类的文明起源。具体来说，史前文明中，人类为了获取必要的能量生存下去，学会了使用工具进行猎杀、处理与保存食物和自我防御。

"直立行走"是人类第一次革命性的进化，但实际上，直立行走对于人类来说虽然是关键性的突破，但同时也是一件冒险的事情，无论是从身体自身，还是从外界的危险来看，直立行走似乎都存在着一定的不利之处。

斯米尔借用美国亚利桑那州立大学人类起源研究所所长唐纳德·C. 约翰逊的一句话引出了这种进化与能量作用之间的内在关系："仅靠自然选择无法创造直立行走这样的行为，但一旦直立行走出现了，自然选择就可以选中它。"

人类牺牲了盆骨的宽度"站了起来"，从而解放了人的双臂，使他们能够携带武器，把食物带到集体场所，而不是即时吃掉；散热系统使人类能占据日间高温系统的昼性捕猎生态，以及通过补充与丰富食物从而发育强大的大脑；语言逐渐形成，这些进化又需要强大的大脑来支持，于是人类大脑的能量消耗达到了黑猩猩的三倍。脑指数的提升对增加社会复杂性至关重要（增加了存活概率，使人类区别于其他哺乳动物），人类社会最终形成。

因此，人类选择"直立行走"可以从能量消耗的差异来进行解释。只有严格地审视人类的起源，然后再从能量的角度来研讨人类这个物种的行为方式，我们或许才能真正平衡而客观地理解人类与众不同的生存方式。

西方社会新模式的密码

人类通过自己的智慧解锁了各种能量的用法，人们制造工具，利用能量来完成各种各样的任务。特定的能量时代最显著的一致性表现在与能量的提取、转换和输送有关的活动中。斯米尔由此认定："若要揭示人类的成就和主要能源及不断演化的原动力之间的长期关系，能量的时代特征和转型过程可能是最佳角度。"

在采集和狩猎时代，人类需要的能量主要依靠自己的体力从外部获得。火的使用和烹饪技术的发明，让人类意识到能量带来的益处。为了使能量能够长期保持稳定供应，大约在公元前 3500 年，两河流域出现了农耕文明，然后印度河流域和中国黄河流域、长江流域也步入了农业社会。大规模、集中化的运河灌溉，系统地促进了农业生产的迅速发展。

比采集和狩猎复杂得多的农业体系需要大量劳动力运用新技术去建立和维护水利基础设施，于是畜力、风力、水力得到了应用。种植作物是一种确保粮食供应充足的尝试，因此农业的起源完全可以看作满足能量需求的又一实例。剩余的谷物也被贮存起来进行再分配，人类阶层开始出现分化。这个时代的能源体制就这样推动了国家的诞生，以及维持道路、货币、市场、贸易、城市生活等方面的相应运转。

斯米尔认为，从采集到农业的转变不能仅仅用能量必要性来解释。农业发展可看作为了适应更庞大的人口而努力提高土地生产率（以提高可消化能

量的产量）的过程。在古代文明时代和农业文明时代，人类和自然处于相对
和谐的阶段，几千年来，维持人类社会所需的原动力和燃料一直没有大的改
变。传统农业进步缓慢，采用新方法并不意味着完全舍弃传统方法。在 19
世纪晚期的欧洲，尽管连年种植、谷物收割机和高效的马队已经非常普遍，
但是休耕、使用长柄大镰刀收割以及将效率低下的牛用作役畜等情况依然存
在。在只依靠生物力量完成田间劳作的农业系统中，减轻人力劳动的唯一方
法就是更加广泛地利用役畜。这种转变不仅需要更好的挽具、饲料以及育
种，更需要在替代人力劳动的专门农具和机械上面进行创新。

　　无论是全新的、划时代的品质，还是被采用的速度，从植物性燃料到
化石燃料、从动物原动力到机械原动力的巨大转变都带来了前所未有的变
化。1800 年，巴黎、纽约或东京的居民生活的能量基础不仅与 1700 年相似，
甚至与 1300 年也没什么不同：所有这些社会都依靠木材、木炭、辛苦劳
动和役畜来获得能量。但到了 1900 年，对西方主要城市的许多人口来说，
他们的生活技术参数在基本特征方面几乎完全不同于 1800 年的世界，反
而更接近我们在 2000 年的生活。对此，历史学家刘易斯·芒福德曾这样
总结："力量、速度、运动、标准化、大规模生产、量化、管理、精确性、
统一性、天文规律、控制，特别是控制——这些都已成为现代西方社会新
模式的密码。"

能量供应与社会进步

　　能量供应与社会进步有什么内在联系？斯米尔总结指出，新能源和新
原动力的采用与普及一直是造成经济、社会和环境变化的根本物理因素，
几乎改变了现代社会的方方面面。文明的进步可以看作"对提高粮食产

量，运输更多的产品和各种材料，生产更多且更多样化的商品，实现更高的流动性，并创造可获得几乎无限量的信息的途径所需要的更高的能量使用的追求"。这些成就带来了更大规模的人口和更高的生活质量。

真正让中世纪欧洲社会在能量使用方面脱颖而出的是他们不断加深对水能和风能的依赖程度。人们通过越来越多更复杂的机器来利用这些能量，为数十个应用场景提供了前所未有的集中的力量。第一座宏伟的哥特式大教堂建成时，最大的水车额定功率近 5 千瓦，相当于 60 多个男性劳动力。早在文艺复兴前，欧洲一些地区就严重依赖水和风进行谷物碾磨、布料加工和金属冶炼。这种依赖也促进了许多机械技艺的改进和传播。

因此，中世纪晚期和现代早期的欧洲是一个不断扩大创新的地方。但正如同时代的欧洲旅行者关于中国的财富传闻所证实的那样，那时"天朝"的整体技术实力更令人印象深刻。那些旅行者并不知道欧洲需要多久才能赶超中国。到 15 世纪末，欧洲走上了加速创新和扩张的道路，而复杂精巧的中华文明即将开始其漫长而深刻的技术与社会融合。技术优势很快改变了欧洲社会，并将其影响扩展到了其他大陆。到 1700 年，在一般能量使用水平以及由此决定的平均物质富裕程度上，中国和欧洲仍大致相似。到 18 世纪中期，中国建筑工人的实际收入与欧洲欠发达地区工人的实际收入相当，但落后于欧洲大陆发达经济体的工人收入，西方加快了前进的步伐。在能量领域，农作物产量的提高、新的焦炭冶铁法、更好的导航的使用、新式武器的设计、对贸易和科学实验的热衷等向我们展示了这种进步。

霍华德·奥德姆等科学家也指出了能量供应与社会进步之间的这种联系："可获取的能量总量决定了可实现的作业活动总量，而一个人对这些能量流动的掌控决定了其在人类事务上的权力以及对自然的相对影响力。"西方在近代的崛起，在很大程度上要归功于两种非生命原动力的强大组合：对风力的有效利用和火药的使用，这体现在装备了重型火炮的远洋帆船上。

破解能量使用的新路

在 20 世纪 80 年代后期，美国佐治亚理工学院物理学分校名誉退休教授罗纳德·福克斯为一本主题为能量进化的著作写了这样的结束语："能量流动方式的每一次改进，结果都带来了文化价值的提升。"

随着文明的高度发展，能量以越来越多的形式参与人类社会的各种活动，比如电力、核能以及各种可再生能源，它们在运输、建筑、冶炼，甚至包括战争等人类生活的方方面面发挥着效力，社会经济越复杂，越需要更多、更高效的能量投入。在给人类生活带来便利的同时，当然也不能忽视它们所带来的一些严重后果和隐患。尤其是现代社会的高能量消耗带来了多种负面影响，包括从明显的物理特征到需要几代人的时间才会显现的缓慢变化。

如何在高速发展的现代社会中破解能量使用的新路？斯米尔认定，"人类文明发展史就是人类控制能源的演化历史"；"创造一种与高能文明的长期生存相适应的新能量系统这一史无前例的探索并获得成功的机会仍是不确定的"。鉴于我们当前的理解程度，这种挑战可能并不会比我们过去克服的种种困难更加令人生畏。但是，对这些问题的理解，无论多么令人印象深刻，都是不够的。我们真正需要的是做出改变的决心，因此斯米尔号召人们能够像法国小说家塞南古指出的那样："凡人终将灭亡。但即使注定灭亡，我们也应奋斗；如果徒劳无功是我们的命运，那么只要有任何收获就都算是公平的奖励。"

基因的傀儡

往上爬吧，多捞钱吧，进入上层社会，那里准备好了一切。

——美国现代作家西奥图·德莱塞

"良好的经济状况会让男性成为有魅力的丈夫，而漂亮的外貌则会让女性成为有魅力的妻子"——这不是人们常见的婚恋社交节目中的拜金理论，也不是准丈母娘的唠叨老话，而是英国"维多利亚时代"（1837 年至 1901 年）婚姻市场上的黄金准则。美国前总统克林顿智囊、普林斯顿大学进化心理学教授罗伯特·赖特（Robert Wright）在他的专著《道德动物：我们为何如此思考、如此选择？》（*The Moral Animal: Evolutionary Psychology and Everyday Life*）中开门见山的这句话，是进化论在社会生活里的正常辉映。大家都知道人是在不断进化的，可是在这么长的时间里，我们到底是怎么进化的，进化又是怎样一次次改变我们的选择。

在《道德动物：我们为何如此思考、如此选择？》中，赖特教授以达尔文的个人经历为经，以人类思想、情感和行为的理论诠释为纬，阐释了在焦虑和压力之下，人对于性、对于婚姻、对于道德的种种迷思下的选择动因。另外，感激、羞耻、悔恨、骄傲、怨恨、荣誉感、同理心与爱……那张捆缚着所有人的紧密而错综的人性之网，到底又是如何编织成的？说到底，赖特教授的这一系列研究和探索：或许表面只是披着"理性外衣"，但实际是带有充满"感情外衣"窥探着人类的心理进化与适应机制。其无疑是提供给世人另一套观察人及社会进化过程的新方法和独特视角。

冒着 10% 的死亡率

提到"进化"，人们几乎都会不约而同或条件反射般地想起达尔文和他的《物种起源》。达尔文描述了生物体如何通过遗传物理或行为特征而代代相传，其大量观察得到科学证据表明物种演化过程。达尔文甚至把"生物在生存斗争中适者生存、不适者被淘汰的现象"简单归结为自然选择。然而，达尔文在自然选择理论研究方面也有一些他难以回答或洞明的问题。譬如，动物的"利他"行为是何以保存的？此种利他行为又显然是与个体的自然选择理论相矛盾的。

"蜜蜂的进化故事"是令众人最为困惑的。蜜蜂是由一只母蜂和数以千计的工蜂共同抚养下代的。工蜂是不会生育的雌蜂，它们一辈子没有后代，却忙碌一生为母蜂抚育后代。工蜂真的这么无私吗？

在《道德动物：我们为何如此思考、如此选择？》中，赖特教授毫不讳言地指出，达尔文花了十几年时间，想揣想"自然选择"如何创造出一群无法生育的工蜂，但他最终失败了。直到 1963 年，英籍生物学家威廉·汉密尔顿提出"亲缘选择"理论后，自然选择理论才变得言之成理。汉密尔顿理论的主轴是：要以基因的观点来看待工蜂及其他富有自我牺牲的动物，物种的秉性是以复制自己最多基因为服务条件的。表面上工蜂没有后代，但工蜂与母蜂是姐妹，工蜂所抚养的是它自己的外甥，是有血缘关系的。所以工蜂的无私奉献只不过是为了"种"的延续、"基因"繁衍而已。

与工蜂的案例相映成趣。一只还没有后代的年轻地松鼠，在发现天敌后，会立起来向同伴发出响亮的警告声，它自己则可能因引起了天敌的注意而丧命。早在 20 世纪中期，绝大多数生物学家的自然选择观念把重点摆在动物的生存和繁殖后代上，表示凡是不利于这种结果的基因都会遭到淘汰。如果以这种观点来看此事，就会觉得地松鼠的警告声一点道理也没有。因为它不是为了保护自己的子女而示警的。那么，这种演化行为无异于是自杀？但汉密尔顿依凭自己的观点却得出了相反的答案，他认为应该把焦点从会发出警示声的地松鼠，转移到会令地松鼠发出警示声的那个基因上。地松鼠不会永远不死，不死的有机实体是基因，或者说是基因所挟带的讯号模式。因此，以演化的时间观而言，重点已不是个别动物能不能活下来，而是个别富有个性的基因能不能活下来。基因的命运，才是存亡的关键。那么，负责"发出"自杀性警示声的基因能不能存活下来呢？汉弥尔顿认为："能！"原因是带有这种基因的地松鼠，可能拯救了附近的兄妹，而这些兄妹中也可能带有与它相同的基因。

先假设那只地松鼠的 4 个兄妹当中，就算是同父异母或同母异父也有 1/4 与兄妹相同的基因。如果这声警告救了 4 个兄妹，那么这 4 个中就有可能有 2 个或 1 个拥有这种基因的兄妹存活了下来，这样即使发出警告声的哨兵不免一死，这种基因仍算是逃过一劫了。而那些表面看似"自私的基因"因为令载体迅速逃生而获利，但它因此会使 4 个兄妹丧命敌手。这样经过很长的一段时间演化或进化之后，那些表面看似"无私的基因"反而比看似"自私的基因"更能蓬勃壮大。

这也正是汉密尔顿在达尔文相关研究成果基础上提出"亲缘选择"理论，进而丰富达尔文自然选择理论的内在价值。结合汉密尔顿等人的研究，赖特教授由此总结出这样的一个结论：动物是基因的傀儡。本能的行为是按照基因的指令发展出来的，这是进化的结果，而且会依相同的原则继续进化。

结合汉密尔顿"亲缘选择"理论和相关学者的研究，赖特教授还作进一步推演：假设你身体里的某个基因使你甘冒着 10% 的死亡率，跳进河里拯救一溺水儿童。那么只要你救出的是自己的子女或兄妹，该基因仍能繁盛；如果你救出的是堂表亲戚，该基因也能逐渐普及，但是会比较缓慢，因为堂表亲戚的基因中，平均只有 1/8 与你相同。如果你救出几十人都与你没血缘关系，那么你这种救人的基因便只有死路一条了。

从这个意义上说，唯有在较小的族群中，当大多数被救孩童都是冒险救人的那个人的近亲时，英雄主义的基因才会播散出去。这也就是说，一视同仁的英雄行为可以反映出当地居民平均的亲疏水平或程度，只有亲缘关系较密的地区，无差别的、更多的英雄主义才会进化出来。

两性和婚姻的"道德"

19 世纪英国作家塞缪尔·巴特勒（Samuel Butler）曾经说过："小鸡只是一个鸡蛋用来制造另一个鸡蛋的工具。"基因本身并没有意识，但是自然选择似乎完全在无意识中遵循着"自私的基因"不断增殖的进化逻辑。人天然也是自然界物种的一部分，也必然受着进化论的影响。因此后来也就慢慢地出现了很多关于面向于人类自身的进化论新的分支，比如"进化心理学"等。进化心理学认为，人类的大部分行为和心理机制都是人类祖先为了适应环境并获得生存与繁殖而形成的适应问题，是人类基因的一种自动适应与选择，体现了达尔文进化论"物竞天择"的核心思想，为人类心理机制提供了一种从不同角度进行诠释的理论体系。

赖特教授在《道德动物：我们为何如此思考、如此选择？》中指出，事实上，在《物种起源》于 1859 年出版后，达尔文的研究并没有就此止步。他随后在 1871 年出版了另一本在学术界具有重要影响力的作品，名为《人类的由来》。如果说《物种起源》像是达尔文进化论的一份精美的"大纲"，《人类的由来》则更着重笔墨在一些更具挑战性的问题上，比如人类起源。同时达尔文还在书中提出了第二种独立的进化机制，那就是"性选择"。

在赖特教授看来，在长期演化的进程中，人类的心理和行为实际上与其他的动物遵循同样的基本逻辑，所谓的"道德"，不过是人类为这些基本逻辑披上的一层"虚伪的外衣"。要了解进化心理学研究者对男女两性道德的观点，首先要了解20世纪70年代进化生物学革命先驱罗伯特·特里弗斯（Robert Trivers）提出的"双亲投资"理论。即"双亲为了繁殖成功而增加一个子代存活机会的投资，是以牺牲对其他子代的投资能力为代价的"。不仅指生理方面，还有繁殖预备、抚育幼代所花费的时间、精力及风险。这个理论其实也是基因利益决定理论在两性冲突上的一个应用。所谓基因利益决定理论，就是说基因支配着有机体，支配着有机体的大脑和意识以及各种行为表现。

赖特教授与其他的社会生物学家一样认为，男性与女性的妒忌心都非常强。但男女两性的视角显而易见是不同的：如果说男性在进化过程中最大的威胁是害怕被人"戴绿帽子"，那么女性的威胁就是害怕被遗弃。男人的嫉妒心态主要是女人在性方面的不忠，如果他们的妻子与他人发生了性关系，他们就无法保证妻子生出来的孩子就是他自己的，难免他们的"投资"就会选错了对象。

从《道德动物：我们为何如此思考、如此选择？》的《圣母－荡妇二分法》一章阐述"男人捉摸不透的情感逻辑"中不难发现：在维多利亚时代，男人们常常有对一个人既爱慕又厌恶的心理。这种复杂心理源于当时性道德观的"圣母－荡妇"二分法（Madonna-whore dichotomy）。女人往往被分为两种：一种是男人想结婚的对象，一种是现在可能让他销魂的玩伴；一种值得去爱，一种只会增加性欲。在性方面放荡不羁的女性会受到严厉的处罚：她们往往被归在二分法后一栏即"荡妇"一栏中，这将极大缩减她们选择丈夫的范围。对女性而言，在性方面的热切程度以及屈服于男性的速度与女性的忠实度很有关系，那么，就事关基因遗传结果而言意义就更为重大。赖特教授认为，在极端的情况下，这种将女人"两级化"的病态情结，可能会使男性把妻子看得过于神圣而无法与之产生性爱，当然这在自然选择中不占优势；另外有些男性会对他们想予以投资、性观念保守的女性充满崇敬之情倍加珍惜，还有些男性会毫不愧疚地蹂躏那些他们不想投资的女性。这种将部分人笼统地归为道德低下或低人一等的归类方式，是自然选择所喜好的方式，在战争中应用尤其广泛。

对于男女之间的爱情或婚姻，赖特教授有他自己独特的看法。他认为，人类的情感、爱情、婚姻也是基因的产物。赖特教授指出："体内受精，怀孕期拉长，母亲长期授乳以及高度的雄性亲情投资，这些各给了男人和女人的基因什么好处？唯有把这些利害关系弄清楚，才能了解演化为什么不仅创造了浪漫爱情，还从一开始就把浪漫的爱情给腐化了。"

进化理论家和作家爱德华·威尔逊（Edward O.Wilson）曾经举过这么个例子来形容男女两性的投资：如果你想办个企业，自己独自又干不了，必须找个合伙人，难道你能这样对人家说话而达到目的吗？"喂！老兄，我出 1 美元，你出 10000 美元，加起来是 10001 美元，拿这些钱投资冒险，由你去经营，将来赚了钱对半开，谁也不许多拿半个子儿，怎么样，成交吧？"可以肯定这笔交易是做不成的，人家还会认定你是个吸血鬼，贪得无厌的寄生虫。但男女之间结合生孩子就是这么个买卖。

照赖特教授的推算，女子从一开始就以其巨大丰富的卵子付出了比男子更大的投资额，怀孕、照料孩子基本上都是由母亲承担，但孩子的基因却是两人共有的，都为各自的二分之一，很明显父亲在此占了很大的便宜。

由此在古今众多传统文化观念中，女人都比男人更重视配偶的财务潜力。配偶只有具备相当多的财力时才有可能进行"高父爱投资"（对妻子、儿女的忠诚）。赖特教授认为，女人最想从男人那里得到的就是"高父爱投资"。女人考虑的不仅是男人的基因投资，还考虑他在孩子出生后会有多少贡献，脆弱孩子离开父亲的抚养是不可想象的。男人如果到处游荡，诱惑并抛弃所接触的女性，未必给自己的基因带来好处，因为自己的孩子可能缺乏父母的照料或保护而死亡。由于投资值远远低于回报值，那么男性也更乐意给自己孩子更多的照顾，即进行"高父爱投资"，当然只有妻子是贞洁的，才有可能保证这一点。

赖特教授对比研究发现，"高父爱投资"的男性往往比"低父爱投资"的男性更会要诈，即使他们的目标是要做出长期的"父爱投资"，但诱惑女性后再将其抛弃的话也会有基因上的利益，当然这不能过分地影响他们已经投资过的孩子的利益。因而女性普遍比较多疑。女人固然会因丈夫在性方面的不忠而悲痛，但并未像丈夫发现妻子与他人通奸那样反应激烈，但如果发现丈夫在感情上不忠，也就是说丈夫把爱转移到另一个女人身上的话，即使没有发生性关系，也会让她悲痛欲绝，这是因为女人觉得丈夫"移情别恋"的话就不再进行"父爱投资"了，但偶尔和其他女人发生性关系倒不一定如此。所以在发现丈夫在性生活上对自己不忠时，女人一般不会把怨气发到丈夫身上，而是积极地进行自我改造，比如减肥、化妆，试图使丈夫回心转意，以便重新获得"高父爱投资"。

因此，年轻、身材好、身体条件优异的女性相对来说有着更优异的生育条件，能保证基因的传递。男性为了保证自己的基因尽可能传递给下一代，自然偏向于选择有着良好生育条件的女性进行"亲代投资"。同时人们也能看到，男性对性和女性有更开放的态度，古代中国会存在"一夫多妾"的婚姻制度，直至现在，许多男性会偏好跟多名女性发生关系，即使对象是陌生女性，愿意与其发生关系的男性比例都比女性接受与陌生男性发生关系的比例要高得多。这些都是源于男性尽可能繁衍更多后代、传递基因的需求。而女性的卵子数量少，稀缺而宝贵，每次生育的时间跨度长，要付出的成本更高。同时养育后代需要长期投入大量的资源，因此需要确保后代的父亲拥有足够的资源投入养育之中，并能忠诚地给予长期的支持。

在赖特教授看来，在现代社会，男性的社会地位和经济收入代表了他所拥有的社会资源，也是能给予女性养育后代、传递基因的保证，所以更容易得到女性的青睐。虽然"一夫多妾制"满足了男性多投资后代的需求，但事实上绝大部分普通人都是遵循"一夫一妻"这种"非自然"选择的制度。男性对婚姻的资源投入、对伴侣的忠诚和爱、对养育后代的热情，保证基因传递，都促使人们做出这种选择。女性在面对性时采取性矜持策略，也就是倾向保守，不轻易与男性发生关系，能表明她对这段关系的重视和谨慎，不随意屈从，也就能获得男性更多的爱和尊重，得到他们的资源投入。

赖特教授认为，从遗传学的观点看，男女结合所生的每个子女都是一个极其珍贵的基因制造器。由于女性卵子的珍贵，因此，她对于有助于她产生一个优良子女的男人是精挑细选的。正是这个问题产生两性之间一系列的冲突。他认为，女性对性伴侣的挑选确实比男性更挑剔，而男性总体上比女性对偶遇的、陌生的性行为更开放。浪漫的爱情来自女性的害羞与含蓄，而女性的害羞与含蓄则根源卵子的宝贵。自然选择直接暗示女性的"适合度"就表现为对性伴侣很挑剔而男性则不；这种挑剔性和随便性分别可以在全世界范围内观察到：这种普遍性不能通过一个富有竞争力的纯粹的文化理论来作同样简单的解释。这表明男性的随便和女性的相对保守在一定程度上是先天的。当然，赖特教授也承认，文化的力量强化了女性的害羞。

赖特教授深入研究还发现：经过长期的进化，女人已经完全感受不到

"基因利益"的存在。事实上，有时候我们根本不会察觉我们为何会这样做或不会这样做，这样反而更符合基因的要求。一般一个女人不会打量一个男人然后想"他是个能为我的基因遗产作出贡献的人"。她只会觉得他有魅力或平淡无奇。女性的这种"觉得"其实也是自然选择在无意识情况下做出的决定，男性吸引女性的魅力的基因，也就是对她的基因遗产有帮助的基因，就会兴旺起来，那些不吸引女性的平淡无奇的基因则衰败下去了。那些能驱使基因存活下来的素质已经成为今日人性的一部分。

达尔文的哈姆雷特式难题

在《道德动物：我们为何如此思考、如此选择？》中，赖特教授结合进化论，花了不小的篇幅谈论达尔文个人时发现：达尔文爱情和婚姻观念的变化、选择过程，其实就是他自己"进化论"的最好例证。

在结婚这个问题上达尔文考虑了很久，在一张大致写于1838年7月的著名小纸条上，他做了一个非常抽象的决策。这张纸上有两栏，一栏标着"结婚"，另一栏标着"不结婚"，而这两栏的上面圈出了一行字，"这是个问题"。在支持结婚的一侧，他写下了公式："有孩子，对彼此感兴趣的长期伴侣（年老后的朋友），相爱和共同玩耍的对象。"在思考了不知道多久之后，他又在上面加了一句"至少比养条狗强"。最终支持婚姻的力量占据了上风，达尔文在"结婚"那一栏的最后总结道："假如自己要像一只工蜂那样忙忙碌碌过完一生，其他什么都没有，想想就难以忍受。不，不，那可不行。想象在伦敦一个又脏又臭的房子里独自度过每一天，再想象另一个画面，漂亮温柔的妻子坐在沙发上，炉火正旺，也许还有好书和音乐。"在记录下这些场景后，他写道："结婚！证明完毕！"在困难抉择过程中，达尔文之所以决定结婚，赖特教授认为，很可能与达尔文的身体状况有关。那时的达尔文身体很差，很明显，他为了在身体尚佳时能拥有自己的后代毅然决定结婚，他选择的对象是艾玛。

在当时，达尔文确实是个非常抢手的男人，尤其是在维多利亚时代的英国。达尔文受过良好的教育，具有成功的潜力，家庭背景也有助于事业，而且他会继承大笔遗产。这些足以掩盖他外表平平的不足。这些也都和进化心理学不谋而合。进化心理学对女性的要求在于她们的年轻貌美。当时的人认为女人嫁给年纪大的男人是非常自然的，男人娶个比自己大的女人则会受到大家的非议。在达尔文离开英国之前，达尔文的可选配偶范围算不上有多大。从青春期开始，候选人都来自距离什鲁斯伯里达尔文宅邸不远的两户富裕家庭。其中有"最漂亮、最丰满、最迷人"的范妮·欧文，还有达尔文的舅舅乔赛亚·韦奇伍德二世的三个小女儿：夏洛特、范妮和艾玛（在 19 世纪的英格兰，表亲间的婚姻算不上不同寻常）。达尔文在"小猎犬号"航行期间，其他三位候选人由于与他人结婚或生病去世而被淘汰出局，相貌平平的艾玛则脱颖而出。

以单纯的达尔文主义观点，达尔文选择艾玛作为妻子似乎不合常理，1841 年达尔文回国时艾玛已经 28 岁了，而且艾玛比达尔文还大一岁，这么看来艾玛是位相貌平常且浪费了十多年的生育潜力的候选人，其实竞争力不大。那么达尔文为何最终会选艾玛呢？赖特教授研究发现，其中一个重要原因也还是达尔文的身体状况已经很不尽如人意。在英国皇家"小猎犬号"上时，达尔文在南美洲染上恰加斯病（由克氏锥虫引起，其寄生于人和哺乳动物的血液和多种组织细胞内）——某种类似于劳累而引起的症状。但有人猜测达尔文的病和他的"自然选择"理论有关，与"神创论"相对的自然选择理论一旦公布于世，达尔文将会受到全世界的指责，而且艾玛也是一位虔诚的基督教徒，达尔文也害怕自己的理论伤害到可怜的姑娘。面对这些科学压力和社会舆论，达尔文付出了沉重的心理代价，患上了严重的精神焦虑症。这都直接地影响了达尔文的身体健康。虚弱的身体状况使得达尔文的市场竞争力明显下降，因而达尔文也不大顾及艾玛相貌的不足。

当然艾玛也不是毫无实力，她的家庭相当富裕，更为重要的是艾玛坚毅的个性显示她会给孩子无微不至的照顾，而且相貌平平的艾玛难以勾引其他的男性，这样可以确保艾玛的孩子就是自己的后代。另外，达尔文回到英国之后，寻找性伴侣的机会并不多，那毕竟是维多利亚时代的英国。达尔文可以找到"荡妇"，但要找到"受人尊重"的女性和达尔文门当户对的女性并与之发生性关系是不可能的，除非结婚。

这就是维多利亚时代"圣母－荡妇"二分法，这种性的双重标准深深影响着维多利亚时代的青年，包括达尔文和艾玛。艾玛除了在家照顾生病的母亲，几乎不会抛头露面，更不用说与其他男性有何接触，这些都确保艾玛本人身体的圣洁。达尔文认为"圣洁的艾玛"值得为之投资。艾玛毫不迟疑地接受了达尔文的求婚。赖特教授认为，在艾玛看来达尔文的脾气很好，这就意味着达尔文可能有很好的基因，而且会成为慷慨的亲情投资者。艾玛不可能不注意到达尔文来自富裕的家庭，拥有崇高的地位，这些说明达尔文拥有丰富的物质和社会资源可供投资。虽然富裕的艾玛就算嫁给乞丐也不会让自己的孩子饿死，但在进化过程中女性已经拥有受高地位对象吸引的适应性，艾玛本人就为达尔文的社会地位动了心。

赖特教授认为，在达尔文的婚姻生活中爱和欲的成分各占多少值得研究，这些研究都从基因的角度出发。在人类进化过程中，爱和欲的繁殖价值往往随着时代的进程而有巨大的变化。在达尔文和艾玛圆房之前，有各种资料表明他在年轻时从未有过性经验。达尔文的男人的基因利益，就在于加速让艾玛投怀送抱，其中打动芳心的最有效的方法莫过于表达他的款款深情和奉献的诚意，此时很难估计他心中情和欲的成分。但达尔文认为不能离开性而单独谈论爱，爱可能深深植根于其他的情感之中，这也就指出现代达尔文主义对人类性道德心理看法的大致的观点。

维多利亚时代不但不赞成婚前性行为而且更加强化"圣母－荡妇"的对立。在订婚前艾玛对达尔文较为冷淡，她的热情明显少于达尔文，女性比男性对圆房更为恐惧，这是基因通则。维多利亚时代迟至完婚才同房会使女子更有优势，基因的力量会驱使男性早点成婚而女性相反比较拖延时间，艾玛正是如此，她建议把婚期延至来年春天而达尔文催促冬天成婚。在蜜月之后艾玛便不再矜持，基因的利益促使她要牢牢抓紧他。但男人的奉献程度不一定因为圆房而加强，但在伴侣怀孕后就比较殷勤。

自然选择的运作方式是隐秘的，它通过塑造人类的感情发挥作用，而不是让人类意识到其选择逻辑。其实，每当我们为那些年轻人的逝去而感到异常悲痛、惋惜的原因，除了如赖特教授所说的个体的生殖潜力外，养育的沉没成本与亲情、共情的善良情感也占据很大的一部分。

譬如，达尔文一岁半的小儿子查尔斯·韦林的夭折，并没有给达尔文带来沉重的正面打击，因为这是一个智力发展迟钝而缺乏繁殖价值的孩子；1848年当达尔文82岁的父亲去世时，达尔文曾有过极度伤痛的迹象，但一联想到他父亲是耗尽了全部生育潜力的老者，这对他就没有构成毁灭性的打击了。而1851年达尔文最爱的10岁女儿安妮因病去世时，成了达尔文家庭遭遇过的"唯一严重的创伤"，因为再有几年，安妮的生育潜力就能达到顶峰了。诚如达尔文所说："在后一种情况下，当有一个光明的未来在等着年轻人时，死亡会带来让人永远无法淡忘的悲伤。"

以"试错"适应竞争

人类的道德源于天性抑或是社会规范后天的塑造？为什么许多文化背景下的人都看重社会地位和个人名声？为什么世界各地的人都会有内疚感？人类的意识和道德与我们的身体究竟是什么样的关系呢？我们对周遭的情感、对原则的服从、对有价值的尊重，这些是如何与我们的物质的大脑发生联系的？在赖特教授看来，这些问题与进化心理学息息相关，用达尔文进化论来审视人类的情感、友谊和竞争、攻击等心理或行为，对我们的公共政策和日常行为极富启示意义。

如果个体的生存和繁衍是包括人类在内的所有生物孜孜以求的"目标"，那么，一个必然的结论就是竞争是人类最重要的天性之一。与其他的生物一样，人类要不断地与同类展开竞争，尽其所能将自己的基因传递下去。赖特教授研究发现，社会关系对人类来说是极为重要的。进化是因为基因出现了突变，这些突变如果有利于人类繁衍，往往就会被保留下来，不利于繁衍就会不断地被环境淘汰。

具体来说，环境的压力越大，淘汰的速度也就越快。比如，人类社会出现了某个特别不好的变异，周围的环境就马上淘汰掉它，这样一次一次"试错"的时间就会变得很短。人类的自然选择压力，有些来自自然环境，还有很多是因为人类内部的竞争。因为人类会使用火或者其他工具，这样就减少了自然因素对进化的影响。而人类内部的竞争对人类的进化有着重要的推动作用，我们身上的很多特质，不会让我们在野外更好地生存，但是可以让我们更加适应社会环境的各种竞争。

人类为何会向往友情，但有时又会背叛朋友呢？赖特教授指出，朋友之间主要做的事情就是交换。人们一般都会从交换里得到好处，这些好处可以帮助大家在社会竞争中获得更多优势。假设一个场景：A借给B一斤大米，过了几天，B 还给 A 一斤大米，那 A 就什么好处都没有得到，B 也没多吃到大米。好像这种物质上的互相帮助并没有什么用处。其实，虽然大米没有变多，但是大米的价值变大了。比如说，假设现在超市一斤大米的价格是 5 元，但是在没有食物的野外，人们甚至愿意花 500 元购买一斤大米。同样一斤大米在不同人手上，会有不同的价值。人们交换的时候，会把自己手上的东西，给更加需要它的朋友，在朋友有困难的时候给他帮助。物质上互相帮助的本质，就是把低价值的物资变成高价值的。

得到朋友的物资帮助以后，一般就会想着回报对方。那要回报多少呢？人们往往都会有一套计算或衡量工具。这套计算或衡量工具就是感激。人们对外界的帮助往往会有感激之情——感激就是对朋友给予的帮助进行估价。感激之情越浓，说明大家觉得对方的帮助对我们繁衍和发展的贡献越大。比如说，有朋友请我们吃了一顿饭，可能过了几天我们就忘了这事。而如果在沙漠中，有同伴给我们一瓶水，或者危急时刻朋友的一次救命之恩，我们会把这事记一辈子。感激之情就像一张欠条，记录着朋友对我们繁衍或生存的贡献有多少。

既然感激是一张欠条，那总要有偿还之时。不过不是所有人都会还的。人们经常会遇到这样的情况：我们给对方很多帮助，可结果对方不但不会感激我们，还在我们困难的时候落井下石。面对这种情况，我们已经不可能把对方欠我们的拿回来了。那怎么办呢？幸运的是，我们进化出"以牙还牙"的策略。对于那种耍无赖的或忘恩负义的人，人们会表示厌恶和愤怒，下一次我们就会拒绝和他们合作，以减少新的损失。而那些只想得到而不想付出的人，为了可以继续和周围的人合作，他们也会选择反省、改过自新，而其他人会对他们进行评估，此种评估就是怀疑和信任。信任的感觉，会让人们在和朋友合作的过程中，减少防备；而怀疑的感觉，就会带来监视和警觉。人们会有意识或无意识地判断每一次合作的风险。那些有着良好信用记录的人，总是拥有很多朋友，而更多的朋友会带来更多互利共赢的合作。有时候为了让大家都知道我们是一个值得信赖的人，我们会去追求好名声。在一个社会里面，对好人的奖励就是传播他们的名声。

除了物质资源的交换之外，朋友之间还可以交换信息。比如以前大家会聊哪里有食物、谁遇到了一条毒蛇、谁背叛了谁，等等。这些信息多数也都是和生存、繁衍紧密相关。即使到了当今社会，八卦也是朋友之间必不可少的一种信息交换。在进化心理学中，八卦对于人类的进化至关重要。赖特教授研究发现，通过亲身经历来搜集情报，费时费力，还可能有危险。通过八卦闲聊，人们可以迅速知道谁可以合作，谁是混蛋，哪里有危险和机会。可以说，八卦是人类在长期进化中发展出的一种良性的、自我保护的重要本能。另一项研究也表明，我们的眼睛和大脑不由自主地对于负面八卦尤其警觉。这让我们得以规避那些有问题的人，从而更好地适应环境和社会。这也印证了传播学中"好事不出门，坏事传千里"的规律。同时，畏惧流言蜚语也成为自我道德约束的一个重要原因，平民百姓担心左邻右舍的耳语，王侯将相在意历史学家的评说。对公众人物来说，单是"人言可畏"就足以让他们三思而后行。

比起英国演化理论学者理查德·道金斯创作的《自私的基因》，《道德动物：我们为何如此思考、如此选择？》对现实的解释似乎更加光明一些。按照赖特教授的观点，"自私的基因"因为个体的繁衍不仅产生了自私、贪婪等人性的弱点，同样也催生了道德的光辉。毋庸置疑，人类确实是亿万年以来生物长期进化的产物，其中一些基本的行为逻辑已经深深地刻在了我们的基因里。但是，人类也是一种特殊的动物，能够清晰地认识到自身"自然而卑劣"的动物性，并怀着悲悯之心创造出复杂的道德意识、价值观念和社会规则。很明显，如果这套规范人类社会关系的体系想要取得成功，无疑是在微观的层面上仍需要与自利、亲缘选择和互惠关系等基本社会行为逻辑相契合。

叙事的力量

凡是有甜美的鸟歌唱的地方，也都有毒蛇嘶嘶地叫。

——英国作家托马斯·哈代

　　古希腊哲学家柏拉图颇为看重叙事，他借虚构的苏格拉底的对话，写下了自己的哲学。叙事发挥的作用有助于解释柏拉图的作品为何会流传至今。经济学远不如其他大多数学科那样关注叙事的重要性。不少经济学家在尝试弄明白历史重大经济事件（如萧条、衰退或长期停滞）时，很少会关注与事件相伴的重要叙事，即使偶尔有人呼吁采取更全面的实证经济学方法，经济学和金融学的叙事还是处于落后地位。

　　在 2013 年诺贝尔经济学奖得主、耶鲁大学经济学教授罗伯特·希勒（Robert J. Shiller）看来，叙事经济学一直没有受到重视，部分原因可能在于叙事与经济结果之间的关系相当复杂，而且会随时间变化。新闻界经常会提到叙事对经济的影响，但往往不具备学术严谨性。事实证明有些激进的经济预测是错误的，这可能削弱了公众对媒体叙事报道的重视。

　　经济学家往往习惯用量化分析的方式，把许多易感知、易追踪、易整理的定量指标作为经济研究的重要参数。叙事概念则从未被纳入经济学模型之中。希勒教授撰写的《叙事经济学》（*Narrative Economics: How Stories Go Viral and Drive Major Economic Events*）无疑是试图填补这一空白。他借鉴了流行病学（与疾病传播相关的学科分支）模型，独辟蹊径地将"叙事"引入经济学领域，将过去依赖于抽象建模和数理统计的经济学还原到有温度、有感知的生活切片或历史场景中，人们的言谈、议题和故事，成为解构经济现象的全新视角和维度。

像隐喻一样发挥作用

重视流行叙事研究的学派，在过去半个多世纪里纷纷兴起。何为叙事？简而言之就是"讲故事"。好听的故事经过人的口口相传、大众媒体的炒作和社交媒体的推动，变得耳熟能详、家喻户晓，甚至会潜移默化，进而改变人们的行为和行动。

人类学家唐纳德·布朗曾言：人们"会使用叙事解释事物的由来，也会使用叙事讲述故事"。"叙事"这个词很多时候可以说与"故事"是同义词。但希勒教授认为，故事并不仅限于简单的人类事件年表。故事也可能是一首歌、一则笑话、一个理论、一条注解或一项计划，它们能够激起情感共鸣，而且可以很轻松地在日常谈话中得到传播。具体到经济学，希勒教授关注的不是提出新的叙事，而是研究其他人对重大经济事件的讲述，即像流行病般传播的流行叙事。

在使用"叙事经济学"这个术语时，希勒教授的侧重点有两个：第一，以故事为载体的观点被人口口相传；第二，人们努力生成新的可传播故事或是让故事更具传播力。在《叙事经济学》中，希勒教授正是通过诸多重大事件的回顾，辅以数据分析，展示了流行叙事对历史进程及其中的个体人生的深刻影响。希勒教授的这一大胆尝试，既不牺牲学术笃定和系统分析，又能更近距离地一窥重大经济事件背后的人文因素。这显然可以提高对金融危机、衰退、萧条和其他经济事件的预测能力，进而帮助人们未雨绸缪，将各种负面冲击的危害降到更低。

在什么地点以什么方式投资；是花费或储蓄多少；是上大学还是找工作；是雇用一名工人还是等待形势好转；在商业上是大胆冒进还是谨小慎微；是从事商业创投还是投资于波动的投机性资产……经济叙事通常并不是特别突出的叙事，要想识别它们，我们必须考量它们改变经济行为的可能性和内在逻辑。2009 年开始风行的"比特币叙事"就是一个成功的经济叙事实例。

比特币诞生的时间，恰好是 2008 年美国次贷金融危机爆发后，当时的市场上弥漫着一种对监管者的不信任，比特币所标榜的"去中心化"、不被干涉、保护隐私等多种特点受到众多年轻人的青睐和追捧。

希勒教授认为，一方面，"数字签名算法"是比特币的基础所在，它界定了比特币的个人所有者，也让盗贼难以窃取比特币；另一方面，计算机正越来越多地控制着人类生活的说法，以及"去中心化"和"无政府主义"等都是推动比特币和其他加密货币高度传播的一个叙事构成。比特币的创立者中本聪，一直没有人知道他的真面目，甚至无法肯定他是否真实存在，也给比特币的创建增加了一层不可多得的神秘色彩，特别有助于故事的传播。此外，老式纸币上通常都印有一国的历史名人，它代表了一种过时的国家主义，一种适合输家的东西。从某种程度上说，纸币就像小号的国旗；它是一个人国籍的象征。而比特币钱包则让拥有者成为"世界公民"，从而使得拥有者在心理上摆脱了某种传统的"依附感"。

"比特币叙事"的力度在 2013 年的时候开始消退。它逐渐成为一个"古老"的故事，比特币的价格也从 2013 年时高于 1000 美元的峰值跌至 200 美元出头。但是，新发明或者说新变化的激增让相关理念一直保持活力。仅在 2017 年一年就有 900 多种首次代币发行，它们面向的是那些想为新企业筹集资金的众筹新创公司。其中将近一半在一年内就以失败告终，但是新的首次代币发行还在不断涌现。截至 2018 年，已有近 2000 种加密货币与最早出现的比特币成为竞争对手。

每一种加密货币都是一个创业故事，一个开发人员灵光一现的故事。其中有一则叙事提到，英国流行歌手莉莉·艾伦（Lily Allen）在 2009 年拒绝了一次邀请她登台表演并给予比特币酬劳的提议。这则叙事有一个令人难忘的点睛之笔：艾伦如今后悔莫及，因为如果她接受了这个提议并长期持有那些比特币的话，她在 2017 年的时候就已经是亿万富翁了。这类叙事能够激起人们对自己未能发现这一投资渠道的懊恼和遗憾之情，从而有助于维持"比特币叙事"和比特币价格的增长趋势。像其他很多叙事一样，这一叙事聚焦于某个名人，这个名人或者开启了一则叙事，或者帮助叙事继续传播。

就像"比特币叙事"展现的那样，经济叙事会让人想起可能已经遗忘的事实，对事情在经济中如何运作给出解释，影响人们对经济行为的理由或目的持有的看法。叙事可能会对世界的运行方式做出一些暗示，例如"比特币叙事"就暗示：计算机正在接管一切，我们正在进入一个新的世界主义时代，使人们摆脱本地政府的无能和腐败这一沉疴宿疾；叙事也对人们如何将这些信息为己所用给出一些暗示。叙事还有可能表明，采取某一经济行动是一种有益的学习体验，它可能会在以后带来收益。有时候，采取经济行动是让自己参与叙事的一种方式。参与叙事之后，人们就可以说自己是历史的一部分。比如，购买了比特币之后，人们就像是加入了"国际资本家精英"的行列。

希勒教授由此认定：传播性叙事通常像隐喻一样发挥作用。也就是说，它们暗含了一些故事中根本没有提及的观点、机制或目的，实际上，它只是借故事之名而已。人类大脑喜欢围绕着隐喻运转。比如，我们会在讲话中随意地加入战争隐喻。我们会说某个论点"一败涂地"或"无力防守"。人类的大脑注意到了这些词语与战争叙事的关联，只不过这种关联并不全都是有意识的关联。这种关联暗示了其他可能性，从而丰富了讲话的内容。因此，当我们说到股市"崩盘"时，大多数人都会想起 1929 年的股市崩盘及其后果。

拉弗曲线叙事和轮式行李箱的流行

经济现象背后的流行叙事，很像流感，流感的变异会在蛰伏了一段时间之后重新暴发，而且造成的影响与之前类似。希勒教授对叙事研究的切入点是它的感染力，或者套用流行病学的说法，是它的"传染性"。与经济相关的叙事也会发生变异，然后重新流行。这也是为什么研究历史上流行的叙事对于理解当下复杂经济有借鉴意义的原因。比如，过去经济景气和经济崩溃背后的叙事和故事的挖掘，就有利于我们对未来经济周期的理解和预判。

希勒教授宣称，思考叙事经济学是一场知识融通的发现之旅。很显然，经济学和流行病学的结合是《叙事经济学》的一个核心知识融通示例。在传染率低于康复率和死亡率之和时，疾病并不会立即消失，传染率并不会降至零。要想战胜流行病，唯一需要做的就是将传染率降到康复率以下。除非传染率为零，否则新的病例仍会出现，但病人总数在下降，并逐渐减少至零，此时疫情也就告一段落。

但流行病的不同携带者的传染率和康复率可能会有很大差异。即使所占比例相对较少，"超级传播者"仍有可能传染很多人。一个多世纪前的"伤寒玛丽"——玛丽·马龙就是这样的一个"超级传播者"，她在几年的时间内将伤寒传播给了至少 122 人。就叙事而言，希勒教授通过对比研究发现，如果没有"超级传播者"，我们大多数人的传染性可能不足以引发一场流行病。一小部分的"超级传播者"就有可能让平均传染率远高于标准传染率。

希勒教授深入研究发现：可以将同样的模型应用于经济叙事的流行。无论是面对面还是通过电话或社交媒体，传播都是通过谈话在人与人之间发生的。传播也可以发生在新闻媒体和脱口秀节目中，因为人们会观看和阅读对方的故事。大多数经济叙事不会致人死亡，但基本过程是一样的。医学模型中的"康复＋死亡"变量在我们构建的经济模型中仅表现为恢复，即对叙事失去兴趣，或遗忘。经济叙事遵循的模式与疾病传播的模式是一样的：先是越来越多的感染者向外传播叙事，持续一段时间之后，就是遗忘叙事以及失去谈论的兴趣。

在医学和叙事流行中，我们可以看到相同的基本原理：要想让流行蔓延起来，传染率必须超过康复率。比如，当我们发现埃博拉病毒在一个城镇感染了数百人而在另一个城镇几乎没有感染任何人时，可能是某个不起眼的因素导致 1 号城镇的埃博拉病毒传染率高于 2 号城镇，从而使得 1 号城镇在疫情开始时的传染率高于康复率。同时，2 号城镇没有出现疾病蔓延是因为传染率不够高，无法抵消康复率。同样，叙事流行中也可能存在两种不同的叙事，其中一种叙事的繁枝细节使它比另一种叙事更具传播力。繁枝细节使第一种叙事而非第二种叙事成为流行叙事。

希勒教授由此断定：叙事能够达到病毒式传播，其背后的力量是神秘的，"某一重大事件的发生其实是由叙事中看似不相关的突变导致的，它具备较高的传染率，同时具备较低的遗忘率，或者某些先发效应使得一组相互竞争的叙事抢占了先机"。不同叙事的康复率或遗忘率各不相同。遗忘率高的叙事往往是孤立的叙事。能像病毒般传播的经济学理论，往往需要一些个性或者故事，拉弗曲线就是这样的例子。

"拉弗曲线"在 1974 年被提出时，并没有出现病毒式传播。《华尔街日报》财经记者裘德·万尼斯基写的有关拉弗曲线的故事，与这个叙事被疯传有很大关系。据说经济学家阿瑟·拉弗曾在与几位华盛顿高官共进牛排晚餐时，在一张餐巾纸上画出并解释了这个曲线的意义。尽管拉弗本人否认了这个情节，然而这个故事已不胫而走，变成经济学史上的一段传奇佳话。故事的传播力不受其真实性的影响，能够博人眼球并留下深刻印象的故事就能够风行一时，无论是否真实。

大量科学证据也表明，不同寻常的视觉刺激有助于记忆，并让叙事成为"经典"。这并不是说每个人都记住了故事中的餐巾纸，而是说，画在餐巾纸上的曲线图这个小细节可能会使叙事最初的传播率高于遗忘率，堪称点睛之笔。

轮式行李箱的流行，也如同拉弗曲线叙事一样富有戏剧性。轮式行李箱直到20世纪90年代才流行起来，当时西北航空公司的飞行员罗伯特·普

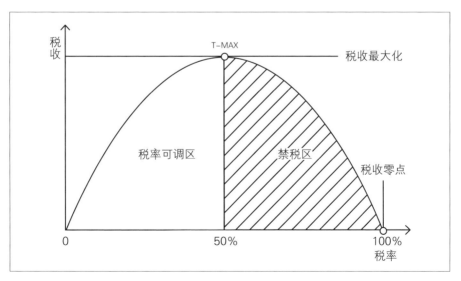

拉弗曲线图

拉斯（Robert Plath）用滑轮和一个可以折叠到行李箱里的硬手柄发明了拉杆箱。

事实上，这个推广过程是漫长的：早在 1887 年，一个类似轮式行李箱的产品就出现并且申请了专利；1951 年，一位名叫约翰·艾伦·梅（John Allan May）的写作者撰写的一篇文章，也讲述了他从 1932 年开始为制造和销售轮式行李箱所做的努力；伯纳德·萨多（Bernard Sadow）在 1972 年则发明了轮式行李箱的早期版本，但是这个版本的接受度非常有限。出行者用皮带拉着它行走，它表现得还算不错，但算不上完美，因为很容易侧翻。不过，比起非轮式行李箱，这已经是很大的改进。萨多却发现很难让市场接受他的轮式行李箱。

在普拉斯后来的发明中，轮式行李箱的迷人魅力超越了轮子带来的滑稽感。在 1991 年刊登的报纸广告中，将轮式行李箱的故事与航空业联系到一起，而航空业在 20 世纪 90 年代的时候远比现在有魅力："这是出自飞行员之手的设计，大多数航空公司都准许将它随身携带。凭借内置的滑轮和可以伸缩的手柄，您可以拉着它穿过机场、登上飞机、走过走道。"在飞行机组人员开始使用轮式行李箱之后，乘客可以看到这些神采奕奕的人毫不费力地拉着他们的轮式行李箱穿行机场，这又进一步推动了流行趋势。到 1993 年，轮式行李箱的广告充分利用这一宣传优势，将它称为"全球机组人员的首选"。也许这就是一个问世已有一百多年的好点子突然流行起来的全部原因。

传播力取决于被带入谈话的概率

每个人都是听故事长大的。很多时候，一个普普通通的叙事，一旦加入了名人这个影响因素，马上就能造成声势，变成一个强大的叙事，从而影响经济行为。希勒教授由此建议，可以将历史视为一连串相继发生的罕见重大事件，在每起事件中都有一个故事像病毒般传播，这种传播通常（但并非总是如此）都会借助某个名人效应（有时只是一个略有名气的人物或虚构的固定人物形象），这个名人会让叙事更有人情味。

举例来说，20 世纪下半叶的叙事声称自由市场"足够有效率"，不会因为政府干预而进一步改善。这些叙事随之引发了公众对政府监管的反对之声。当然，有些针对当时监管措施的批评是合理的，但这些批评通常都不具备强大的病毒式传播力。能像病毒一样传播的叙事需要一些个性和一些故事。其中一则叙事与电影明星罗纳德·里根有关。里根于 1953 年至 1962 年在美国超火爆电视秀《通用电气剧场》（*General Electric Theater*）中担任诙谐而迷人的解说员，是一位家喻户晓的人物。1962 年后，他进入政界并支持自由市场。里根于 1980 年当选为美国总统。在 1984 年竞选连任时，他赢得了竞选对手的家乡州之外所有州的支持。里根利用他的名人效应发起了一场大规模的自由市场革命，这场革命造成的影响好坏参半，且至今余波犹存。

进一步研究，希勒教授还发现：有时，普通人会说出一些贴切的或精练的话，但是，只有在对故事做出改动并将这些话的创作者替换成名人之后，它们才具有传播力。比如，"各尽所能，按需分配"这句社会主义口号自 20 世纪中以来就被视为出自卡尔·马克思之口。事实上，这句话是社会主义哲学家路易斯·布兰克（Louis Blanc）在 1851 年提出的，那时马克思几乎还不为人知。在 1900 年之前，路易斯·布兰克一直比马克思更有名，但如今他已经被大部分人遗忘。因此，这句话在 20 世纪中叶被归到了马克思的名下，而做出这改动的是一些不知名人士，他们将这句话贴上一个新的名人标签，从而启动了一次新的流行。

对此，希勒教授毫不讳言地指出，传播力取决于叙事被带入谈话的概率。新颖的想法和概念可能会提高传播的概率。至关重要的是了解创作高传播性的新叙事的"少数人"的影响力。通常这些人并不出名，传播这些叙事的往往是名人。但是只有在目标受众认识并认同这个名人时，叙事才能达到最佳传播效果。因此，在挑选名人时务必要精挑细选，如果相关名人因为某件事而名誉扫地，那么无论叙事中的观点是否属实、是否合理，这些叙事都会突然失去传播力。

密切关注多种不同的叙事

理解当下日益复杂的经济规律，必须理解其背后的复杂多元的叙事。希勒教授力图要强调的恰恰是，在复杂经济现象背后有很多流行的观点和叙事，有时是冲突的，有时甚至是虚构的不真实的想法，但是借助社交媒体的病毒式传播，这些虚虚实实的叙事却能影响经济决策，甚至广大民众的认知和行动。

要想证明叙事与经济之间的因果走向并非易事。譬如，成功的投机者和对股票的狂热是 20 世纪 20 年代的一大特征，这些故事是否导致了股价上涨和公司收益的增加？还是说收入增加引发了人们狂热？

在《叙事经济学》中，从因果关系等角度或维度出发，希勒教授试图打破许多既有的传统观念，对"恐慌与信心""节俭与炫耀性消费""金本位制与金银复本位制""劳动节约型机器取代多种工作岗位""自动化和人工智能取代几乎所有工作""房地产繁荣与萧条""股市泡沫""杯葛、奸商和邪恶企业""工资—物价螺旋式上升和邪恶工会"等长期经济叙事进行深入分析，从长历史时段探索了多种不同叙事在解释、预测"故事如何迅速传播并推动重大经济事件"上所起到的作用。

自 19 世纪初以来，有关"信心"的一大类叙事影响了经济波动，即人们对银行、商业、彼此以及经济的信心。从经济角度看，这其中重要的故事是那些涉及他人信心和提振公众信心的故事。"金融恐慌"这一词语的使用频率在 1907 年恐慌之后达到峰值，随后美国通过了《奥尔德里奇 - 弗里兰法案》，该法案创建了中央银行的前身——国家货币委员会。之后美国又通过了 1913 年的《联邦储备法案》，美国的中央银行由此成立，其使命是提供"解决商业恐慌的方法"。当时一则很有影响力的叙事讲述的是名人 J.P. 摩根的故事，他被视为美国最富有的人之一。在美国没有设立中央银行的情况下，他在 1907 年大恐慌期间自掏腰包并说服其他银行家一起出手拯救了银行系统。

这个救美国于严重萧条之中的故事确实很有影响力，而 J.P. 摩根的声望也随之上涨。他后来在华尔街 23 号建造了自己的总部办公大楼。大楼于 1913 年竣工，虽然 J.P. 摩根还没有搬进新大楼就去世了，但大楼至今仍屹立原地。它刚好位于纽约证券交易所（1903 年竣工，至今仍在运行）对面，与 1842 年建于邦联议会原址的联邦大厅仅一街之隔。1789 年，乔治·华盛顿在联邦大厅的台阶上宣誓就任美国第一任总统。摩根大楼格外小巧低调，这与他的为公之心可谓相得益彰。因此，J.P. 摩根在叙事中是一位值得效仿的美国英雄的形象。

从本质上说，1907 年大恐慌之后的信心恢复可谓是对一个人的信心。联邦储备系统就是以 J.P. 摩根在 1907 年成立的银行家联盟为蓝本成立的。根据这一叙事，虽然新成立的中央银行是由联邦政府创建的，但确切地说拥有它的却是银行家。自美联储成立以来，每一任美联储主席都化身为 J.P. 摩根，融入这一叙事。

1930 年以后，这一叙事出现了变化，并开始朝着另一个方向传播。商业信心缺乏以及后来的消费者信心缺乏更多的是因为绝望，而不是因为突然出现的担忧。在那个时候，"depression"这个词已经有了另一层含义：一种忧郁或沮丧的心理状态。因此，"depression"被越来越多地用于描述经济收缩，这反映出当时一种新的基于心理状态的经济叙事。

节俭和想要维持简朴生活方式的念头可以追溯到远古时代。古希腊、古罗马以及中国、日本和其他一些国家设有禁奢法，禁止过度炫富。在很多国家中，对炫富予以批判的故事是持续时间最长的长期叙事之一。而与这些节俭叙事相对立的则是炫耀性消费叙事：对于成功的人生，就是要展示自己的成就和权力，以彰显自己的成功。这两则叙事一直水火不容，有些时候节俭朴素略占上风，另一些时候炫耀性消费又反败为胜。两者都是重要的经济叙事，因为它们能够影响人们的消费或储蓄模式，从而影响整体经济状况。

认为水力、风力、马力、蒸汽驱动的新型机器或能够更有效利用人力的新型机器有可能取代工人并导致大规模失业的担忧由来已久。这些反复出现的长期叙事改头换面之后在 20 世纪重新登场，有可能像过去一样成为破坏信心的严重问题。拨号电话带来的失业叙事就是一个显著例子。

较早的电话无法拨号，需要呼叫者拿起话筒并接通电话接线员，接线员会说："请问号码是多少？"呼叫者必须告诉接线员号码才能接通电话。无须接线员的拨号电话并不是在大萧条时期问世的；实际上，拨号电话的第一项专利可追溯到 1892 年。从非拨号电话到拨号电话的转变花费了数十年的时间。但是，大萧条时期兴起了关注电话接线员工作岗位流失的叙事，拨号电话的投入使用过程受到了道德顾虑的阻碍。这种顾虑认为，人们使用拨号电话就是在合谋毁掉一个工作岗位。譬如，1930 年，即大萧条的第一年，位于华盛顿特区的美国参议院用拨号电话取代了非拨号电话。

电话安装好三周后，参议员卡特·格拉斯（Carter Glass）提出了一项议案，要求拆除这些电话并换回旧电话。他的提案最终得到通过，拨号电话被拆除了。如果不是当时美国正在经历高失业率，很难想象这样的议案能够通过。这个故事为一则富有感染力的经济叙事添砖加瓦，而后者又火上浇油般地加剧了大萧条期间总需求萎缩带来的恐惧氛围。机器人（即自动化）夺走工作岗位成了大萧条的主要解释，因此也被视为造成大萧条的主要原因。换言之，失业率的攀升让人觉得，自动化可能又是造成失业的罪魁祸首。这一想法导致了总需求的减少，然后导致了更高的失业率。

一个富人在房子上花了一大笔钱，将之视为财富的象征，但丝毫没有意识到房屋的价值正在升值。房地产叙事，即讲述土地、住房、地段和房屋价值时常大幅增长的故事，是最著名的经济叙事之一。2007—2009年扰乱了全球经济的大衰退就是其影响力的一个明证。宣扬住房价值的夸张言论起到了给大衰退火上浇油的作用。

房地产叙事有着悠久的历史。从古时候到工业革命，房地产话题讨论的一直是农场价格。到了现代，人们的注意力先是转向那些讲述适合建造房屋的城市空置地段的故事，然后又转向都市地区的真实房屋。这些变化只是土地稀缺及土地价值长期叙事的变体而已。

股市泡沫叙事讲述的是刺激和冒险故事，以及比较富有的人买卖证券的故事。最常见的股市泡沫叙事莫过于1929年大衰退之前的疯狂，而这种股疯又体现在人人都在推荐股票，甚至华尔街大亨坐在街头擦皮鞋，而擦皮鞋的鞋童也在忙着向他推荐股票。思想敏锐的大亨立马意识到，当街头的小人物也在大肆谈论股票之时，泡沫大概是到了快破的时候，赶紧清仓，在最高点卖出了股票，在股灾之前全身而退。类似股市泡沫叙事在历史上不断被重复。

对企业的愤怒会随着时间变化。当消费品价格大幅上涨时，人们可能就会开始觉得企业是邪恶的。叙事将价格上涨归咎于企业的盛气凌人；在通胀结束之后，如果公众认为价格仍然过高的话，那公众的愤怒就有可能会持续下去。愤怒也有可能在企业削减工资的时候被激化。这种愤怒既有可能导致有组织的"杯葛"（即抵制）活动，也有可能导致民众自发地将消费推迟至价格降低之后。在这种情况下，人们会从道德层面审视自己的支出决定，而不仅仅只是为了满足自身需求。愤怒叙事也可能会有一些自私自利的想法，比如将消费推迟至价格下降之后。由此，我们可以清楚地看到这类愤怒叙事在重大经济事件中的影响，如 19 世纪 90 年代的萧条、1920—1921 年的萧条、1929—1933 年的大萧条、1974—1975 年的衰退、2007—2009 年的大衰退。现如今我们偶尔会瞥见这样的愤怒，在将来也许会看到它再次崛起。

工资—物价螺旋式上升叙事在 20 世纪中叶盛行于美国和其他很多国家。它描述了一场由强大工会领导的工人运动，这场运动要求提高工资，管理层的应对之道是推高出售给消费者的最终商品的价格，这样他们的利润就不会受损。随后，劳工以物价上涨为由，要求进一步提高工资。这一过程循环反复，导致通胀失去控制。因此，人们将通胀同时归咎于劳方和资方，有些人可能还会将之归咎于任由通胀加剧的货币政策部门。这则叙事与"成本推动型通胀"一词相关，在这个术语里，成本是指劳动力成本和生产投入。它与另一则流行叙事即"需求拉动型通胀"形成了对比，后者认为通胀的原因是消费者的需求量大于生产能力。

人们对"经济力量"的看法往往是由叙事驱动的。这些长期的经济叙事，让人们得以一窥那些推动经济繁荣与萧条的叙事力量。所有的叙事都有自己的内在动力，而这种"力量"很可能是短暂的。由于 2007—2009 年的大衰退，我们既看到了信心的迅速下降，也看到了 1929 年股市崩盘叙事的回归。同样的情况可能会因为叙事的微调或环境的变化迅速再现。

从中人们或许可以学到一条宝贵的经验，那就是叙事图景的极端复杂性。没有哪一个单项民意指数，如消费者信心指数，可以概括经济的"力量"。用生物学做一个类比的话，在各种时期登上舞台的各种叙事都有很多细胞受体和信号分子。现代通信手段意味着新的不同种类的流行成为可能，经济预测需要密切关注多种不同的叙事。

一颗"看不见的心"

> 她睁大一双绝望的眼睛，观看她生活的寂寞。她像沉了船的水手一样，在雾蒙蒙的天边，遥遥寻找白帆的踪影。
>
> ——法国批判现实主义小说家福楼拜

"我们有指望吃上一顿晚餐，并不是因为肉贩、酿酒师或面包师大发慈悲，而是因为他们关心自己的利益。"1776年，现代经济学之父亚当·斯密（Adam Smith）写下这一句名言，形成了现代人对经济的耐人寻味的理解。

亚当·斯密希望说明的是，肉贩努力工作、面包师精心做面包、酿酒师认真酿酒，并不是因为他们心肠好、想为别人创造幸福生活，而是为了赚取利润。面包和啤酒做得好，大家就会去买，这才是面包师和酿酒师生产及销售产品的理由，至于人们是不是吃到好吃的面包、喝到美味的啤酒，这些并不是驱动的力量。"趋利的本性"才是促进社会经济发展源源不断的动力。亚当·斯密坚持道，当所有人都自私地做出行为时，市场将会是一幅协调搭配的优美景象，犹如有一只"看不见的手"（invisible hand）在操纵它。

针对经济学的基本问题，《瑞典晚报》（Aftonbladet）总主笔凯特琳·马歇尔（Katrine Marçal）宣称：亚当·斯密只成功回答了一半。为此，她还专门撰写了一本名为《谁煮了亚当·斯密的晚餐：女性与经济学的故事》（Who Cooked Adam Smith's Dinner : A Story about Women and Economics）

的专著，对传统经济学使用单一"经济人"假设解释社会经济发展提出质疑，并从亚当·斯密的餐桌开始，讲述"经济人"诞生的故事，追溯"经济人"的神话，回顾"经济人"在 2008 年全球金融危机事件中所扮演的角色。通过这一过程，马歇尔描绘出一个崭新的、更有包容性的"现代经济人"（包含女性特质），尝试去弥补"经济人"（男性特质）的不足，进而提供了看待和解决社会问题的新视角。

被忽略的"非市场"工作

在标准经济学理论里，"经济人"是没有情绪的，从来都与"帮助""体贴""依赖"这些特质无关。于是，经济学变成了一套"少用到爱"的科学，让整个社会关联成一体的是自利。和亚当·斯密一样，"宏观经济学之父"凯恩斯也认为"爱"很稀有，自利才是驱动经济这列火车不断向前奔驰的火车头。贫穷的压力使得经济发展必须往前冲，百合花、灵魂价值以及其他的一切都可以等待，满足物质需求才是首要大事。连圣雄甘地都说："世界上还有很多人挨饿忍饥，除了化身面包，上帝无法以任何形式出现。"当有人说"像经济学家一样思考"时，指的正是"人们去做某些事是因为对自己有利"。

亚当·斯密终身未婚，一生与母亲相依为命。当亚当·斯密受命担任爱丁堡的海关专员时，母亲也随他一同前往。她的一生都在照料儿子。母亲除了照顾其起居外，每日还为其准备晚餐。她的行为并不是出于"利益"，而是因为"爱"。毋庸置疑，亚当·斯密母亲的行为应纳入促进社会经济发展的范畴之中。时至今日，母亲照顾孩子、清洁和烹饪等工作，也未被看作是社会经济发展的动力。

　　一个每天早上都要走上 15 千米去替家人收集柴火的 11 岁小女孩，毫无疑问是国家经济发展中极重要的一环。但没有人认可她的工作，经济统计数据里看不见这个女孩，计算或衡量一国经济活动总量的国内生产总值（GDP）时，也不会算到她。她所做的一切，不会有人认为对经济体很重要，或者对经济成长很重要。生儿育女、整理花园、帮弟妹们做饭、替家里的牛挤奶、为亲戚缝制衣裳；或者照顾亚当·斯密，让他有时间写作《国富论》，这一切工作在标准经济学模型里都不算是"经济性活动"。

　　马歇尔认为，亚当·斯密忽略了经济原则构架中一个重要的动因：那个把肉、啤酒和面包变成"真正"晚餐的人。作为一个富裕的、没有结婚的男人，亚当·斯密当时也许能依赖着"市场"来获得时不时的烹饪服务。但一块肉不会魔法般地变成晚餐。这个过程要求大量的劳力和专业技能。

　　这样一份"非市场"的工作，还有做这份工作的不成比例的女性人群，并没有被算在亚当·斯密的经济计算之内。关于"我们如何吃到晚餐"这个问题，亚当·斯密的母亲正是他答案中的一部分，显然是被其忽略掉了。

　　如果没有妇女赶早出门买菜做饭，农贸业的经济链条是无法完成的。但妇女花在路上和家中的时间和精力成本都没有被算入，只是简单被当作是"自然资源"而已。在西方世界，女性每天 2/3 以上的时间要花在无薪的家务工作上，男性则为 1/4。如果是农业为主的发展中国家，男女的差距更大。尼泊尔女性每星期比男性多花 21 小时在家务上，印度则多 11 小时。在亚洲与非洲的某些地区，男性通常前往城市打工，女性则留在老家。她们不得不在没有男人与政府支持的情况下，负担起工作、家务和耕种三副重担。

　　如果经济学是一门关于自利的科学，那么女性的位置何在？在众多经济学家的眼中，女性一直被看作是照顾者的角色，要仁爱和善良。一旦女性表现出贪婪自私的迹象，都常被当作是"危险的征兆"。马歇尔由此认定：在"看不见的手"难以触及之处，是"看不见的性别"。标准经济学理论里的"经济人"，事实上指的是"经济男人"，即便当代的职业女性也是被"要求成为男人"。

有一些经济学家甚至开玩笑说，若一个男性娶了他的保姆，就会使得该国的国内生产总值下降，因为妻子的工作不再被计入；反之，如果他把年老的母亲送到养老院，因为支出被计入国内生产总值，等于促进了经济增长。这个笑话除了把经济学家的性别角色认知暴露无遗之外，也说明了同样的工作在什么条件下能计入国内生产总值，在什么条件下又不能计入。

如果我们想得知经济体的全貌，就不能忽视一半人口花一半时间去做的那些工作。在马歇尔看来，社会经济要想蓬勃发展，必须具备人、知识和信任，而这些资源大部分来自无薪的家务工作。当经济学家假定所有人都是"经济人"时，经济体中的很多"非市场"工作就被忽略了。而在这个过程中，被忽略的恰巧又是女性。由此，马歇尔强烈呼吁：经济学家们既然认准了"经济人"特征的普遍性，那就必须把女性也当成"经济人"，并把她们纳入模型之中。

有爱的经济活动

亚当·斯密希望把爱收起来，放进罐子里封存。而不少经济学家则在罐子上贴上标签，注明这是"女性"，罐子里的东西不能和其他东西混在一起，必须分别存放。这个被"另存"的东西，被视为对社会整体毫无重要性，且完全自成一体。这个东西，根本不属于经济范畴，最多算是一种

"其他经济"，或是一种不会枯竭的天然资源罢了。

后来芝加哥学派的经济学家甚至这样总结：我们不能说这个"其他经济"不属于经济学，更适当的说法是，所谓的"其他经济"根本就不存在，我们完全可以用市场逻辑来经营家庭和婚姻，也做得一样好。或者说，市场就是唯一的存在。

自利之于社会，有如重力之于自然。亚当·斯密的经济学原则诞生于牛顿物理学之后，其力求在经济生活中找到万有引力一般的真理。物理学继续向前走了，可经济学却一直在牛顿的天空里。现代物理学之父爱因斯坦在谈到他的研究时曾说："我真正感兴趣的是，上帝在创造世界时是否有任何选择？"换句话说，我们总应该思索另一种可能。

回归当下，我们有方法改变现有的经济模式和它可能带来的危机吗？马歇尔专门援引美国女性主义经济学教授南希·佛伯尔（Nancy Folbre）经常讲述的一个古老故事对该问题进行了生动而又形象的解读。

在古时，女神们决定举办一次国家间的比赛，有点类似当今的奥运会，但又不像赛跑那样——同时出发，谁先到终点就可以赢得奖牌。女神的竞赛是以整个国家为单位，看哪一个国家最终可以整体到达终点。发令枪响起，几个国家一起出发，一号国家很快冲到了最前面。

一号国家鼓励每一位国民都全力奔跑，以最快速度冲向未知的终点线——显然他们假设距离不会太长。他们一开始跑得非常快，但没过多久小孩和老人就跑不动了、落后了，没有人停下来提供帮助，跑在前面的人因为大幅领先对手而乐昏了头，不愿意浪费时间来为别人提供帮助。但是，随着比赛的持续，连跑在最前面的人也开始累了，慢慢地，越来越多的人疲倦不堪甚至伤痛累累，不过此时也没有人能为他们提供帮助了。

二号国家的策略完全相反。这个国家让男性打前锋尽量往前冲，女性殿后负责照顾孩子和老人。这意味着男性们可以跑得飞快，当他们疲惫时，女性们会做好后勤工作，随时可以助他们一臂之力。一开始这个系统非常完美，运转顺畅，但很快冲突就开始影响系统的正常运转。男性们认为他们为比赛做出的贡献更大，但女性们认为她们的付出至少和男性一样重要，如果不用照顾孩子和老人，她们至少可以跑得和男性一样快，男性们当然拒绝接受这种说法。于是，这套原本看来极具竞争优势的策略也失去了动力，二号国家的男人和女人把越来越多的精力花在了冲突、谈判和斗争上。

女神们把目光转向三号国家。这个国家的速度相对慢些，但众女神发现这个国家的前进速度比其他国家更稳定。这个国家要求每一个人都要跑，但也要照顾能力弱的人。国家既鼓励男性领跑，也鼓励女性领跑，同时每个人也都要兼顾照料老幼的责任。跑步的速度和其他的努力都会被认为是有价值的贡献，这样的策略使得全体人民团结一心。这个国家最终赢得了比赛。

这未免是个过于理想的故事。但它至少告诉我们，人的动机向来是复杂的。我们没有必要把爱心和钱，男人和女人作为水火不容的事物。经济学也许可以试图把"有爱的经济活动"纳入严肃的经济范畴，把女人看作是平等的经济主体。

多年前，加拿大经济学家曾尝试着计算女性无薪工作的价值，依据他们的结论，无薪工作的价值量相当于国内生产总值的 30.6% ~ 41.4%。前一个数字的计算，是用有薪工作来取代无薪工作所需的成本；后一个数字的计算，则是雇用其他人做家务工作的薪资。不管用什么方法，算出来的数字都很大。

一位菲律宾用人在中国香港的薪资，相当于菲律宾郊区医生的收入；在意大利工作的海外保姆，赚到的薪水比在自己国家高了 7 ~ 15 倍。在很多国家，女性通过打工寄回家的货币金额，超过了该国收到的国际援助与海外投资的总和。以菲律宾来说，该国女性海外打工收入占其国内生产总值的 10%。

人们都希望在工作上得到赏识、受到重视和获得支持，金钱是其中一种表现方式。毕竟大家都需要钱，没有人希望被剥削，女性亦然。重要的是，当一件事和钱有关时，不见得就一定要和自私画上等号。诚如马歇尔所期待的那样："那些照顾孩子的妈妈，自己要有一个独立的身份认同，不可因照顾孩子或家庭而失去自我，也不要认为自己人生的全部价值就是被他人所需要。在努力做好工作的同时，让彼此的依赖关系更为健康，这是非常重要的挑战，决定了很多人的人生与社会角色。"

别扼杀了真正的良好动机

标准经济学理论认为，每个人都是自私的，并会对不同诱因给予相应反馈。比如训练狗，如果你要求狗坐下，它照办后就要给奖励。奖励是一种诱因，狗坐下则是对诱因的反应。经济人也会响应诱因，经济人就像一台超光速计算机能够迅速计算出他在各种情况下的得失。

从经济诱因角度出发，自由放任学派甚至认为自由放任是亚当·斯密的"看不见的手"理念的最极致体现，尽管亚当·斯密本人并未拥护自由放任的政治理念，甚至可以说他几乎不支持这一理念，但还是有不少人这样诠释他的理念。

最纯粹的新自由主义希望限制政府扮演的角色，政府只需要做好以下工作：货币发行，国家安全，军队、警察和司法系统的正常运行。政府和政治的作用，是构建和维系私有企业、自由市场与自由贸易可以良好运转的明晰架构，除此之外，没有其他的功效。但仍旧存在一些尚未构建出市场的领域，比如土地、公共资源、护理和养老、环境保护和教育，在这些领域，政府必须介入其中并创造出市场，进行私有化和民营化、分拆并建立起类似市场的关系，一切都应该可以进行交易和买卖。只有所有领域市场化之后，人类社会才能顺利运行。

在马歇尔看来，在设定诱因时，我们通常会去找最容易衡量的因素，然后简化成指标指向希望强化的部分。在标准化测验中得高分是衡量学生知识的指标，就像股价是衡量企业表现的指标一样。但通常会发生这样的情况：人们会围绕着诱因打转。老师开始教授学生如何在考试中得高分，而不是传授知识。总经理开始做出一些短期内能推升股票的决策，而不是不断提升公司的核心竞争能力。

一个世纪之前，越南首都河内暴发黑死病。为了抑制疾病的蔓延，市政府聘用了捕鼠人杀老鼠，尤其是杀死下水道里的老鼠。尽管捕鼠人非常忙碌，但老鼠的繁殖速度远比捕杀速度更快，虽然每天都杀掉几千只，但老鼠的数目看起来并没有减少。于是，当时的法国殖民政府要求公众协助捕鼠并给予奖励，每交一条鼠尾给当局，就可以得到奖赏。一开始，这套方案看似很成功，每天上交的鼠尾有几千条，但很快当局便怀疑其中有诈，因为街头到处都是没有尾巴的活鼠，有人甚至开始饲养老鼠，唯一的目的就是割下鼠尾以获得当局的奖赏。河内的捕鼠方案随即被终止。

很多问题的症结就在于你只能按照付出获取回报，而且结果一定不会超出预期——就像越南河内的故事，付钱买鼠尾，得到的就是鼠尾。

以色列的一家幼儿园有一个令人头痛的问题：忙于工作的家长们总是没办法准时下班来接小孩，于是幼儿园的员工只能天天加班。于是有两位经济学家对这一问题进行了研究。为了让家长早点接孩子回家，幼儿园决定对迟到的家长实施超时付费制度，太晚来接孩子的家长必须缴纳超时费。但这一措施却导致家长更晚才接孩子。为何会发生这样的情况呢？

当幼儿园决定实施超时费措施时，他们犯了一个错误，准时接孩子本是家长应尽的责任，家长们很清楚如果没有在下午五点前接走孩子，就会给幼儿园的工作人员造成麻烦。但超时付费实际上等于给晚接孩子这件事做了定价。而一旦某件事有了价格，而你又付得起的话，你就可以做出"正确"的选择。于是，家长开始把超时付费当成幼儿园提供额外服务的费用，幼儿园这一错误的严重之处是改变了家长和幼儿园员工之间的关系，甚至家长们连道德上的约束都没有了。

通过一个个案例进行横向对比研究，马歇尔发现：人做事不能过于关注金钱，一旦你把重点放在了钱上，不同情境的参数和要素就随之发生了改变。

当然，经济诱因的问题不是它们没用，而是即使发挥了作用，常常也会改变了情境的本质。比如慈善机构在印度郊区提供免费疫苗时，尽管是免费，但仍然有 80% 的印度孩童没有注射疫苗。为了让更多的孩子注射疫苗，慈善机构开始采用诱因。他们发现最有效的方法就是给注射疫苗的人提供免费的炖扁豆，那些以前不给孩子接种疫苗的家长，现在都来了，接种疫苗的比例随即大幅提高。

这个案例说明，在很多情况下，经济诱因效果极强。然而，人并不是只知道不断追逐奖惩、一举一动都为了诱因的独立行为者，这个世界并非一切都仅仅基于经济上的算计。不过，如果你引进经济诱因，就存在着与以色列幼儿园一样的风险，整个情境的本质被改变，所有的核心要素也完全被重新定义。瑞士储存核废料的问卷调查也是一个典型案例。

瑞士在举行一项关于是否储存核废料的全民投票之前，先做了一个经济研究，科学家想知道人们如何看待这个议题。他们带着问卷，逐户拜访居民，对于能否接受在自己住宅附近设置核废料场的问题，一半受访者的回答是可以接受。人们当然明白核废料场很危险，而这样的设施必定会让他们的住宅贬值，这些都是人们不喜欢的。但如此一来，核废料场就要迁往他处。所以，很多人觉得如果政府希望设在此地，他们就有责任接纳，他们把这个选择看作是瑞士公民的责任。

把问题改变一下，当人们被问到，如果每年可以得到一笔相当大的补偿金（相当于一般劳动者 6 周的收入），他们是否愿意接受设置核废料场，这时候愿意接受的人只剩下 25% 了。研究表明，人们希望成为好公民，但一旦涉及补偿，人们思考的就成了另一回事了。金钱（经济）诱因扼杀了真正的良好动机。

在马歇尔看来，人们加入经济诱因的初衷是相信经济力量是唯一影响人类行为的驱动因素，但随后人们发现很多其他驱动因素被驱逐出场。经济诱因闯入情境的同时，赶走了道德、责任、爱心、情绪与文化上的诸多因素，而这些因素其实对于经济体的功能产生和发展过程，都曾产生过极为重要的作用。如果从这一角度来看，市场的问题就不是原理难以理解那么简单了，而是会动摇这个社会最重要的那些基础要素。基于此，马歇尔不忘告诫世人："维系一个社会良好运行的基础并不只是那双'看不见的手'，还存在着一颗'看不见的心'。"

幼儿园小朋友完胜商学院学生

在人的肉体与幻想允许的范围内，获得最大限度的真诚和信任，以及对所有的一切尽可能长久的保证。

——澳大利亚首位诺贝尔文学奖得主帕特里克·怀特

"休斯顿，我们有麻烦了。"这是由朗·霍华德执导的电影《阿波罗 13 号》中的一句名言。在电影中，阿波罗号登月途中，飞船的一个氧气箱突然爆炸，机组人员的生命岌岌可危。NASA（美国国家航空航天局）的一批工程师被紧急召集起来。他们的任务是确保机组人员的生命安全，并让他们把损坏的飞船开回地球。工程师们最终成功了，他们把一场可能的灾难转变为一段团队高效合作的"传奇"。

人类的历史，实际上就是人们组成团队一起探索、成功和征服的历史进程。当今世界，受全球化和新技术的推动，团队显得更为重要。然而，团队并不总是扮演英雄的角色。在一些公司，企业运转完全失灵，员工整日怨声载道，恨不得立刻辞职；而在有些团队，每个人都合作无间，朝着共同的目标努力。美国职业棒球大联盟克利夫兰印第安人队特别顾问、畅销书《一万小时天才理论》作者丹尼尔·科伊尔（Daniel Coyle）在他的专著《极度成功：打造高绩效团队》（*The Culture Code: The Secrets of Highly Successful Groups*）揭示了成功团队是如何工作的、团队"完全失灵"或"合作无间"的内在密码是什么，并探索具有超强创新能力与问题解决能力的团队是如何不断超越自我、一步步突破走向成功的。

有趣的"意面棉花糖塔挑战"实验

考虑到团队工作的集体性，社会给予个人的关注显然太多了。学校把孩子作为个体来教育，公司把员工作为个体来雇佣、培训并付给他们薪酬。很多公司的普遍做法是，把不同的个体安排在一个团队里，却几乎不考虑这个团队的组成、训练、发展以及领导，却还十分肯定地认为这个团队会有效率并且会获得成功。

为什么有些团队整体效能大于各部分的总和，而有些团队整体效能却小于各部分的总和？为了回答这一问题，工业设计师彼得·斯基尔曼（Peter Skillman）几年前曾设计了一项名为"意面棉花糖塔挑战"的有趣实验。

斯基尔曼在几个月的时间里，从斯坦福大学、加利福尼亚大学、东京大学等知名院校里召集了一群商学院学生组成若干个 4 人小组，让每个小组比赛，使用 4 种材料（20 根未煮过的意大利面、1 米长的透明胶带、1 米长的细线和 1 颗标准大小的棉花糖）搭建一座塔，能搭多高就搭多高。

比赛的规则只有一条：搭建结束时，棉花糖必须放在塔的顶端。然而，这项实验最吸引人的地方不是要完成的任务本身，而是实验的参与者：有些团队是由商学院学生组成的，有些团队则是由幼儿园小朋友组成的。

商学院学生立刻开工，从战略角度进行思考和探讨，审视手头的材料，掂量各种想法并提出深思熟虑、富有见地的各种意见。他们想出了好几个方案，并对最有可能成功的那个进行打磨，整个过程体现出了专业、理性和明智。在形成了一个细节完善的方案后，他们分派任务开始搭建。

幼儿园小朋友则采取了一种不同的方式。他们没有进行战略规划，没有分析或分享各自的经验，也没有提意见或做方案。实际上，他们几乎没做任何讨论。他们只是挤在一起，相互间的互动既不顺畅也没有条理。他们会突然从对方手里一把抓过材料就开始搭建，根本不遵循什么计划、战略或头脑风暴。他们的交流总是简短有力："这儿！不，是这儿！"他们的全部技巧或许可以被描述为大伙儿一起尝试使用各种办法。

倘若让大家赌哪个团队最终会赢，那绝不是什么难事儿。多半人会赌商学院学生赢，毕竟他们具备出色完成任务所需的才智、技能和经验。人们通常都是这样考虑团队绩效的。假定技能娴熟的个体联合起来将产生高绩效，就像人们假定"2 加 2 远大于 4"。

在几十次实验中，幼儿园小朋友们搭建的意面棉花糖塔平均高度达到66 厘米，而商学院学生搭建的平均高度则不到 25 厘米。

这一实验结果颇为让人费解，因为它就像一种错觉。一方面，人们看到的是精明强干、经验丰富的商学院学生，很难相信他们联合起来的绩效会如此低；另一方面，人们看到的是心思简单、经验不足的幼儿园小朋友，很难相信他们联合起来的绩效会最终完胜商学院学生。然而，这种错觉，亦如所有错觉，它们的产生就是因为人们的本能引导关注错误的细节——个体技能。然而，个体技能在这里并不重要，重要的是个体之间的互动。

在《极度成功：打造高绩效团队》中，科伊尔援引这个例子是想形象地说明：商学院学生看上去是在合作，但其实他们是忙于一个被心理学家称为"身份管理"（status management）的过程，即弄清楚自己在整个群体中的地位：谁是领导者，可以批评其他人的想法吗，这里的规则是什么。他们之间的互动看上去挺顺畅的，但其实他们的行为却隐含着犹豫、无效率及微妙的竞争。他们的心思没有放在任务本身，而是在揣摩彼此的意图；他们把太多时间花在了"身份管理"上，以至于未能抓住问题的本质，即棉花糖相对较重，意面很难固定。结果，他们搭建的塔经常坍塌，时间还往往不够用。

幼儿园小朋友的行动从表面上看似乎没有任何章法，但是当你把他们看成一个整体时，他们的行为既有效率，也有效果。他们没有为身份竞争，而是活力满满地并肩作战。他们迅速地行动、不断地发现问题并为彼此提供帮助；他们敢于尝试、敢于冒险，并留心结果，这些做法帮他们找到了有效的解决方案。

在科伊尔看来，幼儿园小朋友之所以能够取得成功，不是因为他们比商学院学生更聪明，而是因为他们合作的方式更聪明。他们采用了一种简单而有效的方法，借助这种方法，一群普通人整体创造出的绩效远远大于他们各自绩效的总和。

哈佛大学曾做过一个研究，跟踪不同的团队，结果发现，类似幼儿园小朋友的"高合作文化"团队 10 年内取得的净收益是普通团队的 765%。澳大利亚新南威尔士大学的研究团队发现，团队中负面角色的行为能够令团队绩效降低 30% ~ 40%。

幼儿园小朋友所采用的方法是如何发挥作用的？从社交信号的角度出发，科伊尔用 4 年的时间，走访并研究了世界上几个最成功的团队，其中包括一支特种作战部队、一所位于低收入城区的学校、一支职业棒球队、一家电影公司、一个喜剧剧团、一伙珠宝大盗。科伊尔发现这些团队的文化都是由一套信号系统塑造的。这些信号通过挖掘社会脑的力量来产生互动，完全就像幼儿园小朋友搭建"意面棉花糖挑战塔"时所使用的。

这些信号构成了《极度成功：打造高绩效团队》的基本框架：一是"创造安全感"，探索的是归属信号如何缔造出归属和认同的纽带；二是"提升合作性"，说明的是脆弱信号如何驱动相互信任的合作；三是"推动自组织"，讲述的是如何通过目标信号传递共同的目标和价值观。这三种信号自下而上发挥作用，帮助人们建立起团队联系，并把这种联系转化为真正的行动。

科伊尔曾使用书中的方法指导一支学生团队参加作文竞赛，学生们都取得了突破性的进步，证明了这一套方法不仅可以拿来即用，而且适合各种类型的团队，能够快速提升团队的凝聚力与战斗力。

营造充满安全感的氛围

在科伊尔的研究体系中，"归属信号"是在群体里创建安全联系的行为，包括空间距离、目光接触、能量、模仿、话轮转换、注意力、肢体语言、音调、强调的连贯性，以及小组成员彼此之间是否有交流。与其他语言一样，归属信号是由社会关系中稳定的互动脉冲流构成的，不能被压缩到一个孤立的时刻。它们的功能就是回答闪现在人类大脑中那些古老而永恒的问题：我们在此安全吗？我们与这些人在一起会发生什么？有任何潜藏的危险吗？这一系列的状况也叫作"心理安全"。

一项叫"你愿意把手机借给陌生人使用吗？"实验包括两个场景和一个问题。

场景 1：现在正在下雨，你在车站等车，一个陌生人朝你走来并且礼貌地说："我能借用一下您的手机吗？"

场景 2：现在正在下雨，你在车站等车，一个陌生人朝你走来并且礼貌地说："真是的，这雨下得！我能借用一下您的手机吗？"

问题：你更有可能答应哪一位陌生人的请求？

哈佛大学商学院教授艾莉森·伍德·布鲁克斯（Alison Wood Brooks）多次做这个实验发现：第二个场景的响应率激增了 422%。"真是的，这雨下得！"这几个字传递了一个准确无误的信号：这是一个安全连接的场合。所以，你会不假思索地把手机递过去，建立一种连接。

与"你愿意把手机借给陌生人使用吗？"实验相映成趣，为解决员工离职率高的问题，全球知名企业威普罗公司在研究人员的帮助下设计了一个实验。除了通常的对照组之外，公司将数百名新入职的员工分成了两组。

第一组除了接受标准培训之外又额外增加了一个小时来强化对威普罗公司的认同感。这些员工了解了公司的成功故事、见到了明星员工并回答了与对公司第一印象有关的问题。一小时结束之后，每个人都得到了一件绣着公司名字的运动衫。

第二组也接受了标准培训以及额外一小时的强化，不过不是关于公司的而是关于员工自身的。他们要回答诸如"你身上有哪些独到之处使你在生活中最快乐、工作上最高效"之类的问题。在一个简短的练习中，他们被要求设想一下在大海上迷失方向并考虑应对这一情境所需的特殊技能。一小时结束之后，每个人都得到了一件绣着公司名字以及他们各自名字的运动衫。

7个月之后，数据出来了。第二组受训者继续留在威普罗公司工作的可能性比第一组受训者高出 250%，比对照组受训者高出 157%。一小时的培训改变了第二组所有成员与公司的关系，他们从对公司没有承诺感上升到了有强烈的参与感。原因何在呢？

科伊尔对比分析发现：答案就是归属信号。第一组受训者没有接收到缩短他们与公司之间距离的任何信号。他们收到的都是关于威普罗公司以及明星员工的信息，还有一件漂亮的公司运动衫，但是这些都没有改变他们与公司之间的根本距离。

与此相反，第二组受训者接收到了一系列个体化的、未来导向的、激活杏仁体的归属信号。这些信号都是很小的：问他们工作时的最佳状态，一项能展现他们技能的练习，一件绣着他们名字的运动衫。这些信号传递起来并不花费多少时间，但是却产生了巨大影响，因为它们奠定了心理安全感的基础，这种心理安全感构筑了联系与认同。

科伊尔由此认定：如果你想要打造一支高绩效团队，就一定要在内部营造一种充满安全感的氛围。这里的"安全感"指的是一个人可以放心大胆地创新、提出对上级的反对意见、冒一些风险甚至犯错。那么，到底要怎么做呢？具体来说，你需要频繁地向团队成员发送"归属信号"。著名篮球教练波波维奇，就非常善于释放这种归属信号。

在波波维奇执教马刺队的生涯里，这支队伍一共5次夺得NBA篮球联赛的总冠军。跟其他明星球队比起来，马刺队队员的水平其实没有那么强，他们能够以弱胜强的关键，就在于教练波波维奇独特的领导方式。其他教练要么习惯训斥队员，要么习惯讨好队员，而波波维奇只是一遍又一遍地向队员传递两个信号：第一，"我实话实说，不绕弯子"；第二，"我真诚爱你，直到永远"。

波波维奇非常擅长在团队内营造安全感，但他并不是那种"老好人"的性格。很多人把他比作是一只斗牛犬，点火就着。只不过，他并不是胡乱骂人，而是就事论事，直接指出队员们哪里做得好，哪里做得不好。大家都能意识到，他所做的一切，都是为了帮助队员们提升自己的篮球水平。

在人类历史的绝大部分时期，保持距离是一种归属信号，毕竟我们只有感到安全时才会彼此接近。一项研究发现，共享同一工作地点的员工互发电子邮件的次数是那些不在同一个地点的员工的4倍，并且他们完成任务的速度也快了32%。很显然，归属感和亲密感有助于提高联系的效率。

袒露"脆弱性"搭建共享思维模式

在传统团队文化里，成员不能犯错，领导者掌握所有答案，但这样只能解决简单的问题。当团队面对危机时往往会出现四种状态：一种是指责，一种是自负，一种是孤立，一种是学习。科伊尔认为，当世界日趋复杂、发展越来越快时，就需要通过组织实现知识的普及，让大家共担风险才能越来越好。要做到这一点，主动表达脆弱性就是一个好办法，在某些极端的情况下，展现脆弱性甚至能够救命。

科伊尔在《极度成功：打造高绩效团队》中讲到了一个惊心动魄的"奇迹迫降"故事。一架搭载着两百多名乘客的飞机，有机长和副机长两位飞行员。飞机尾部的一台发动机突然发生了爆炸，没法直线飞行，只能向右偏转着飞；而且飞机起落架和刹车也出了问题，没法正常降落。这意味着飞机只能在天空中原地打转，直到燃料耗尽坠毁。

这种情况发生的概率极低，大约只有十亿分之一，飞行操作手册上完全没有相关的应对方法。而且，在事后复盘的时候，经验丰富的飞行员在模拟器中再现了这架飞机的失控场景，一共模拟了 28 次，每次的结果都是飞机坠毁。

那在事故发生的时候，机长到底做了什么，才拯救了这架飞机呢？你可能会认为，机长应该勇挑重担，沉着冷静地指挥机组成员，告诉其他人该怎么办。实际上，事故刚发生的时候，他下意识地握紧了操作杆，对副机长说自己已经控制住了飞机。

但是很快，他就意识到自己一个人是不行的，他马上告诉大家，自己控制不了飞机，向机组成员和乘客们及时说明了情况。巧合的是，乘客当中有一位经验丰富的飞行教官，他自告奋勇来到驾驶室，希望能够提供帮助。

不过他们面对的情况实在是太困难了，三位飞行员都不知道该怎么办才好。他们一起开动脑筋商量，机长甚至主动让那位飞行教官坐到了自己的操作席上。

他们一起绞尽脑汁，想出了各种操作手册上没有的办法：飞机一直向右偏转，他们就加大右侧发动机的推力，减小左侧发动机的推力，让飞机重新能够向前直线飞行；液压装置坏了，起落架放不下来，他们就解除起落架的锁定装置，让起落架顺着重力下落；再比如，刹车系统坏了，他们就直接迫降……总之，最终飞机成功着陆，挽救了机上乘客的生命。

为什么这三名飞行员能够创造奇迹呢？正是因为他们通过表达脆弱性，向团队成员传递了一个非常清晰的信号。那就是：自己非常需要帮助。这种求助让所有人能够减轻顾虑，最大限度地发挥出自己的潜力。

试想一下，如果在危急时刻，机长或者飞行教官强硬地要求其他人必须听自己的，那么后果一定是不堪设想的。除了飞机迫降这种极端情况之外，在日常的工作当中，要如何更好地主动表达脆弱性，促进团队成员之间的合作呢？

科伊尔认为，可以通过建立"脆弱环"的方式实现合作。具体过程是这样的：你发出一个脆弱信号，对方收到之后再反馈给你一个脆弱信号，你收到他的信号之后，你们之间就会建立起一种反馈，增加彼此的亲近和信任。

科伊尔深入研究还发现，在好的团队中，成员们会分享信息、袒露真实情况。海豹突击队里有一位名叫戴夫·库珀（Dave Cooper）的指挥官，他曾说过："一个长官最重要的四字真言就是'我搞砸了'（I screwed that up）。"这么说是因为军队里等级意识根深蒂固，领导者袒露自己的弱点，会鼓励其他成员也开诚布公。

海豹突击队甚至把袒露自己的"薄弱点"（也即表达脆弱性）变成了

一个日常习惯,他们把这叫作"行动后回顾"(After-Action Reviews,简称AAR),用互联网语言来说又叫"复盘"。每次行动或者训练之后他们都会停下来、圈重点,回答四个问题:我们在哪儿失败了?我们每个人做了什么?我们为什么那样做?下一次我们将做出怎样的改变?

科伊尔认为,类似海豹突击队"行动后回顾"(复盘)方式,这是一个集体能在一起做的最重要的事情之一。绝大多数团队不能获得很好的反馈,要么是有人刻意隐藏事实,要么就是不能在重大问题和信息上展开坦诚交流,"行动后回顾"像一台信息处理器,帮助人们在面对需要共同解决的问题时,搭建起共享思维模式,帮助团队应对未来的挑战。

在传统的团队文化里,人们习惯把脆弱性隐藏起来,他们宁可自己一个人死撑,也不愿意向其他人求助。这种心态是很危险的,因为一个团队往往是"一荣俱荣、一损俱损"。一个人的失败,并不只是简单地让团队的绩效降低一点,有的时候甚至可能导致整个系统的崩溃。

表达脆弱性并不是无病呻吟,而是承认事实,表达真实感受,立足当下。2020 年初,西贝集团董事长贾国龙发了一封公开信,说由于疫情的影响,西贝有可能扛不过 3 个月。贾国龙当时既是在表达脆弱性,也是在承认事实。这也正是一个企业家成熟的地方,打落牙往肚子里吞,有勇气,但过于悲壮。

科伊尔由此不忘提醒人们:很多时候,虽然你的团队伙伴不会主动求助,但是他的一举一动,却可能已经包含了某种脆弱信号。你要做的,就是敏锐地捕捉到这些信号,然后主动给他提供帮助。这种"润物细无声"的方式,既能悄悄地解决问题,又能保全对方的面子。

实际上,团队聚在一起展开"行动后回顾"或者探讨实际发生的情况以及错误,那种相互袒露"脆弱性"的行为能够铸就一种亲密感。就好比文化上的柔术(cultural calisthenic)。人身上的肌肉如果感知到疼痛,就会越变越强。群体的变强方式与之如出一辙。你不能被动等待信任凭空出现，而是要通过有针对性地向彼此坦诚来建立信任。

明确目标信号

你怎样创造一个高目标环境？答案取决于你希望你的团队表现出来的技能类型。科伊尔研究发现，信号的价值不在于它们传递的信息，而在于它们把团队指引向任务和彼此。看上去像是重复，实际上是导航。

像其他鸟一样，椋鸟有时也聚集成一大群。当鸟群受到猎鹰这样的天敌威胁时，它们就变换成了某种更多的东西，叫作壮丽的鸟群，它是自然界最美丽、最令人不可思议的景象之一：一片瞬间旋动和变换形状的云，形成巨大的沙漏、螺旋、卷须，就像《哈利·波特》系列电影中的特效一样在天空中流动。一只鹰向一只落单的椋鸟猛冲过去，就在那一刹那，在鸟群的另一侧（相隔了几千只鸟），其他鸟迅速觉察到了这一点并做出反应，像一只鸟一样飞离危险。问题是这么多的鸟，如何表现得像一个单一整体？

早期的博物学家对此给出的解释是，椋鸟具备某种神秘的超感知觉来感知和规划群体运动。一位英国科学家称之为"心灵感应"，另一位科学家称之为"生物无线电"。

来自罗马大学的一组理论物理学家在 2007 年做的一项研究中展现了真实原因：椋鸟的凝聚力建立在对一小组信号的持续关注之上。从根本上说，每只椋鸟跟踪离它最近的六七只鸟，发送和接收关于方向、速度、加速和距离的信号。那种密集观察的共同习惯通过鸟群得以放大，使得整个鸟群表现得像一只鸟一样。换言之，椋鸟群如此聪明的表现，与心灵感应或魔法无关，而是它们有一种更简单的能力：专注于一些小的关键标记。

通过对比研究分析，科伊尔认为，这一观点有助于我们洞悉成功文化是如何创造和维持目标的。成功团队就像椋鸟一样：目标不是发掘某种神秘的内在驱动力，而是创造出简单的灯塔，将注意力集中在共同的目标上。成功文化通过持续寻求方法讲述和重述他们的故事来做到这一点。为了做到这一点，他们构建所谓的高目标环境。高目标环境充满了小的清晰可见的信号，以便在当下时刻与未来理想之间创造一种联系。它们提供了每一个寻找过程所必需的两种简单定位：这是我们所在的位置和这是我们想要去的地方。用科学的观点看，令人奇怪的是我们都对这种信号模式做出积极反应。

几年前，宾夕法尼亚大学沃顿商学院组织心理学家亚当·格兰特（Adam Grant）应密歇根大学的邀请来研究该大学呼叫中心的低绩效问题。该呼叫中心员工的工作就是给校友打电话请他们捐钱。这项工作重复而又单调，募捐的被拒绝率高达93%。密歇根大学尝试了好几种激励方法来改善绩效，比如奖金和竞赛，但都没有效果。

格兰特找到了奖学金获得者威尔，请他写一封信，谈谈奖学金对他意味着什么。以下是这封信的节选："到了做决定的时候，我才发现学校对于非本州学生收取的学费相当贵。但这所大学早已融入我的血液里。我的祖父母在这里相遇，我的父亲和他的四个兄弟都曾在这里读书……我一生都梦想着来这里。收到奖学金时，我欣喜若狂……这笔奖学金在很多方面改善了我的生活。"

当格兰特把威尔的这封信给呼叫中心的员工看了之后，发现电话和捐款迅速增长。于是他采取了下一步，把奖学金获得者带到呼叫中心进行现场访问。每个学生都像威尔一样分享自己的故事：我从哪里来，你们筹集到的钱对我意味着什么。在接下来的一个月，员工们花在打电话上的时间增加了 142%，并且每个星期的收入增加了 172%。激励没有变化，任务没有变化，发生变化的是员工们得到了明确的目标信号，使得一切变得与众不同。

格兰特的实验表明：创造了一种高目标环境，使得该区域充满了目标信号，这些信号把当前努力联系到了一个有意义的未来，并且利用一个故事来引导动力，就像磁场让指南针指向真正的北方：这就是我们为什么工作。你应该把精力投入在这里。

高目标环境并非从天而降，而是从地面挖掘出来的，就像一个团队一起攻克它面临的问题，并不断发展，以迎接快速变化的世界。科伊尔由此提出了设定目标的 7 条原则：确定你的优先事项并进行排序；对优先事项保持绝对清醒的认识；知道你的团队何时聚焦执行，何时聚焦创意；鼓励团队成员使用口号；判断什么是真正重要的；使用能传递信号的纪念品；聚焦设定标准的行为。这些原则看似琐碎，但却是打造高绩效团队不可或缺的内在密码。

用"关联评价"解释"赢者的诅咒"

上天让我们习惯各种事物，就是用它来代替幸福。

——俄国作家普希金

每天，都有庞大数额的价值通过拍卖在买家和卖家之间分配。在过去，大部分人往往将拍卖简单地理解为是一种"价高者得"的交易方式，而 2020 年的诺贝尔经济学奖，则向普罗大众揭示了其背后复杂而庞大的"隐秘世界"。

2020 年 10 月 12 日，瑞典皇家科学院宣布，将 2020 年诺贝尔经济学奖授予保罗·米尔格罗姆和罗伯特·威尔逊，以表彰他们"对拍卖理论的改进和拍卖新形式的发明"。巧合的是，这两位经济学家都来自斯坦福大学，而威尔逊正好是米尔格罗姆的博士生导师。继 2019 年诺贝尔经济学奖出现"夫妻档"之后，2020 年又上演了"师徒档"。

米尔格罗姆和威尔逊的研究范围很广，曾和另外两位经济学家一起在博弈理论、机制设计等领域进行很多研究，因此经常被经济学界戏称为"KMRW 四人组"[①]。这次诺贝尔经济学奖奖励他们在拍卖理论方面的学术成就，其实是对其成就的部分认可。《价格的发现：复杂约束市场中的拍卖设计》是米尔格罗姆的新作。该书将拍卖理论与实践相结合，无疑为经

---

①KMRW，即 KMRW 声誉模型。克瑞普斯、米尔格罗姆、罗伯茨和威尔逊（Kreps, Milgrom, Roberts and Wilson，1982）的 KMRW 声誉模型证明，参与人对其他参与人支付函数或战略空间的不完全信息对均衡结果有重要影响，合作行为在有限次重复博弈中会出现，只要博弈重复次数足够长。

济学家或普罗大众解决日益复杂的资源配置问题，提供了重要的视角和新工具，并令全球的卖家、买家与纳税人从中受益。

米尔格罗姆之前的拍卖和拍卖理论

拍卖的历史颇为久远，人类自从有了剩余产品之后，就有了拍卖。真正意义的商品拍卖是从古罗马时代开始的。在长期的掠夺战争中，罗马商人和士兵找到了一条共同发财的道路。即每当战争发生，大批商人就随军出发，一旦罗马获胜，士兵便在战场上就地拍卖掠夺到的多余战利品。

在《价格的发现：复杂约束市场中的拍卖设计》中，米尔格罗姆提到，一些拍卖事件甚至还影响到了整个历史的进程。公元 193 年，罗马皇帝佩尔提纳克斯因为想整肃军纪而被自己的禁卫军杀害。随后，控制了局面的禁卫军在军营中对帝位进行了拍卖。在这场拍卖中胜出的是狄第乌斯·尤利安努斯，他以向每位禁卫军士兵支付 25000 赛斯特提（罗马货币单位，100 个赛斯特提相当于 1 个阿币，1 个阿币的价值相当于 7.9 克黄金）的代价，赢得了禁卫军对自己的支持，登上了皇帝的宝座。但好景不长，两个月后，叛乱的军队冲进罗马城，这位靠竞拍获得帝位的政客，最终落得身首异处的下场。

虽然拍卖的实践已经延续了数千年之久，但是真正用经济学理论来对拍卖进行研究，却是 20 世纪 60 年代的事情。1961 年，哥伦比亚大学教授威廉·维克里在一篇经典的论文中，讨论了在单物品拍卖中应用最为广泛的四种拍卖形式。其一，英式拍卖。竞标人由低到高竞价，价高者得。其二，荷兰式拍卖。拍品由高到低叫价，直到有竞拍者表示接受为止。其三，一阶密封价格拍卖。竞标人分别在信封中写下自己的报价，报价最高者得，并且支付其所报价格。其四，二阶密封价格拍卖。竞标人分别在信封中写下自己的报价，报价最高者得，但只支付报价第二高者所报的价格。

维克里对拍卖的几种形式进行考察之后，提出了一个重要的发现：收益等价定理。简单地说就是，无论采取四种拍卖方式中的哪一种，其期望收益本质上是相同的。维克里后来因此斩获 1996 年度诺贝尔经济学奖，却不幸在颁奖前突然去世了。代替维克里教授去领奖的，正是米尔格罗姆教授。

在维克里之后，大批学者开始对拍卖理论加以关注。其中尤其值得一提的是 2007 年的诺贝尔经济学奖得主罗杰·迈尔森。他利用新发展起来的机制设计理论对拍卖理论重新进行了研究，在此基础上完善和发展了维克里的理论。迈尔森通过严谨的数学公式推导得出的结论是，在满足竞拍人对物品的评价是独立的、竞拍人只关心自身的期望收益等一系列的前提假设下，所有可能的拍卖机制都会给拍卖者带来相同的期望收益。显然，这一结论超越了维克里等学者之前的研究成果，而能够用于研究所有可能的拍卖，这使拍卖理论大大向前推进了一步。

然而，迈尔森的结论虽然在理论上十分优美，但是其赖以成立的条件却是相当严苛，以至于在现实中几乎不可能存在。而在这些条件有一个不满足的前提下，迈尔森的"收益等价定理"就不再正确了。从这个意义上讲，迈尔森的结论不是为拍卖理论画上了句号，而是为它提供了一块基石和一个新的出发点。此后关于拍卖理论的研究，大都是在迈尔森研究工作的基础上展开。

构建"关联评价"的分析框架

早年在斯坦福大学攻读经济学博士学位时，米尔格罗姆就师从威尔逊，并且得到了老师的真传。从 20 世纪 70 年代起，威尔逊就致力于拍卖理论的研究，坐了十余年的冷板凳后，终于结出了累累硕果。其中，《非线性定价》一书集中展示了威尔逊在拍卖理论以及拍卖机制设计与应用方面的经典成果。威尔逊不仅从此成为电信、交通和能源等领域拍卖与竞标机制设计的权威学者，而且当选为美国科学院院士。名师出高徒，在威尔逊的指导下，米尔格罗姆完成了博士论文的写作与答辩，并从此与拍卖结下不解之缘。

米尔格罗姆认为，迈尔森"收益等价定理"的成立依赖于众多的假设，其中最为关键的一点就是所有竞拍人对于拍品的评价都是独立给出的，和他人无关。但是在现实中，这一假设显然是不合理的，竞拍人对于拍品的评价不仅仅取决于他自身，而且和其他竞拍人的评价有着重大的关系。

例如，在艺术品的拍卖中，竞拍人在出价时不仅会考虑到自己对于艺术品的喜爱程度，也会考虑如果将这件艺术品转卖可能获得的收益，而后者显然是受到所有其他竞拍人对于拍品评价的影响。竞拍人在考虑到自己的竞争对手的行为后，对物品给出的评价被称为"关联评价"。当存在"关联评价"时，迈尔森的理论就不再适用，而拍卖者就可能通过交易机制的设计来提高自身的期望收益。率先对存在"关联评价"的拍卖机制进行研究的，就是米尔格罗姆。

在 1982 年和韦伯合写的一篇论文中，米尔格罗姆构建了一个存在"关联评价"时处理信息、价格和拍卖者收益的分析框架。他们根据对拍卖实践的观察提出投标者的估价可能是关联的，一个竞拍人对拍品的较高评价也容易提高其他参与人的评价。于是，拍卖可以理解为一个显示博弈（revelation game），任何买者的报价不仅会显示出他自己关于物品评价的信息，还会部分地揭露出其他买者的私人信息。这样，竞拍人利益的多少主要取决于其信息私人性的程度。一旦拍卖中有信息被揭露出来，竞拍人就能猜测到彼此可能的出价，为赢得拍卖，他们就必须报出更高的价格。

因此，对拍卖者而言，能为他带来最高期望收益的拍卖必定是那些能最有效地削弱竞拍人独立性判断的拍卖。在拍卖理论的文献中，米尔格罗姆的这一发现被称为"联系原理"。

具体来说，在英式拍卖中，竞拍人私人信息暴露得最为充分，而且剩下的竞拍人掌握的信息比拍卖开始时更多，他们不太可能以低于自己的估价出价，因而能产生较高的拍卖收益；二阶密封价格拍卖中，拍卖价格仅仅被联系到对拍品估价第二高的竞拍人上，因此其产生的收益就较低；而在荷兰式拍卖和一阶密封价格拍卖中，竞拍者出价的关联度较低，因此带来期望收益最小。米尔格罗姆最终得出了不同拍卖机制的期望收益排序：英式拍卖≥二阶密封价格拍卖≥一阶密封价格拍卖＝荷兰式拍卖，由此也很好地解释了为何在现实中，英式拍卖流行的原因。

值得一提的是，米尔格罗姆教授对"关联评价"的研究，论证了"赢者的诅咒"存在的可能性。在拍卖实践中，往往会出现竞拍人赢得拍卖后，又觉得不值的现象。

例如，那位靠拍卖获取帝位的尤利安努斯，在其竞争对手报价10000赛斯特提时，十分豪气地将报价提高到了25000赛斯特提。而在发现竞争者不再跟价时，他才发现自己报价太高了，而此时在禁卫军的欢呼中，后悔已晚，这就是他在胜利的同时得到的"诅咒"。显然，在传统假设中，所有竞拍人都对拍品独立评价的理论无法解释"赢者的诅咒"存在的可能性，而在引入"关联评价"后，一切就变得容易理解了，在战胜其他竞拍人获得拍品的同时，胜利的竞拍人也获得了关于其他竞拍人评价的私人信息，而这又使他开始降低了对自己刚刚获得的战利品的评价。

创设"同时向上叫价拍卖"机制

理论需要实践的检验，更需要不断创新。米尔格罗姆与威尔逊不仅致力于基础拍卖理论研究，还为拍卖机制适应更为复杂的场景设计了更好的新拍卖方式。在书中，米尔格罗姆提出"同时向上叫价拍卖"的机制，无疑是他从理论到实践创新的一次伟大的胜利。

早在 1993 年，美国时任总统克林顿签署法令，授权联邦通信委员会（FCC）对频谱许可证进行拍卖，并要求在一年之内举行第一次公开拍卖会。总统签署的这一法令着实让 FCC 的相关人员费尽心思。拍卖，远不是人们通常想象的那样简单：一群人举牌，最后价高者得。在具体操作中，不同的拍卖设计将会极大影响拍品最后的归属和成交价格。究竟采取怎样的拍卖机制，才能让频谱许可证落入最能合理使用它的人手中，同时又能得到一个较为合理的成交价格呢？

此时，因"关联评价"和"联系原理"的提出，米尔格罗姆教授已跻身最优秀的拍卖理论家行列。因此，在 FCC 考虑频谱许可证拍卖机制的设计问题时，他自然成了最为倚重的专家之一。但这次，米尔格罗姆教授面对的问题又有很大不同。无线电频谱许可证市场的特点是，每个潜在的买者对许可证的需求不同，并且由于存在获得其他许可证的机会，买者对许可证价值的判断是不确定的。

例如，对于一个已经拥有全美 3/4 地区频谱许可证的竞拍人，其赢得剩余地区频谱许可证的冲动就会大于那些没有任何许可证的竞拍人。除此之外，不同的许可证之间还可能存在着很强的替代关系，对于一些竞拍人而言，或许拥有东部的许可证和拥有西部的许可证是没有差别的。在这种状况下，传统的拍卖机制就可能出现无效率。在不同的许可证之间存在替代关系时，如果依次对于不同的许可证进行拍卖，那么不论通过何种方式拍卖，当对第一件物品进行竞价时，竞拍人必然会考虑是购买当前的物品还是购买后面的物品，以及后面出售物品的价格又将是多少，等等。错误的估计将导致出价相对较低的竞拍人赢得第一件物品，而此后这个初始的错误将会一直发挥作用，从而大大影响整个拍卖的效果。

因此，理想的拍卖应该让竞拍人可以观察到所有物品的投标情况，并能向任意一个或多个物品投标，从而让竞拍人在可替代的物品之间随意选择。这不仅消除了竞拍人对物品价格的猜测，而且也使那些可完全替代的物品最终具有统一的成交价格。

根据这一原则，米尔格罗姆和几位同事设计了一种被称为"同时向上叫价拍卖"的机制。在每轮拍卖中，竞拍人为自己想要购买的一个或多个频谱许可证分别报价，报价是不公开的。每轮报价结束时，只公布每个许可证的最高报价，并基于此确定下轮拍卖中每个许可证的起始价。

下一轮拍卖开始后，上轮拍卖的最高报价仍然保留着，直到被新的最高报价所更替。如果没有新的更高的报价出现，拍卖结束。这种新的拍卖机制非常适合于拍品是相互替代的。在拍卖过程中，随着价格的上升，对某个频谱许可证的出价已被别人超过的买家，可能转向对其他一些当前价格较低的许可证进行投标，这时将发生互替许可证之间的有效套利。替代作用越显著，这些许可证的拍卖价格就越接近。这些，都是传统的拍卖机制不能实现的。

最后，经过了整整 5 天、共 47 轮的拍卖后，5 张频谱许可证终于以合理的价格各归所属。后来，这场成功的拍卖被《纽约时报》称为"历史上最大的拍卖"。米尔格罗姆设计的这种新型拍卖机制很好地为 FCC 完成了既定的目标，也为拍卖理论在实践中的应用提供了经典范例。

恰当的机制设计

米尔格罗姆的"市场设计"研究却不仅仅着眼于实用拍卖程序的设计，它还着意于改写经济学对市场价格机制的理解。从该研究中不难看出，米尔格罗姆的"市场设计"思想有一定"建构主义"倾向。他研究和设想的拍卖机制都是涉及众多参与者的大型拍卖，它们需要依托现代计算技术和最优化理论来设计和组织整个交易活动。那么，他这样一位当代美国主流经济学家为什么会觉得有必要用人为设计的拍卖机制替代原生市场的自发配置机制呢？

米尔格罗姆给出的解释是现实经济中的复杂性，复杂性导致"无组织市场"难以确保市场出清和资源有效配置。在解释这一问题时，他首先提到两个广为人知的因素——负外部性和不完全竞争。但他还指出，除此之外还有两个重要但教科书中很少涉及的因素。

第一个因素是同质产品假设。流行的教科书中通常假设，同一个产品或服务类别中，单位产品或服务都是同质的，从而厂商或消费者并不在乎自己接受或供给的是哪个单位，市场出清涉及的只是供求数量上的均衡。但实际上，在现实世界中，产品和服务可以因时间、地点等方面的不同而产生很多细微差异。有时，这样的差异甚至可以对供求双方能否实现匹配产生重大影响。

例如，要是两趟列车想在同一时间驶进同一段铁轨，单凭市场价格的自发调节就可能导致灾难性后果。这时，"亚当·斯密关于价格调节终将起作用从而对资源的需求不会持续过度的说法，对那两趟列车上的乘客来讲是拙劣的慰藉！在即使暂时性供求失衡都不可承受的时候，光有价格机制是绝对不够的，还需有某种别的调控手段确保不失衡"。"如果我们想要飞机在飞入机场时不坠毁，那么有一个空中交通管制者，由他跟踪各个航班并引导飞行员，肯定要比仅在空域可能拥堵的时段里设定高价更好！"

第二个重要但未受到足够重视的市场失灵原因是，竞争性均衡模型依赖的假设并无必然保障。因这类假设意味着所有物品的制造和使用不仅可以按整体单位进行，也可以按零散单位进行，从而可以在不损失效率的情况下扩大或缩小生产规模。但实际上，有些物品，如糖、小麦和油漆，可以按其零散单位消费，但像房屋那样的物品只能按整体数量消费；有些制造业，如汽车组装只是在大规模生产时，效率才会提高。在这样的场合，要想保证恰当的经济决策，光靠市场价格是不够的，还需要有别的市场数据为价格作补充。

因此，米尔格罗姆认为，现实经济的复杂性本身就是肯定市场设计必要性的重要理由。不过，需要注意的是，米尔格罗姆并不认为价格机制不再重要。相反，他的完整认识是，价格能促使市场中的单个主体考虑资源的机会成本，从而在资源配置上具有重要的引导作用，但因此而断言最好依赖一个无规制市场是愚蠢的。真正的挑战在于以某种有效的方式将价格整合进来，同时仍然维持足够的直接控制以确保多方面的约束条件得到满足。米尔格罗姆指出，在非最优化情境中，如何利用价格引导资源配置是一个新的研究前沿，它要求有新的思路和方法。而且，即使理论上存在引导资源有效配置的价格，但找到那些价格涉及的实践难题仍令人望而却步，而找到这些价格的最好途径常常是某种形式的拍卖。

从这样的论证中可以看出，在米尔格罗姆的市场设计思想中，人类的理性努力并不否定和排斥原生市场的配置和引导作用，它只是要通过恰当的机制设计，使市场参与者之间的利益互动和匹配对接过程能够更简单、更直接，从而也更趋近理论上的最优态。

在互联网领域中，微软、亚马逊、淘宝等都曾邀请经济学家设计拍卖规则，这样才能有效决定客户的广告排序，以改进运行效率和成本。例如，米尔格罗姆曾为谷歌 IPO（首次公开募股）股票方案提供建议、为微软的搜索广告投放和雅虎的销售在线广告拍卖提供咨询服务等。而微软前首席经济学家苏珊·艾希就是米尔格罗姆的学生。此外，艺术品交易拍卖市场、证券市场等领域也常常存在估值、交易难等问题，这在一定程度上制约了市场进一步发展。而一个好的拍卖机制可使得市场交易机制更为完善，减少"赢者的诅咒"等问题，为竞拍人提高自身的期望收益。

从这个意义上说，米尔格罗姆的贡献告诉人们：人类的理性能力有限，但人类改善自身存在状态的内在冲动永恒不息。在经济生活中，人类或许永远无法完全认识和驾驭外在现实，但人类仍会不断地认识现实并能动地干预现实，这或许就是人类存在的动力。当代经济学对拍卖理论的研究及其成果正是这种存在张力的产物，坚信市场调节作用的主流经济学家注定要成为探索市场设计的先锋。

一个基于"社会化信号"的决策

将感情埋藏得太深有时是件坏事。

——英国著名小说家简·奥斯汀

　　想象一个场景：假如你刚好陪女朋友在繁华街区（如北京三里屯）逛街时，旁边走过一个美女，当你下意识地瞄了一眼，你女朋友的灵魂拷问来了：是她漂亮，还是刚刚走过的美女漂亮？在你想用"夸赞"蒙混过关时，你女朋友随身携带的一种人工智能测量仪却发出了"嘟嘟嘟"的警报声。该人工智能测量仪的测量结果显示，你的夸赞不够诚实，你在说谎。

　　人类的语言常常带有"欺骗性"，而"诚实的信号"这一源于生物学领域的概念现在颠覆性地告诉我们：对方说了什么不重要，传递出的信号才重要。很显然，如果"诚实"可以被测量或被捕捉，那将意味着生活中没有了谎言的遮挡，你要时刻准备好承受真相的残酷拷问和摩擦。被媒体和学界冠以"可穿戴设备之父"、美国麻省理工学院教授阿莱克斯·彭特兰（Alex Pentland）在他的专著《诚实的信号》（*Honest Signals: How They Shape Our World*）中，正是展示了如何借助可穿戴设备（如"社会化测量仪"）和机器学习算法，在不知道具体交谈内容的情况下，通过记录面部表情、语调、笑声、肢体动作等之类的"社会化信号"，来反映出个体或群体对话题的感兴趣程度，对谈话对象的真正态度，从而帮助人们更全面地重塑个体和群体的决策模式，由此能打造出超强的"决策机器"，进而全面优化我们的生活、工作和社会秩序。

"无意识思维"比"有意识思维"更有效

　　一群商界新秀因一项重要任务聚集在麻省理工学院：每个人都要提交一份商业计划书并现场陈述，再由高管们遴选出最佳方案并请场外专家团队进行评估。

　　这个任务之所以重要，在于除了高管们可以观看和评估这些商业计划之外，还有一台经过特别设计的数字设备也在监控整个过程。这台设备并不记录每个人陈述的具体内容，而记录他们的表达方式，包括在演讲过程中，陈述人的语气发生了什么变化，身体的活跃度如何，与听众之间有过多少次交流（比如微笑、点头）等。这种设备的设计初衷是测量另一种非言语的交流方式，即人类的社会化意识。

　　当评估活动接近尾声时，高管们选出了他们认为最好的商业计划。然而，这个计划并未得到场外专家团队的认可。而房间里的另一位"机器观察员"却做出了和高管们同样的选择。

　　这是彭特兰教授所做的一项实验。在他看来，高管们和测量设备（"机器观察员"）选择的方案并不是最完善的，却可能是现场最打动人的。在社交能力和言语表达这两种方式中，哪种沟通模式更能影响最终决策呢？答案是，社交能力更胜一筹。

　　当高管们聆听这些商业计划书时，大脑的另一部分正在记录其他重要的信息，包括陈述人有多相信自己的想法，他们在展示时有多自信，他们完成计划的决心有多大，而这类他们自己不知道会同时被考量的信息，却在很大程度上影响着他们的选择。

　　依据彭特兰教授的研究，人们拥有"第二种沟通渠道"，即并不关注文字而是围绕社会化联系进行交流。尽管我们往往没有意识到这一点，但这种社会化渠道却深刻地影响着我们日常生活中的各种重大决定。换言之，人类无意识的信号互动形成的"社交回路"影响了我们的行为和群体决策。如果对其背后机制有清晰的认识，或许能帮助我们提高信息在群体人际网络中的流通效率。

这不禁让人联想到知名作家金宇澄的茅盾文学奖获奖作品《繁花》，小说中最极致的一种表达是"不响"。这是吴语，译成北方话是"不吭声"，译成舞台语言就是"静场"或"舞台沉默"。这也"不响"，那也"不响"，谁都"不响"——小说中有 1500 多个"不响"，构成了 1500 多个潜台词。看似累赘且无理，但细细读来，却余音绕梁。正是这一个又一个的"不响"将小说推向顶峰，每个人都用"不响"做过最高亢的表达。

之所以语言不是人际交往中"可信的信号"，原因在于说话的成本太低。彭特兰教授在《诚实的信号》中毫不讳言地指出："所谓'诚实的信号'，是难以抑制的，因此它们所表达的含义是可靠的。"

彭特兰教授研究小组通过名为"社会化测量仪"的随身携带的传感器（也可以是安装了专门软件的手机），记录人们在社会活动中的面部表情、手势姿态、声音韵律、交流对象等信息。通过数据分析，能够捕获我们自然流露甚至无意识流露出的"诚实的信号"。通过社会化测量仪，他发现，即便完全不知道交流的内容，也可以利用这些信号判断一个人是否对相亲对象有兴趣，是否拿到一副烂牌却虚张声势，是否有诚意考虑员工升职加薪的要求，从而可以很好地预测相亲活动、扑克牌游戏和商业谈判的结果。

通过对"社会化测量仪"的数据分析，彭特兰教授将语言之外的信号分为了四类，它们分别是：影响力、模仿力、活跃度和一致性。"影响力"指你在社交过程中对他人产生的影响，通过对方说话方式迎合你的程度来衡量；"模仿力"指在交谈的过程中，一个人的行为被另一个人反复模仿，而且另一个人会在对话过程中无意识地不断微笑、发出感叹以及点头等；

"活跃度"指对方是否对现在谈论的话题感兴趣;"一致性"指交谈过程中语气和节奏是否一致。这四类信号,可以真实地反映交谈者提供的信息是否有价值,是否被欣赏,并据此预测他们未来的行为或决策。

在求职面试中,一个面试官需要关注的不只是求职者说了什么,还要看他列举的同行某些成功项目是否真正带给公司、团队效益和价值,并让面试官感到认同(影响力);看他在面对有挑战的问题时,能否保持语气和节奏的稳定(一致性);看他在谈到职业规划时,是否透出感兴趣的表情和语气(活跃度);看他谈到企业文化时,是否有迎合与互动(模仿力)。这四类"诚实的信号"似乎是人类长期进化过程中获得的古老遗产,它们是对大脑基本功能的解读,因此很难伪装。基于这些信号的"无意识思维",往往比"有意识思维"更有效。

彭特兰教授研究小组深入实验和研究发现,对于新员工而言,仅凭模仿力就能影响到最终薪资谈判结果的1/3。此外,谈判者的模仿程度与其当时的情绪密切相关。那些包含着诸多模仿动作的谈判过程,会给老板和新员工都留下一种"双方都在努力地合作,以避免陷入尖锐分歧"的强烈感受。

仅凭模仿力在销售活动中也发挥着重要作用。斯坦福大学两位学者杰里米·拜伦森(Jeremy Bailenson)和尼克·叶(Nick Yee)所做的一个实验发现:仅仅增加了模仿行为就使得销售额提升了20%。当一个人模仿或重复另一个人的行为时,表明这个人"拥有同理心",并且该行为被证明可以"积极地影响互动的顺畅性以及相互的好感"。比如,模仿客户语言风格的女服务员会收到更多小费。

把探索的付出与预期回报结合起来

人类捕捉与解读行为信号的能力与近亲猿类，甚至可能与更广泛的动物群体都很类似。孔雀通过开屏来传递求偶信息；而雄性大猩猩在求偶时，会用力摇晃树枝、推倒枯死的树木，从而制造足够传遍几公里的巨大声响，吸引雌猩猩的到来。彭特兰教授认为，这些信号传递功能是在自然选择过程中进化而来的。任何一个物种都要通过综合所有个体的适应性才能在广泛的竞争中取得优势。

加利福尼亚大学戴维斯分校的灵长类动物学家亚历山大·哈考特（Alexander Harcourt）和凯利·斯图尔特（Kelly Stewart）研究也发现：野生大猩猩通过使用"亲密呼叫"信号来决定何时结束午睡。当每只个体都听到了这个信号，并且当"对话"达到一定强度时，休息时间就结束了。类似地，生物学家休·博恩斯基（Sue Boinski）和艾梅·坎贝尔（Aimee Campbell）曾在他们的论文里描述了僧帽猴是怎样通过颤音进行合作，从而决定群体应该如何移动。位于部队前沿的猴子颤动得最为激烈，从而鼓励其他猴子跟着它们走，而其他猴子发出颤音是为了协调群体移动。

与野生大猩猩、僧帽猴等动物的行为相映成趣，蜂群中最重要的群体决策之一就是定位蜂巢的位置。蜜蜂这种特有的决策方式已经被众多学者充分地研究了。蜂群会派出少数侦察蜂，去侦察环境以寻找良好的巢穴位置。一般来说，侦察蜂的数量约占蜂群总数的5%。当侦察蜂返回蜂群时，那些发现更好地点的蜜蜂会用更高强度和更长时间的舞蹈来表达自己的发现（兴趣度和高活跃度存在于大多数动物中）。这种"社会化信号"的成功传递，将会引发更多的侦察蜂被派往这些更好的位置。在这些蜜蜂侦察完之后，再回来通过舞蹈来表明它们是否倾向于这些新位置。最终，当足够多的侦察蜂发出的信号强度达到了一个临界点时，整个蜂群将聚集起来向新地点移动。通过高活跃度所表达的"社会化信号",将每个侦察蜂的信息进行传达、加权和汇集,不断地召唤越来越多的个体,直到整个群体达成共识。

群体效应广泛存在于大自然中,甚至连接受过良好教育的人也不例外。在日常的真实情景之中,人们往往会将几个"诚实的信号"组合起来使用,而非单独地使用其中某一种。彭特兰教授是想通过"蜂群找新蜂巢"的例子说明,获得信号只是第一步,更关键在于怎么解读这些信号,并让其在生活中发挥作用。

彭特兰教授甚至通过不同信号的组合,分别对应四类社会角色:探索者、倾听者、团队合作者和领导者。不同的诚实信号,可以组合起来表达不同的社会角色,这些社会角色传达出了说话者的社交态度和意图,同时也可以准确地预测沟通结果。因此,当一群人聚在一起时,你不仅要考虑个人行为,还要考虑他们之间由信号传递而形成的"社交回路"。社交回路明确了沟通网络中的支配性、义务性、友善性、关注性和接受性等特点,并反过来影响整个群体的日常行为。

在彭特兰教授看来,仅仅通过观察人们在一般情况下是如何组合使用"诚实的信号"的,就可以准确预测许多重要活动的互动结果。在诸如销售、谈判、约会、招聘及其他类似场合下,谁会最终成功。然而,"社会化信号通常用于制定群体决策"这一事实并不能解释社会化决策如何引发成功且自适应的行为。我们仍然需要对"社会化信号"如何产生智能决策进行深入研究。对此,彭特兰教授认为"点子集市"(Idea markets)或许是一个不错的解释方式。

英国维多利亚时代的贝叶斯(Bayes)牧师将信息融入数学理论中。贝叶斯展现了如何按照预期收益比例对信息进行加权,以得出最佳预测结果。换言之,贝叶斯方法可以产生收益最大化且风险最小化的决策。"点子集市"就是基于贝叶斯理论来整合所有人想法的行之有效的方式。投票模式和"点子集市"的一个关键区别在于，后者采用人们对每个方案的期望回报来代替每人一票的方式。比如，如果要越过山坡，我们会找到多少食物？如果渡河又能找到多少呢？为了方便起见，人们往往将这些意见称为投注（bets），毕竟它们是对收益的期望。

对于管理者而言，要想从团队讨论中提取有用的信息，需要首先通过面对面交流的方式来促进信任和共鸣，营造一个开放的环境，这样可以使解读信号变得更容易。之后要花时间解读团队的每个信号，仔细面对信源可信度和冗余信号的问题。最终通过利用团队本身具备的群体智慧，帮管理者做出更可靠的决策。如果这样的信号被忽视，即使这些人本身都很聪明，团队的交流也不会带来新的信息，反而会让人成为压力下爱耍小聪明的投机者，只顾着让自己摆脱灾难，只盯着最表面的问题，对出现的任何新问题都采取回避、隐藏或掩盖的处理态度，即使试图解决问题，也只是从对某单一事件的研究中找出因果关系，大家把责任都推给别人，从而造成聪明人的群体涌现出了愚昧。

蜂群的决策过程强调信息的发现和整合。良好的群体决策不仅能消除信源可信度和冗余信号的问题，还能消除无知。如果没有对周围环境进行彻底调查，那么怎么知道已经找到了最佳的巢穴位置呢？

彭特兰教授通过对比研究发现：为了避免陷入无知的困境，蜂群的方法似乎是利用"点子集市"来引导发现，并在每次信号传递后按比例分配侦察蜂的数量。使用"点子集市"来引导发现是一个出色的解决方案，这是因为它将把探索的付出与预期的回报结合起来。这与风险投资家在为创业公司分配资金时，其分配比例与对该公司预期经济增长量成正比的情形大同小异。

毋庸置疑，蜂群的行为与典型的早期人类群体行为颇为相似。部落中的一部分人每天都要外出，有些人采集食物，有些人去狩猎。当一天结束的时候，大家聚集在篝火周围，使用基于"社会化信号"的"点子集市"来整合各自所观察到的信息。部落的成员会解读这种"网络智能"（群体内的兴趣征兆），再决定他们第二天的行动目标。就如蜂群一样，"最有希望的食物源"将具有"最积极的信号行为"，自然会吸引更多的同伴。如果在几天之内吸引到足够多的人，整个部落甚至会迁徙到丰富的食物源附近。诚如彭特兰教授指出的那样："社会化群体的决策过程最有趣的特性是，一个高效的群体要比任何个体成员都更具智能。这是由于群体具有准确整合各个成员手中信息的潜力。这也是为什么要聚在一起通过头脑风暴来做出决定。"

在家庭、工作团队，甚至整个组织中，社交网络中的信号传递模式深刻地影响着个人以及整个团队的行为。特别是随着可获取的人们行为数据越来越丰富，再加上人工智能的助力，测量行为信号与诚实相关性的准确度也会越来越高。良好的信号模式有助于产生正确的决策，而低效的信号模式则可能会导致灾难性的后果。那么，在群体中，如何才能传递良好的信号？

彭特兰教授建议通过大数据、可穿戴设备，去连续、定量地测量人类行为，从而得以解读所在组织的"网络智能"，进而构造出一个由紧密联系的核心小组和分散的人员组成的团队。通过对社交网络中的信号传递模式的细致观察，能够获得网络中所有个体成员的隐性知识。这种捕捉群体智慧的"网络智能"方式获得了令人惊叹的研究成果，而且通常比传统的决策方法要有效很多倍。

PART FOUR

危机的惆怅

我们不应该盲从于社会的主流观点，而应该相信通过对历史的严肃分析，以及运用社会科学原理进行分析之后得出的结论。更为重要的是，我们必须信任数理金融学的理论，毕竟这些理论是在经历了行为金融学革新之后，经过学者们的分析和修订才形成的。

——罗伯特·希勒（Robert J. Shiller），

2013 年诺贝尔经济学奖得主，

耶鲁大学经济学斯特林讲席教授

看上去，危机管理中有时机、诚意和效率问题，但归根结底还是个实力问题。所谓功夫在诗外，危机管理的成功主要取决于在"黑天鹅"起舞之前的危机防范能力、媒体动员能力及国家行动力。其背后，是一个国家的综合国力，既有看得见的经济、军事实力，也有政治领导力、危机控制力及舆论影响力，而在国际舞台上，还有一个国际话语权的掌控问题。

另外，机会和危机通常是一件事情的 A、B 面，识别机会还是危机，取决于洞察力和判断力，而洞察力和判断力的提升，需要有科学的方法论来护航。

一帮粉黛裙钗的当家持业高人

忧患激发天才。

——英国作家霍勒斯

"读书、饮酒、种花、下棋"是资深媒体人、中国中小企业研究院研究员张麒的人生四大好。在此"人生四大好"之中，他最喜读书，而《红楼梦》则是他的最爱。他从《红楼梦》里"读到和悟到"的却是"一部活生生的清初经济史"。

在《红楼梦经济学》中，张麒把《红楼梦》中所披露的众多经济事件、情节条分缕析，细数贾府主人、奴仆以及朝廷和下层民间人们的经济日用、经济交往、生存状态，坐实了"《红楼梦》是一部经济大书"的结论。与此同时，他还将贾府作为解剖物，字里行间有机地补充康雍乾三朝的经济史料，据此探寻清代的经济社会发展轨迹，由此开拓了《红楼梦》研究的另一重新境界。这或许远比那个时代所有职业经济学家、统计学家的数据以及巡抚、道台们干巴巴的"奏折"还要真实可信，还要生动细微。

秦可卿托梦，未雨绸缪早当先

在大观园中，真正看透了人生、阅破了尘世的人，当属贾宝玉，他披一件红猩猩斗篷随一秃一跛两位得道仙僧遁世而去，堪称真洒脱和大智慧。从真性情和虚无忘我的角度来说，他是贾府一门众多男儿中的翘楚，但这与经济无涉。倒是一帮粉黛裙钗，对贾府当家持业的贡献颇大，担当不少，而且见解不凡。贾母、王熙凤、贾探春、秦可卿、宝钗、袭人等是其中的出色者。

贾母曾坦言，贾府充其量是个"中等人家"。其收入源自祖业的遗留，是为"世荫"。此外，贾府还有朝廷赏赐、公俸收入、田地房产租赋和理财收入等。然而，贾府在鼎盛时，宁、荣二府主仆数百上千，每天的吃、穿、用，要耗费多少物资？折合多少银两？最为致命的是，很多几代为奴的家仆统统作为消费者，并不从事生产和劳作。正所谓"坐吃山空"。长此以往，贾府必然"空心化"。

一个有能力的管理者不仅要看到当下的利弊，还要有长远的眼光，能够预见未来可能会发生的事情，从大局出发制定相应的解决措施以便防患于未然。《红楼梦》中关于秦可卿的家政管理理念并未细论，只是在第十三回"托梦劝凤"中提及，作者也正是通过这简短的文字体现了秦可卿管理思想的精华。

在"托梦劝凤"一节中，秦可卿告诉凤姐："月满则亏，水满则溢""登高必跌重""否极泰来"……表达了对贾府未来深深的担忧。贾府作为一个百年望族，地位显赫，一旦衰落树倒猢狲散，"岂不虚称了一世诗书旧族了？"不管是作为一个管理者，还是作为一个下级工作执行者，请示问题不要只带着问题请示，要带着解决方案请示。汇报工作不要评论性的汇报，而要陈述性的汇报。秦可卿在劝谏王熙凤这一情节上很好地诠释了这句话。在带来诸如"目今祖茔虽四时祭祀，只是无一定钱粮""家塾虽立，无一定的供给"等问题的同时，也给王熙凤准备好了解决之道："趁今日富贵，将祖茔附近多置田庄、房舍、地亩，以备祭祀、供给之费皆出自此处，将家塾亦设于此……如此周流，又无争竞，也没有典卖诸弊。"如此甚好，最后用一句"天机不可泄露"结束，只留下了满腹疑问的王熙凤。

"洞明世事"的秦可卿是贾府里忧患意识最为浓厚的女性，临终前"托梦"给贾府中实际的"大管家"王熙凤，提醒她未雨绸缪，广置田地房产，以备贾府在失去皇家恩宠后仍有作为平民的活路。显然，秦可卿的预言和忠告，关乎贾府经济的宏观方向，她看清了贾府经济矛盾的"叠加"，这对王熙凤是有启发和触动的。想必秦可卿的忧患之言不止在某一个人面前、某一个场合提起过。其实在一定范围内，她的此种"宏观之论"早已达成了共识。后来，王熙凤不惜驳了贾政的面子，执意不肯买下冯紫英上门推销的价值两万两银子的奢侈品，而坚持将有限的银子用于将来置些田地等不动产；此外，贾探春在王熙凤生病期间，一度力主推行大观园园林承包等新举措，也都足以说明这一点。

贾探春的"新政"

探春在家政管理方面的天赋主要体现在第五十五回和第五十六回，王熙凤因为"小月"，在家养病，不能理事，故请探春料理家政。探春精明强干的首秀在该派发赏银多少这一细节上表现得淋漓尽致。

平心而论，王熙凤是看到了宁、荣二府的病根，而且一直试图有所改变，但毕竟她是贾府事务管理的中心、重心，事多且繁，她又不懂"黑箱理论"，凡事亲力亲为，管得过于具体，而且面面俱到，有时管得又过于宽泛，往往是忙了这边又忙那边，有心欲除却贾府之弊，其实是心有余而力不足。然而，对贾府的前途有所忧虑和担心，府里脂粉队中不乏其人。

　　除了秦可卿，身在幽深的皇宫中的元妃娘娘也于贾母梦中寄言：凡事应作退一步想；行事雍容而沉稳的宝钗也看到了贾府"进得少，出得多"的危机，林黛玉也担心"若不省俭，必致于后手不接"。但这些毕竟只是闺阁女子的坐而论道罢了。积重难返的贾府，亟待出现几位敢于革新、奋而起之的人。

　　正当此时，贾府三小姐探春勇敢站了出来。作为有见地、敢作为的贾府当家理财后起之秀，探春智慧的光芒在于其具有朴素的物用价值"经济观"。她兴利除弊，堪称是雷厉风行，见招拆招，可圈可点：其一，减去不合理的例内的开支。其二，对重复领学费等巧立名目的损公肥私行为说"不"。其三，废止涉及众女眷的脂粉头油"福利"。此外，探春还大胆地实施"大观园承包责任制"的经营行为。

　　大观园推行承包责任制经营，充分挖掘园林的物用价值，释放人的劳动价值，这是贾探春实施"新政"的重要内容。《红楼梦》自第十三回到第一百回贾探春远嫁，几十个章回里都对她实施的"新政"作了不间断的记述，有些章回还浓墨重彩翔实描写，这在整部小说中是不多见的，可见曹雪芹对贾探春及其持家理财思想及智慧的推崇。

　　按探春的设想，在老嬷嬷当中挑出几个本分老成、能知园圃之事的人，收拾料理大观园。此"新政"有五点好处：第一，园子有专职之人打理，花木自然一年好似一年，平日里，施肥、除草、治虫等事务都由专人去做，避免"临时忙乱"；第二，园内有许多值钱之物，不会一味让人作践；第三，嬷嬷们可通过经营园子从中得到一些额外收入贴补家用；第四，省去现在外请的花匠、山匠及清扫人员的工费；第五，经济效益相当可观，初步估算一年能生出四百两银子的收入。

　　贾探春的"新政"，寄托了曹雪芹对贾府治家理财新一辈的深切希望。一个"包"字，将集体的利益与个人的利益紧紧地联系在一起；所有权和经营权分离，使大观园的林木土地有了活力；"包"字使奴仆们有了主人般的责任心，也激发了她们的荣誉感。贾探春的这一招，在中国农耕文明时代一次次被用过，但都有反复，总不彻底。因贾府情势转折，探春的"新政"也无疾而终了。

化解"经济危机"高手还属贾母

在张麒看来，贾府在抄家之前就已蕴藏着巨大的"经济风险"，抄家则是贾府"经济危机"总爆发的导火索，抄家后的贾府确确实实陷入了"经济危机"。

面对这突如其来的变局，贾府上下一片恐慌，连一向干练沉着的"大总管"王熙凤竟也"面如纸灰，合眼躺着"，人们认为她已死去。贾母受了刺激，也晕过去了一阵子。那么，那场巨大的家族经济危机最终得以化解，谁是功臣呢？张麒认为，这都归功于贾母。是她以四两拨千斤的巨大内功，将贾府一干晚辈导入慈航，躲过了几乎难以逾越的灾难。通过人物对比研究，张麒发现，贾母是一个"化解经济危机的高手"，其有五大举措值得大书特书。

其一，散余资。贾母在弥留之际将几十年积攒下来的私房钱——分配给了儿孙、儿媳及门人，约有二万两银子。这些银子分给各房作为保命钱，对一败涂地的贾府经济，是催化、催发的弥足珍贵的"银根"。

其二，留下用于自己身后事的银两。此举体现出她不同寻常的经济思维。贾母深知，府中已败，各房存银均无，自己的后事安排势必引起推诿，不可避免地有你多出一些我少出一些之争，这是有碍这个大家族的家风和体统的。同时，即便儿孙们勉强承担了这笔费用，也势必会影响到各房各户日后的生计。

其三，裁员、放奴。贾府被抄家后，府中花名册上的仆从比最高峰时期少了一大半，但贾母仍要"放奴"。放奴和裁员的"瘦身术"，是度过"经济危机"难关的必做功课。

其四，交出大观园。大观园既然作为元妃的省亲别院，就是皇家御用，现如今元妃已殁，园中众姑娘和丫环也死的死、嫁的嫁、离的离、散的散，实际上已荒芜冷落，理应移交给朝廷。这既可铲除贾府子孙奢靡安逸的土壤，又不致再蹈"违例使用"的覆辙。至于朝廷不收，那是另一回事了。

其五，安定人心。面对一片悲切之声和荒芜的家园，贾母对回门的侄孙女史湘云说："如今这样的日子我也罢了，你们年轻轻儿的还了得？"于是她在被抄家后钱银特别拮据的非常时期，仍破例拿出上百两银子为宝钗过生日，叫来众人照样和先前一样笑一笑、乐一乐，其用意还是为了振作子孙们的精气神。

特别值得一提的是，《红楼梦》中提到的洋货，大致分为衣、食、用三大类，有 30 余种。如西洋自行船、机械挂钟、金怀表、眼镜、玻璃炕屏、洋布手巾、乌银洋錾自斟壶、十锦珐琅杯、穿衣镜、波斯国的玩器等等，不一而足。曹雪芹描写了如此之多的外国洋货，留给后人诸多宝贵的信息。

清代尽管有闭关锁国的诸多限制，但洋货仍从隔阻与国外贸易往来的磐石和巨浪中撕开了一个个缺口悄然流入。尽管上自皇帝，下至王公大臣是遏制和封锁洋货的政策制定者，但却又抵挡不住那些散发着异域文化气息的物品的诱惑，成了洋货的追捧者和享用者。只是在当时，底层民众总是在苦苦地不断重复着自己固有的自耕自足的生活方式，经年累月，年复一年，不要说"洋货"了，连粮米都难以果腹，土布土衣都穿不周全。显然，打开国门，首先需要打开自己的思想头颅。经济发展的脚步，很多时候是被来自人类共同价值的"潮流"催动的。漫长的康雍乾三朝的遮遮掩掩、零零星星的开放步履和涉外心态，也在贾府的日常用度里得以观照和存真。

"缺数症" 意味着什么

善良人在追求中纵然迷惘，却终将意识到有一条正途。

——德国作家歌德

　　一道简单的数学题：一个球拍和一个球的总价是 11 美元，球拍比球要贵 10 美元。那么球是多少钱？大多数人会毫不犹豫：1 美元——这明显是错的。根据一项研究，哈佛大学、麻省理工学院和普林斯顿大学中竟有 50% 以上的学生也给出了这个直觉性的错误答案。在声誉稍差一点的大学里，则有 80% 以上的学生没有理性地验证答案便脱口而出。

　　该数学题的正确答案是：球拍 10.5 美元，球 0.5 美元。它证明了，我们并非如自己想象的那般理性智慧，甚至缺乏"数据"敏感的人往往更易犯"想当然"的错误。

　　数据，自古就有，人口普查、农业统计、军事战争……数据虽小，却有助于治国安邦。在汹涌而来的现代智能时代，数据正在扩展出新的边界，拥有新的内涵。我们正在进入一个"数据不是一切，但一切都将变成数据"的全新时代。万物皆数，万物皆可量化。数据化社会不仅仅要求一个人"衣食住行"的生存能力，生存能力很简单，动物也有。数据化社会对人的能力结构也提出了新的要求，有了新的变化。比如，在 2019 年底暴发的新冠疫情当中，如果没有数据能力做支持和排查，其后果或许将不堪设想。

　　曾以《大数据》《数据之巅》《数文明》等著作为公众所熟知的涂子

沛，在他的《数商：如何用数据思考和行动，并在智能时代胜出》里，借助全新研究成果，创造性地提出了一个全新的概念——"数商"。其主要是对记录数据、组织数据、保存数据、搜索数据、分析数据、控制数据等以数据为对象的能力水平高低的一种衡量体系。"读数"的技能就像"读字"的技能一样重要，人类开始修炼数商，不仅在面对自然、物理、化学的客观世界时需要数商，在面对情感、艺术和精神的主观世界时，在进行自身修炼的时候，我们也需要数商。我们用记录和量化的方法来管理自己的身体、情绪、朋友和亲密关系以及需要完成的工作任务。涂子沛为此认定：数商是"信息商"，千万别让"缺数症"影响我们的思维和行动。只要增强对数据的信仰和洞察，学习掌握数据空间的新工具，每个机构或个人都有可能从数据中释放出"数能"和"数力"，进而"为己所用"。

斯诺和南丁格尔的贡献及思考

作为中国研究大数据的权威专家，在《数商：如何用数据思考和行动，并在智能时代胜出》中，涂子沛所谈论的"数商"，不是以"计算"为中心的数学，而是以"记录"为中心的数据科学，他详细谈到商人、天文学家、医生、将军、统计学家、记者、心理学家等各色人物。

涂子沛笔下的约翰·斯诺（John Snow），他不仅是英国麻醉学家、流行病专家，更是"一位数据英雄"。工业革命时期，英国人发明了抽水马桶，但当时并没有一套与之相配的现代污水处理系统。恶劣的给排水条件导致饮用水和污水互相渗透，后来人们才知道，正是这个原因造成了一种烈性传染病——霍乱的大流行。在霍乱暴发之初，主流的观点就是"瘴气论"，这个观点认为城市里的恶臭空气是霍乱的源头，很多人主张用除臭剂来阻断霍乱的流行。直到斯诺出现，这个错误才得以扭转，斯诺运用数据和夺走数十万人性命的疾病展开斗争，可以说他是真正对抗霍乱的第一人。

1831 年，伦敦暴发了第一次霍乱。整个城市都笼罩在巨大的死亡阴影下，斯诺作为一名麻醉医生，虽然这种传染病跟他的关系不大，但是医者仁心，他开始关注研究这种病。1848 年，伦敦暴发了第三次大霍乱。斯诺发现，霍乱患者的最初症状都是腹泻呕吐，断定霍乱一定是经口腔进入肠胃的，推测这极有可能是因为喝了不干净的水。但用当时的科学设备，看不到水里的微生物，被霍乱弧菌污染的水，看起来完全和正常的水一样，仍然纯净透明，斯诺无法说服身边的人相信他的判断。

凡是这个世界的事物，表面看起来越是普通日常、容易明白，要对它们的来龙去脉做出解释、分析和证明就越难，越需要非凡的能力和思想。斯诺需要的，显然是更多的证据。他深入病区，挨家挨户敲门询问患者和喝水有关的信息。他发现了一个惊人的事实，1848 年至 1849 年霍乱暴发期间，伦敦市共有 7466 人死亡，其中 4001 人都居住在泰晤士河南岸，这就意味着南岸的死亡率接近 0.5%，是市中心区的 3 倍，而伦敦西边和北边的死亡率仅仅是 0.1%。

斯诺的调查数据表明，饮用 A 公司水的家庭有 1263 人死于霍乱，而饮用 B 公司水的家庭只有 98 人死于霍乱。当然，单纯比较死亡的绝对人数是不公平的，因为有些地区住的人多，有的地区住的人少，斯诺又拿每 1 万户的死亡人数作对比，结论是饮用 A 公司水的家庭，每 1 万户死亡人数是 B 公司的约 8.5 倍。

这究竟是什么原因？斯诺又追踪了两个公司的水源。他发现，A 公司在流经伦敦市中心的泰晤士河下游取水，而 B 公司在上游取水，而当时的泰晤士河，已经被霍乱患者的排泄物污染了。

有了数据作为研究支撑，斯诺开始做可视化分析，他在地图上用记号标注了死亡案例，每死亡一人标注一条横线，最终地图"开口说话"，显示大多数病例的住所都围绕在宽街水泵附近，霍乱是通过饮用水传播的，于是移掉了宽街水泵的把手，霍乱最终得到控制。斯诺同时推荐几种实用的预防措施，如清洗肮脏的衣被、洗手和将水烧开饮用等，效果良好。这是一个非常典型的数据可视化案例，其直观且有力地证实了霍乱的传播与水井的关系，从而帮助人们迅速抓住数据背后的规律性问题。

近半个世纪以来，中国社会一直倡导"实事求是"。事，就是事实；是，则是规律。实事求是即通过事实分析发现事物的规律。斯诺的方法，可以总结为实"数"求是：把事实记录下来，再通过全面细致的数据来寻找规律。斯诺给后代展示的，不仅是一个高数商的抗疫思路，还有大无畏的英雄行为，他是历史上为数不多的真正的数据英雄。

斯诺的事故并不是孤例。1853 年，英国和俄国之间爆发了克里米亚战争。这场战争共死亡 50 多万人，异常惨烈。南丁格尔是英国的一名战地护士，也是一名自学成才的统计专家。她出身富裕家庭，却立志做一名护士，并跟随部队来到遥远的前线。她在战场发现一个惊人的事实：由于医疗卫生条件恶劣导致的死亡人数竟然大大超过了战争一线的阵亡人数。南丁格尔将她的统计发现制成了一个图，该图清晰地反映了"战斗死亡"和"非战斗死亡"两种人数的悬殊对比。当这张图被登载在报纸上，英国民众愤怒的声浪此起彼伏，他们无法想象，人民的勇士不是战死了，而是饿死了、病死了，讨论的风暴越刮越猛，这促使当局做出成立野战医院的决定，随后当局建立了人类历史上第一所正式的野战医院。

一份图催生了一座医院，改变了一个制度。南丁格尔后来被誉为"现代护理业之母"。她的这份图，是历史上第一份"极区图"，也是早期统计学家利用图形来展示数据的经典探索。

斯诺和南丁格尔的做法，当今的现代智能时代被称为"数据可视化"（Data Visualization），它是指以图形、图像、地图、动画等更为生动、易为理解的方式来展现数据的大小，诠释数据之间的关系和发展趋势，以期大众更好地理解、使用数据分析的结果。斯诺和南丁格尔搜集数据、分析数据的执着实在让人感佩。在大多数情况下，数据都没有现成的。搜集数据太难了，就像在风中奔跑，搜集随风飞散的柳絮一样，你需要逐风而行，东奔西走。但对类似斯诺、南丁格尔等高数商的人而言，这一点是共性：他们都愿意展开搜集数据的行动，都愿意为之付出极大的努力，包括精力和时间，搜集数据所用的精力、体力和时间，可能是分析数据的数倍之多。

啤酒 + 尿布

大数据的出现，首先是一种技术现象，但它又绝不仅仅是一种技术现象，它将影响人类的决策流程、商业模式、科学范式、教育理念、生活方式和观念形态等。数据将日益和人的日常生活、情感，甚至人本身融合在一起。

《大数据时代》的两位作者维克托·迈尔－舍恩伯格、肯尼思·库克耶认为，由于大数据突破了传统样本采集方式的数据规模局限，而得以在很大程度上采用全样本海量数据开展分析，因此其可以大量使用相关性挖掘的方法，发现隐藏在海量数据背后的线索性信息，从而揭示样本数据无法涵盖的各种细节信息。

换言之，大数据分析不关心"因果逻辑"，而只是通过对海量数据背后关系的分析挖掘，找到对人们生产生活具有指导意义的"关联关系"。

涂子沛研究发现，一个典型的案例就是"啤酒＋尿布"的故事。

尿布和啤酒，听起来风马牛不相及。再有想象力的人也很难将两者联系在一起。经过跟踪调查，有研究人员终于发现事出有因：一些年轻的爸爸经常要到超市购买婴儿尿布，有 30% 到 40% 的"奶爸"会顺便买点啤酒犒劳自己。沃尔玛发现这个数据规律之后，对啤酒和尿布进行了捆绑销售，果然，销量双双增加。

"啤酒＋尿布"这个例子的核心，在于人们的购物存在规律，这些规律之多，之微妙精细，是坐在办公室里想象不出来的。其实，即使一个街角的小杂货店也有它自己独特的购物规律，就看你能不能发现。一个超市（市场）越大，商品越多，其规律也可能越多。例如，仅仅商品的陈列摆放就是一门复杂的学问，如果一名顾客走进一个大超市，不能快速地找到自己要买的东西，超市就会失去商机和收入。很显然，商场的任务就是不断把商品的"自由组合"变为"最佳组合"，让消费者可以一次把它们都买走，这就是各种购物网站不断推出各种让人眼花缭乱的捆绑销售、组合套装的原因，注意，是不断调整，不断推出，而不是一成不变。这当然离不开算法的助力。

在日本，有些超市发现，每个工作日的下午 3 点，垃圾袋常常和速溶咖啡一起被买走，为什么呢？事实和真相是，这家超市附近有不少高级写字楼，里面有很多公司，这些公司的后勤人员一般下午 3 点出来采购，因为这时候员工容易犯困，就会有同事托付后勤人员代买咖啡，于是对超市来说，把垃圾袋和速溶咖啡摆到一起可以方便顾客。但很显然，这家超市发现的这条规律只适用于日本都市，而且只在高级写字楼密集的区域，很可能并不适用于其他国家的其他地区。同理，"啤酒＋尿布"的规律也有时空的特殊性，简单地说，人类的消费行为是随时间和空间不断变化的。

通过大数据分析，人们可以发现"啤酒＋尿布""垃圾袋＋速溶咖啡"

的"关联关系"帮助超市增加销量，但并不关心这种"关联关系"背后的原因。当然，针对这一问题，也有学者认为，目前基于大数据的分析主要是寻找变量间的相关性，而不是"因果关系"，基于大数据的经济社会解释能力有待进步，反映出其某些理论基础尚未完全夯实。

涂子沛由此认为，算法是我们对大数据进行分析和挖掘的重要工具，仅仅靠我们人类的眼睛和大脑，很难在杂乱无章的大数据里发现有价值的线索。大数据算法又叫"挖掘"，比喻在海量数据中寻找有价值的规律，就像开矿凿金一样困难。你可以这样理解，大数据就像座矿山，算法就是我们在矿山中进行开凿的金刚钻、挖掘机。

善"数"者成

以"数商"为引子，涂子沛还反复讨论"李约瑟难题"："尽管中国古代对人类科技发展做出了很多重要贡献，但为什么科学和工业革命没有在近代的中国发生？"

对此问题的争论一直非常热烈。"缺乏古希腊的科学哲学思想""缺乏解放普通劳动者的发明思想""迷信落后和重文轻技思想阻碍了科技发展""古代中国和希腊的自然哲学的不同""双方文化核心的差别""东西方思维方式的差异""文字的逻辑性的缺失"……各种答案曾让人应接不暇。中国著名科学泰斗钱学森曾提出著名的"钱学森之问"，与"李约瑟难题"同是对中国科学技术的关怀。涂子沛则从"数商"维度给出自己的答案，可谓令人耳目一新。

早在1919年，现代思想家、文学家胡适写下了著名的《差不多先生传》，活灵活现地白描了某些中国人取道中庸，不肯认真，甘于糊涂，拒绝精准的"圆通先生"形象。从《差不多先生传》进而衍生出"差不多"文化概念：某些中国人长期具有"凡事差不多，凡事只讲大致如此"的习惯和作风。

著名历史学家黄仁宇也曾指出，西方人在研究社会经济史时，喜欢使用计量经济学的方法，其实西方其他社会科学在做研究时都有数字化的倾向，用数据来说明问题。比如新制度经济学的福格尔研究美国铁路对美国经济的推动作用时得出其贡献仅为3%。这个数据的得出需要那个时代的各种相关要素的统计资料。要做这样的研究，其前提是必须有某一时期相关因素的准确的统计资料。黄仁宇认为，古代中国与西方的城邦制社会不同，古代中国的各种决策往往以道德准则而不是实际情况为出发点，甚至以仪式来代替行政，各种相关数据要么没有统计，要么就是严重失实，无法做到"数目字管理"，这就是中国数字文化长期缺失的重要原因。

涂子沛认为，胡适和黄仁宇的看法，并不是一家之言。现代著名思想家阿伦特（Hannah Arendt，1906—1975）也曾经对比过中国和西方国家在思维方式上的不同。她的结论是：西方人是"词语思维"，中国人则是"形象思维"，而形象思维不是基于逻辑的推理性思维。

这个道理就如同油画和国画，油画写实，国画写意，油画借助光学器件的原理，每一笔每一处光与影的处理都要精确，能画得跟照片一样准确逼真，而国画的山山水水朦朦胧胧，若有若无，似乎只有在梦境中才有。

涂子沛对比研究发现：我们可能一直在拿国画的艺术思维对待科学技术。这表面上是个科技问题，但它的根源，不在于科技，不在于经济，甚至不在于政治，而在于文化。一个国家的经济、政治和文化的关系就像海的不同层面。海平面时刻都处于变化之中，有时波涛汹涌，有时风平浪静，这就好像一个国家变化多端的经济层；在海洋的中层，水面趋于平稳，这是政治层，政治制度一旦确立，就不容易改变；在海洋的底层，静水流深,更加平稳,非常难以改变,这就是文化层。一个国家,文化的改变最难,但这恰恰是其他改变的基础。我们的文化,理性不足,不求精确,随意盲目,长期漠视数据,表现出明显的"缺数症"。因为这种文化上的不足,现代科学最终在西方国家起源、蓬勃发展。

这不能不说是我们的一大遗憾。这个遗憾发生的历史阶段已经过去了,但这个遗憾发生的文化根源直到现在都没有得到有效的清除。在今天的大数据时代,我们不能再把大数据仅仅当作一个科技符号,而要把它变成一个文化符号。善"数"者成,大数据正在撬动当下中国的制度创新、科技创新、文化创新。如何让"尊数、爱数、用数"的基因融入中国人的思维方式和文化血脉,或许还有很长的一段路要走。

"崩溃"出人意料的原因

暴风雨将要在那一天，甚至把一些橄树吹倒，一些教堂的高塔要倒塌，一些宫殿也将要动摇！

——德国诗人海涅

无论是从经济史角度抑或人类发展史维度来审视，2008 年由美国次贷危机引发的全球金融危机始终是我们这个时代无法绕开或无法忽略的重要事件之一。这场金融危机涉及面之广、影响之深，堪比 1929 年那场导致了世界大战的"大萧条"。当危机刚刚发生时，全世界一直在不断自我安慰说"最坏的已经过去"。但是事实一次又一次证明，"隧道尽头的光亮"其实是"迎面疾驰而来的车，将给全球金融体系带来新的冲击"。

如果我们审视危机发生之后和当下正在发生的一切，2008 年的全球金融危机也仅仅是一个开始或起点。它的影响一直延绵至今——始于希腊的债务危机、乌克兰危机、英国脱欧、特朗普治下打着"美国优先"旗号加剧国内分裂、朝核危机、中东乱局等事件，让人们恍惚觉得并没有走出这场全球性金融危机的"阴影"，进而陷入"后金融危机"时代的相互扯皮和"内卷"泥潭之中。

在《崩盘：全球金融危机如何重塑世界》（*Crashed: How a Decade of Financial Crises Changed the World*）中，曾先后任教于剑桥大学和耶鲁大学，现为哥伦比亚大学历史学教授亚当·图兹（Adam Tooze）毫不讳言地指出："往回看并不代表拒绝行动。这只是努力与过去达成和解，找到走上错误道路的根源。为此，我们只能深挖金融机器的运行机制。在那里，我们将找到撕裂世界的机制，以及崩溃的到来如此出人意料的原因。"

从"孤岛"模式到"互锁矩阵"模式

过去的很多年里，反思或审视金融危机的著作可谓汗牛充栋，但很少有像图兹教授开拓新视野，将这场源自美国的危机放在"全球化"的框架下来解读。图兹教授的本行是专攻现代德国、欧洲史和全球政治经济史，并广泛涉猎政治、思想和军事历史领域。他曾写过研究纳粹德国的经济史专著《毁灭的代价：纳粹德国经济的建立和崩溃》，以及研究一战及之后美国重塑世界格局的历史著作《滔天洪水：第一次世界大战与全球秩序的重建》。图兹教授的《崩盘：全球金融危机如何重塑世界》看似偏离研究主线，实则延续其研究的问题意识，为"金融危机"历史的多样性提供另一种独特的理论注解。

英文版《崩盘：全球金融危机如何重塑世界》是在金融危机10周年之际的2018年出版的。随即引发了欧美各国媒体界、学界的热烈讨论。图兹教授并没有以国家为单位进行分析，而是采取了一种互相联系的视角，分析了"大型全球战略性重要银行"（globally strategically important banks）的运作情况。他不仅在微观上解释了2008年全球金融危机爆发的现实背景和内在原因，还在宏观上将2008年后发生的一系列重要历史事件进行了梳理与分析，借助"金融危机"描绘一幅全景的当代全球史。

图兹教授把这场金融危机比作"一场地震"：其冲击以大西洋两岸的欧洲和美国经济为原点，一路扩散，进而波及全世界。而《崩盘：全球金融危机如何重塑世界》的主角与其说是"国家"，不如说是"大型全球战略性重要银行"。它们完全在全球的层次上运作，而监管它们的机构很大程度上仍然是国家机构。从这个意义上说，这也是一部关于"我们如何'误解'权力，以及权力实际上如何运作的历史"的厚重专著。

这种"误解"主要体现为：人们很容易把 2008 年的全球金融危机看作美国自己的事情，因为美国的确是这场危机的源头。世界各地的人们也乐于相信，作为世界的超级大国，美国这次是罪有应得。伦敦金融城随后爆发的危机让这个时刻显得更加"美好"。欧洲可以轻易地把责任转移给英国，再从英国转移到大西洋对面的美国。

在图兹教授看来："所有这些单纯的想法其实大错特错。"他深入研究发现：不论美国还是其他国家的评论员或经济学家乃至政治家都急切地使用"全美危机"的说法，以此掩盖危机内部深刻的相互联系。图兹教授认为，要想分析清楚这次对人类进程影响深远的危机，则必须理解金融危机和各国采取的经济、政治和地缘政治的应对政策。首先，要把银行业危机置于更广阔的政治和地缘政治背景中看待；其次，必须审视危机的内部机制。

此次危机的爆发让人们想起了 20 世纪 30 年代的"大萧条"，并引发人们对于"大师"回归的呼声。即要想真正理解这场预料之外的金融风暴是如何发展的，就必须脱离我们习以为常的、继承自 20 世纪初的宏观经济学认知框架。两次世界大战后，关于国际经济的宏观经济学观点是以国家、国家生产体系和由此产生的贸易不平衡为中心。这是一种始终以经济学家凯恩斯为代表的经济学观点。比如，消费和投资是如何崩溃的，失业率如何飙升以及 2009 年之后对货币和财政政策的选择，凯恩斯经济学显然是不可或缺的分析视角。

图兹教授纵横对比研究发现：在全球化深入发展的时代分析金融危机的爆发，标准宏观经济方法有其自身的局限。特别是在对国际贸易的讨论中，国家经济不再重要已成共识。推动全球贸易的不再是国家经济体之间的关系，而是在运营着庞大"价值链"的跨国公司。

全球货币业务领域亦如是。图兹教授坦言："这些危机本质上是相互联系的，原因是欧洲银行早已深度卷入了美国的金融体系中。"由此，要想真正理解在 2008 年爆炸的全球金融体系内部的张力，无疑是需要脱离凯恩斯主义宏观经济学及其为人熟知的国家经济统计学体系。为此，图兹教授还专门援引国际清算银行首席经济学家申铉松（Hyun Song Shin）相关"宏观金融"最新研究成果指出：分析全球经济时，不能采用国际经济交流的"孤岛"模式，也就是从一个国家经济体到另一个国家经济体逐一分析，而必须采用企业财务报表的"互锁矩阵"模式，也就是从一个银行到另一个银行进行分析。

2007 年至 2009 年全球金融危机和 2010 年后的"欧元区"危机也从侧面证明：政府赤字和经常账户不平衡并不能有效预测现代金融危机的力量和速度。要想真正理解这一点，就必须聚焦于可能在财务账目的"互锁矩阵"中发生的惊人调整。尽管经典的"宏观经济不平衡"，即预算和贸易不平衡，能够产生巨大的压力，但是现代全球银行挤兑牵涉的货币金额要庞大得多，速度也快得多。

把美联储变成"世界央行"

《崩盘：全球金融危机如何重塑世界》通过描绘 2008 年金融危机的背景，勾勒出了一部从 20 世纪 70 年代开始的世界历史。从 70 年代初开始，布雷顿森林体系的崩溃和其他更大的地缘政治转变，引发了包括"市场自身可以保持稳定""中央政府没有必要稳定市场""自由竞争应该是经济政策的关键组织机制"等特点在内的新自由主义秩序。

曾有历史学家指出，尽管1848年欧洲革命很快就被镇压了，它却代表了"现代历史未能转向的转折点"。2008年的金融危机亦是如此。此次危机表明，"市场自身可以保持稳定"（或"市场能够自我调节"）的说法或许是一种空谈。它本该使新自由主义"蒙羞"，因为新自由主义认为"不受调节的市场"能够比"受调节的市场"更加高效地生产、分配产品和服务。然而，事实却是相反的：旧秩序的重新确立带来了灾难性的后果。

图兹教授深入研究发现：此次危机在美国，两党的金融精英基本上可以说"毫发无损"。2008年，奥巴马的竞选活动受益于金融危机发生"至暗时刻"，而奥巴马雇用的正是克林顿时代主张"去市场调节"的竞选团队，这为危机的发生埋下了伏笔。在处理此次危机时，奥巴马的团队没有拆解大银行，也没有撤换他们的高管，反而对他们施以援手。出于稳定金融体系的考虑，大银行家也并没有因为他们那些导致经济崩溃的"欺诈产品"而锒铛入狱。奥巴马实施温和的经济刺激计划，通过适度的公共支出计划并向银行家提供廉价的无限制信贷，为缓慢的经济复苏提供了足够的刺激。但是，大多数美国人的经济安全遭受了削弱，该体系的合法性为此在很长的一段时间内遭到质疑。一个后果是美国极右翼势力的崛起；另一个后果就是2017年1月奉行"新民粹主义"的特朗普的上台。图兹教授认定，金融危机带来了民主的衰退，这是特朗普当时能够当选的原因之一。

很多人"想当然"地认为，这次金融危机会极大地动摇美国的金融霸权以及美元的主导地位。然而，图兹教授却认为此次危机进一步强化了华盛顿和纽约的金融霸主地位，虽说"变革的紧迫性令人震惊"，但"美联储的作用没有萎缩，而是强化了美元主导的格局"。从本质上来说，这场危机是银行资产负债表的内爆，而且波及的范围超出美国蔓延至全球。图兹教授指出，如果当时政府对这场危机袖手旁观，其将会比"大萧条"严重得多："20 世纪 30 年代的大萧条时期，也从未有过这样庞大而相互联系的体系如此接近全面崩溃。"

这场金融危机中的关键干预措施并不是银行救助或央行的购买计划，而是美国将美元注入全球银行体系这一所谓前所未有的跨国行动。2006 年 2 月 1 日接任艾伦·格林斯潘出任美联储主席的伯南克，是一位研究"大萧条"的学者，他深谙其中的逻辑和利害关系。尽管伯南克坚持认为美国国会采取的紧急措施主要是为了支撑美国财政，但他还是把美联储变成了"世界央行"的冒险尝试：通过所谓的流动性"互换额度"（Swap lines）协议，美联储授权一批精心挑选的核心央行按需发行美元信贷。换句话说，美联储将自己打造为流动性的提供者，只是印发了足够多的美元，即超过数万亿的美元以防止全球经济因缺乏信贷而崩溃。随后这些国家以本币带利息偿还就注入了巨大的流动性。这种"令人惊叹的创新"，其带来的一个重要隐患就是令全球银行体系变得更加不稳定；其带来的可怕后果是，某种意义上甚至包括美国政府本身都无法真正控制全球经济究竟选择什么来担当其主要的、起组织作用的货币。

美元之所以是全球金融和商业领域的主要货币，不是因为美国政府说了算，而是在于私人企业的使用：它便宜、简单、易于取得，具有如今欧元 – 美元市场的成熟法律框架来作为离岸美元借款和贷款的基础。而美联储在 2008 年危机中的做法则表明，美元体系的后盾乃是美国的整个国家系统。

这种做法"与 20 世纪 70 年代以来的传统经济叙事相悖"。传统的观点认为，当国家不去调节市场时，市场就会繁荣。伯南克却鼓动政府以令人难以想象的规模去支撑一个本不需要政府的私人体系。

图兹教授为此一针见血地指出：这场危机"毁灭性地打击了对'大稳健'时代的自负的信任，是对当时盛行的自由放任思想的一种令人震惊的颠覆"。而那些房屋的主人才是这次危机的真正受害者，他们几乎没有得到任何帮助。当时采用"先救华尔街、再救普罗大众"的政策，更是使得大部分的救助资金直接流向了最大的银行，而较小的银行和房屋主人却只能破产。奥巴马750亿美元的抵押贷款援助计划也并没有像国会希望的那样帮助陷入困境的房主，而是被用来改善银行资产负债表。

这也正像《紧缩：一个危险观念的演变史》作者、布朗大学国际政治经济学教授马克·布莱思（Mark Blyth）指出的那样：问题的源头并不是政府狂妄无节制的支出，而恰恰是政府对破产银行体系的救助、再资本化和注资。这些行为将私人部门债务变成政府债务，这些债务的始作俑者偷梁换柱，让政府来承担罪名并让纳税人承担偿还责任。这种偿还责任现在甚至演变成了全球式紧缩，即采用降低国内工资与价格的政策来恢复竞争力并且平衡预算。

选择萧条还是发展？

"欧元区"在《崩盘：全球金融危机如何重塑世界》中占据不小的篇幅，图兹教授认为："欧元区"的问题是决策涣散、格局太小，他甚至对于默克尔关于"共同预算"数额极低的设想颇为感到失望，他还预测"欧元区"最大的风险将出现在意大利。作为一名历史学家，图兹教授在回望2008年金融危机时还认定：欧洲国家错过了诸如重组银行、改变体制、加强监管等一系列历史机遇。而从当下的状况来看，包括"欧元区"在内的众多国家仍没有从这些历史中吸取到足够多的深刻反思教训。

与美国相比，欧洲的情况显然更为糟糕。危机爆发时的欧盟，主要由28个成员国组成，政策推行的效果还不如奥巴马政府最差的情况。当时的德国已经在经济一体化方面花费了1.3万亿欧元，而且无意再为整个欧洲的经济复苏提供保障。德国决策者认为，陷入困境的国家必须实行紧缩政策，以恢复人们对金融市场的信心。然而，就连国际货币基金组织那些保守的经济学家也很快就意识到在严重经济衰退中采取紧缩政策并非实现经济复苏的良策。

以紧缩政策为引子，政治家和经济学家时常会提到一个有趣的比方——"比尔·盖茨逛酒吧"。当比尔·盖茨进入酒吧后，酒吧所有成员的平均财富大幅激增，似乎人人都成了百万富翁。事实上，酒吧里只有一个亿万富翁和一群身价数万美元或更少的普通人。紧缩对不同收入人群的政策效果截然不同，因此也面对同样的困境——在统计上正确，但实际却毫无意义。处于收入分配最底层的人群遭受的损失远大于处于收入分配最顶层的人群。

吊诡的是，德国当时的选择决定了欧洲的政策。此外，欧洲央行也并不像1932年之后的美联储，它既没有正式权力，也得不到欧洲国家领导在政治上的支持而成为最后贷款人。此次金融危机之后，美联储维持了低利率，并且使得金融行业很容易获得贷款，从而避免了经济危机演化为一场经济"大萧条"。美国政府在不增加税收的情况下举债支付服务费用，这是一项财政刺激政策，而且它还可以通过扩大信贷以保持市场的流动性。但是，由于德国担心这些政策会导致通货膨胀，所以欧洲央行无法向那些陷入困境的国家提供信贷，也没有办法通过出售债券来筹集资金。

图兹教授以冷眼热心观察和揣摩着"欧元区"的喧嚣与叹息。按照他的总结和分析，在2008年的金融危机之后，希腊、爱尔兰和葡萄牙由此陷入了预算日益难以为继的艰难局面。因此，从对银行业危机给予慷慨解囊的救助政策到随后紧缩政策的转换，是以一种特别"戏剧化"的形式呈现出来的。

谈到欧洲在金融危机中面临的困境时，图兹教授提到了德国的紧缩政策、欧洲央行的结构性疲软以及欧元的不堪一击，他指出这些因素结合在一起产生的效果是致命的。由于欧洲实行的糟糕的政策，私人金融资产的内爆导致了"主权债务危机"。危机开始之后，错误的应对措施造成了更大的破坏。在爱尔兰，严重腐败的政府将银行的损失转移到了国家资产负债表上，突然之间致使爱尔兰不得不接受比利时和德国的破产管理，以及这两个国家严苛的提供资本的条件。

在危机爆发前，希腊政府在高盛的帮助下修改了预算，高盛创建了特殊证券以掩盖希腊政府不断增加的公共债务。金融市场的反应是做空希腊主权债务，要求希腊支付更高的利息。但是，欧盟和德国并没有把希腊的局势当作一场需要遏制的危机，而是将希腊视为一个挥霍无度的客观教训。希腊只有接受惩罚性条款才能获取财政援助的机会，因此为了获得援助，希腊不得不削减公共服务和养老金，并以低价拍卖公共资产。

时间拨回到 2010 年 4 月，当时二十国集团的其他成员和更多国家就已经认为，欧元区的危机太过危险，欧洲人太无能，不能让他们自行处理自己的事务。为了防止希腊成为"另一个雷曼兄弟"，美国政府动员国际货币基金组织采取行动，让这个 20 世纪中期全球主义的杰作拯救 21 世纪的欧洲。当年 5 月的救助计划阻止了危机进一步恶化，但是也把欧洲、国际货币基金组织连带着美国一同锁进了纠缠不清的噩梦，时至今日，他们仍然没能从中解脱。

图兹教授认为，所有这些"戏剧化"的形式，欧洲央行在其中都起到了关键作用。但是，欧洲央行不能合法地购买其成员国的主权债务。早在 2011 年，生于意大利、在美国麻省理工学院获得经济学博士学位的马里奥·德拉吉（Mario Draghi）成为欧洲央行行长之后，逐渐扩大了欧洲央行的职权范围，下调了利率并向欧洲的银行发放了两轮贷款。在德国的同意下，欧洲央行直接购买政府债券。但德国人坚持该计划仅限于遵守德国提出的财政条款的国家，而这些条款对国家的赤字和债务有着严苛的规定。

令人叹惋的是，这些钱不可能流向最需要的国家。因此，欧洲没有在经济复苏方面取得什么实质性进展。图兹教授还很好地解读了错综复杂的欧洲政治谈判，正是这些"旷日持久"的政治谈判使欧洲各国在政策上达成了某种妥协，避免了欧洲彻底的经济萧条，但却抑制了欧洲经济的发展。这是不同欧洲国家领导人联盟之间博弈的结果。诚如图兹教授指出的那样："危机的整个过程证明，'实事求是地'应对当前形势，有着根深蒂固和持久的困难。"

图兹教授还对欧洲企业在危机中面临的困境感到痛心：众多企业没有从欧盟的危机应对措施中获利，反而沦为受害者，欧洲各银行尤其如此。2008 年之后，改变全球企业层级的不仅仅是亚洲的崛起，还有欧洲的衰落。听惯了德国贸易顺差的欧洲人可能觉得这种观点难以接受。但德国的贸易顺差不仅来自蓬勃发展的出口，同样也来自被抑制的进口。所有人都看到了欧洲在全球排名中不可阻挡地滑落。尽管不是人们所希望看到的，但是运行世界经济的却是几千个大型企业而非中小型企业，它们交叉持有的股份又掌握在少数资产管理者手中。在企业竞争的战场上，2008 年至2013 年的危机给欧洲资本带来了历史性的失败。毫无疑问，造成这种结果的原因有很多，但最重要的是欧洲自身经济的状况。

与乐观主义的想法和观点相反，图兹教授认定这场危机"其实并没有真正结束。在人们面前的并不是危机的重复发生，而是突变和扩散"。而回顾过去，特别是一个基本上可以看清而又可以追寻到现实的许多根源的过去，总可以学到许多东西。当然你也可以认为历史只是历史学家眼中的历史，真实的情况不一定会被历史学家知道，也未必能完整流传下来。但图兹教授却是试图努力通过《崩盘：全球金融危机如何重塑世界》提示人们：历史书写并不能脱离它试图重现的历史本身。更重要的问题不是要过多长时间才能书写历史，而是这段时间里发生了什么，以及在书写历史的此时此刻，即将发生什么。

基于此，《崩盘：全球金融危机如何重塑世界》主旨更接近于"让我们想象一下回到二十年前、三十年前乃至于四十年前，我们将会如何书写这段历史"。而图兹教授所做的就是去表明，"好吧，那件事只过去了十多年而已，但眼下我们还是写下那段历史为妙，看看我们有哪些得失"。

稳定制造不稳定

> 为了要使一个大人或小孩极想干某样事情，只需要设法把那件事情弄得不易到手
> 就行了。
>
> ——美国小说家马克·吐温

肇始于 2007 年末美国次贷危机的经济"大衰退"，引发了经济学界广泛而深刻的思考。主流经济学（主要是宏观经济学和金融经济学）由于未能预测、解释和应对这场经济危机而名声扫地；那些过去一直被边缘化的"非主流"经济学思想因为对此次经济危机提供了替代性的解释，受到学界的广泛关注和追捧。譬如，美国经济学家海曼·P. 明斯基（Hyman P. Minsky）于 1996 年去世前，一直被归为"非主流"经济学家，自次贷危机之后，人们突然发现明斯基成了著名"非主流"经济学家——因为他提出的"金融不稳定性假说"（FIH）理论甚是流行。

成长于"大萧条"时期的明斯基，一生都在致力于金融危机内在机制、金融体系、经济周期和总需求决定等方面的研究，"大萧条"塑造了他的看法，也让他走上了一条力图解释"大萧条"如何发生以及如何防止其重演的奋斗之路。诺贝尔经济学奖得主保罗·克鲁格曼甚至把一档关于金融危机的广受关注的电视访谈节目取名为"重读明斯基之夜"。由此，明斯基那些早已绝版的著作突然需求大增，一本旧书转手价达数百元，一些富有远见的出版商则提早再版其相关作品，其中就包括《稳定不稳定的经济：一种金融不稳定视角》（*Stabilizing An Unstable Economy*）这类难啃的大部头专著。

稳定引起膨胀及信用过量

虽然明斯基的追随者中不乏查尔斯·P.金德尔伯格这样的知名经济学家，可是直到去世，他都依然只是一位不为很多人了解的经济学家，其主要经济思想也未得到过重视。似乎在那个凯恩斯政府干预理论与弗里德曼货币经济理论争持不下的年代，偏向马克思理论或主张通过经济社会制度变革实现社会进步的经济学思潮，均不能获得主流地位。即便是曾为凯恩斯著书立传的明斯基（著有《凯恩斯传》），亦是如此。

在《稳定不稳定的经济：一种金融不稳定视角》中，明斯基详细记载了20世纪70年代的"大衰退"与"滞涨史"。明斯基还借用凯恩斯的"借款人风险"和"贷款人风险"概念，把不确定性和金融关系的作用联系在一起，并看作投资行为的主要决定因素。在不确定的环境中，企业的融资结构、外部融资的可获得性和成本是投资水平的重要决定因素。如同凯恩斯在《就业、利息和货币通论》中描述的"动物精神"一样，除了受到货币政策等外部冲击影响之外，"安全边际"（margins of safety）的大小依赖于经济当事人对过去尤其是"最近的过去的记忆"：如果最近发生的都是好消息，所要求的"安全边际"就会不断减少，债务融资会通过投资驱动经济越过短暂的充分就业均衡，进入亢奋状态；如果最近发生的都是坏消息，"安全边际"就会不断提高，债务紧缩，投资减少，极端的情况就是伴随着通货紧缩和投资活动完全终止的流动性陷阱。

在思考经济为什么会不稳定时，明斯基通过对比研究发现，为投资进行融资是经济中"不稳定性"的重要来源。这是建立在著名的"明斯基融资分类法"基础上的，明斯基根据"收入—债务"关系，将融资方式分为三种类型。

其一，对冲性融资（Hedge financing），指经营性现金收入和债务人支付承诺的现金收入大大超过现金流出，一般不会发生支付困难，是最安全、最谨慎的。

其二，投机性融资（Speculative financing），指经营和债务兑现形成的现金流入不足以支付到期应付债务的本金，利用短期资金为长期头寸融资，能维持正常经营，这种高财务杠杆率行为主体具有投机性质。

其三，庞氏融资（Ponzi financing），指现金收入不足以还本付息，需要"借新债还旧账""拆东墙补西墙"，或变卖资产，或累积新的债务，以这种非常危险的方式维持经营。换言之，庞氏融资既降低了资产净值，也降低了其债务持有人的"安全边际"。

明斯基将经济周期分为经济增长、经济繁荣、经济危机三个阶段。在经济增长时期，整个金融体系较为稳定，企业大多采用对冲性融资进行投资生产。在这个阶段没有金融危机，或者说即使金融危机存在，也相对温和。当经济进入繁荣时期后，人们的预期就开始非常乐观，因此将更倾向于冒险，采用投机性融资或者庞氏融资，不断从银行或其他金融机构借贷。不断扩大的借贷现金流量促使短期利率上升，进而带动长期利率上升。随着长期利率的上升，资产现值不断下降，采取投机性融资的企业财务不断恶化，它们将很快意识到自身将无力支付借贷的本金和利息，只能依靠变卖资产或者不断借债来维持。如果企业资不抵债，只能破产强行清算，而当整个经济大面积爆发这种现象时，便出现著名的"明斯基时刻"，金融危机以及由其引致的经济危机就将爆发。明斯基认为，经济危机阶段是一个漫长的"金融去杠杆化"阶段，通过这个阶段，整个经济的融资方式将回归比较稳妥的对冲性融资。

众所周知，几乎所有宏观经济学者在工作中都喜欢使用他们称为"均衡模型"的工具——"现代市场经济体是基本稳定"的这一观点。这并非说经济一成不变，而是说经济以平稳方式增长。经济危机的产生或突如其来的经济繁荣的出现，都必须借助于某种外部冲击，而不论这种冲击是油价的上涨、战争的爆发或互联网的发明。

明斯基并不同意这种观点。由于经济扩张过程中投机性融资和庞氏融资的比重必然上升，因此金融脆弱性是天然的、内生的。当市场体系处于稳定时，银行、公司及其他经济行为体会变得自信满满，发挥作用的市场力量会通过利益的引导使市场向不稳定的方向发展。如果每个人或每家企业都变得更加追求风险，这将加大杠杆的力度，直至游戏玩不下去，市场偏离均衡。所以，稳定最终将是不稳定的，因为稳定会引起资产价格膨胀以及信用过量。

以典型的房产抵押物为例来理解此种现象最为贴切。对冲性融资是指偿还本金的正常贷款，投机性融资更加类似于只支付利息的贷款，而庞氏融资甚至比这走得更远，它类似于得到一笔抵押贷款，几年内都根本不缴任何款项，然后希望房产价值上涨到足以把房产出售就能够支付最初的贷款和所有未缴的款项。由此可见，该模型是对导致金融危机的那一种贷款的相当形象的描述和演绎方式。

在过去很长的一段时间内，多数宏观经济学者对银行和金融系统的微小细节均不十分在乎。他们普遍认为该系统只是资金从储户移往借款人的中介。这就如同人们在淋浴时并不十分关心水暖设备的微小细节。只要水管运作正常而且水流顺畅，就不需要了解其细致的运转情况。

在明斯基看来，银行不只是水管，而更像是水泵，其不只是简单地负责系统中资金转移的中介，而且还是有更多贷款动机的营利机构。这是导致经济不稳定的机制的一部分。

给"稳定制造不稳定"开药方

在明斯基所处的时代，无论是其少年时期的 20 世纪 30 年代，还是其步入学术生涯的"黄金时代"，传统的马克思主义者都几乎排他性地关注实体经济部门，而忽视了马克思对金融部门的论述。

"Stabilit is destabilizing"（"稳定即为不稳定"或"稳定制造不稳定"）——明斯基的主要经济观点十分简单，用这三个英文词即可以概括。不稳定是常态，稳定是非常态，这与中国哲学"唯变不变"可谓异曲同工。

明斯基受凯恩斯及其思想影响颇深，并将"金融不稳定性假说"看作是对凯恩斯思想的一个诠释。明斯基指出，资本主义的经济周期表面上看是实体经济的原因，从深层次上说是金融系统的问题。金融部门是资本主义经济体系中最不稳定的。从源头来看这种"不稳定性"是内生的，无法根除；而金融业的内在"不稳定性"必定会演化为金融危机，进而把整体经济拖垮。

如何稳定这种不稳定的经济？结合近现代经济危机和周期运行历史，明斯基以史为鉴，开出了自己的药方。

一是既反对完全的自由主义也反对凯恩斯的刺激投资、福利政策。明斯基认为市场的内部力量包含不稳定因素，需要进行干预来避免"看不见的手"走向无序调整，当然也不能把更进一步的自由放任作为解决"不均衡"问题的办法。同时，明斯基也反对凯恩斯主义者强调的对总需求进行微调、刺激投资和建立中央集权下的福利制度。他认为刺激投资必然会导致融资结构从对冲性融资向投机性融资乃至庞氏融资转换，这导致金融脆弱性不断增强，将引起金融"不稳定性"和通货膨胀，甚至会加大不公平。

二是"微调是不可能的"且是危险策略。明斯基认为即使微调政策能够取得暂时的稳定性，这种稳定性也将产生退回"不稳定性"的过程。如果危机在远未发生时就被"成功抑制住"，风险行为就会被认为是"有效的"，这将为此后可能发生更频繁和更剧烈的后续埋下伏笔。微调的应对方案是一种危险的策略，该策略可以暂时有效，但恰恰是因为它可以暂时有效，才为自己的灭亡埋下种子。所以明斯基反对那些所谓的反周期、"熨平周期"的政策应对，认为"政策问题在于，设计一些制度结构和政策措施，能够在不增加陷入深度萧条可能性的情况下削弱通货膨胀、失业和生活水平提高迟缓的影响"。

三是政府最应该关注的是就业，而且政府应该直接创造就业岗位。明斯基的经济思想中深刻地印着对"美好社会"的向往与理想。他认为，经济政策必须反映建设美好社会的理想。关于就业的政策立场正是他这种人本思想的一个例证。明斯基毫不讳言地指出，社会公平依赖于来自公众和政治力量核心的个人尊严和独立性，而个人尊严和独立性最好是通过由权利或者公平交易获取收入的制度来获取。对所有人来说，对工作的补偿应该是最主要的收入来源，由于非劳动所得的转移支付的发放范围不断扩大，永久性独立正在成为众多领受者和社会体制的消极因素。充分就业是经济上的好事，也是政治上的好事。"如果每个人都能获得工作机会，经济能给所有人提供基本社会保障和自我价值实现感，那么很多社会问题就会回到易于管理的程度。"

四是应该鼓励"股权融资"而不是"债权融资"。明斯基主张那些可以鼓励"股权融资"的政策（减少"债权融资"），可以把收益转给股东，这有利于削弱企业增强"不稳定性"的力量。

五是通过"大银行"和"大政府"可以有效抑制经济不稳定。明斯基深入研究发现，由各国央行、货币当局充当"大银行"的角色，在一些商业银行流动性暂时不足时，以"最后贷款人"的身份，通过公开市场业务和再贴现方式对其注入流动性，以缓和其财务压力，避免这些金融机构因为出售资产而引起市场动荡，进而引发金融危机。同时，为了有效防止银行因为有央行这个"最后贷款人"的存在而出现道德风险，明斯基提出了"大政府"概念。"大政府"一方面与"大银行"互相监督，另一方面通过财政政策干预经济，有效管控经济运行。明斯基认为，通过"大银行"和"大政府"的相辅相成，经济中的不稳定因素就会有效抵消，达到稳定经济的作用。但明斯基也指出，这一方法无法从根本上解决资本主义经济周期现象。

自从二战以来，主流经济学日趋数字化，依赖于经济如何运作的形式模型。建立模型就需要作出假设，批评主流经济学的声音认为，随着模型和数学越来越复杂，它们所赖以推行的假设也日益同现实脱节。模型已经自成其目的。虽然受过数学训练，但明斯基更赞成经济学者称之为叙述的做法——他所指的是以言词表述观点。虽然数学更为精确，但言词可以让人表述和尽力理解那些让模型无所适从的复杂观点，例如不确定性、非理性和狂热性等。难怪明斯基的粉丝称这有助于对经济形成远比主流经济学更为"现实"的看法。

明斯基理论的现实镜鉴

在《稳定不稳定的经济：一种金融不稳定视角》中，明斯基从史实、理论到实践等维度对金融危机进行了全面解析，给予我们一种不同于以往的认识方式，并将其作为改造客观世界的理论工具，期望以此应对未来经济"大萧条"或"大衰退"的到来。

"明斯基时刻"是后来的经济学家创造的一个用语，是指整座纸牌屋倒塌的时刻。庞氏融资以资产价格上涨为基础，在资产价格最终开始下降时，借款人和银行认识到在系统中存在永远无法偿还的债务。人们争相出售资产，从而造成资产价格下降幅度更大。这就如同一个卡通人物奔落悬崖的时刻。卡通人物继续奔跑一些时候，仍然以为他们跑在坚实的地面上，然后在一瞬间突然醒悟——"明斯基时刻"。这时他们往下看，所见无他，皆无踪迹，接着就猛然跌落到地面上，而这正是 2007 年末的次贷危机和崩溃。

毋庸置疑，明斯基金融危机理论有许多合理的内核，强调投机性泡沫的危害，重视政策制定纳入资产价格因素等，欧洲不少国家乃至美联储已经将明斯基理论纳入政策体系之中。在笔者看来，明斯基理论对当下乃至未来中国经济的持续、健康发展也有颇多重要启示和现实镜鉴。

第一，必须正确处理经济发展和金融创新的内在关系。金融资本是现代经济运行的润滑剂，没有足够的润滑剂，经济也无法顺畅地运转。只有金融创新，运用新的方式、新的工具引导经济泡沫运行疏散，才能对实体经济结构进行有效调整，把握好资产交易同实体经济运行的耦合，金融才能成为经济发展的助推器，而不是定时炸弹。

第二，加强对"影子银行"的严格监管。国内"影子银行"，包括银信合作理财、委托贷款、小额贷款公司、担保公司、信托公司、财务公司、金融租赁公司、地下钱庄、民间借贷、网络借贷和典当行等机构和业务近年发展迅速。鉴于"影子银行"具有高风险高杠杆的特征，必须将其纳入严格监管之下。

第三，防止地方政府债务陷入"明斯基时刻"。针对国内地方政府债务比较高的现实，必须注重风险临界点的把控，防止陷入"明斯基时刻"，同时督促地方政府削减支出，降低债务存量水平，引进社会资金，进行债务组合，限制信托、融资租赁等融资模式，降低利息成本。

第四，警惕房地产市场由对冲保值者发展为投机性或庞氏借贷者。国内房地产市场近年呈现房价高企的特点，投资或投机性购房比例逐步上升，贷款是开发企业重要资金来源。但不少地区的房价仍维持在较高价位，并持续攀升，银根宽松，违规放贷，助长了房地产泡沫的形成，必须采取应对措施，限制房价，警惕房地产市场由对冲保值者发展为投机性或庞氏借贷者。

第五，注重加强金融监管。金融危机往往是金融风险累积的结果，注重事先监督和控制潜在风险，防患于未然十分重要。与此同时，保持银行系统和资本市场的适当距离，建立银行体系和资本市场之间的"防火墙"，可以有效防止风险在货币市场和资本市场之间互相传递。

"滋润日子"缘何好景不长

在甜蜜的梦乡里，人人都是平等的，但是当太阳升起，生存的斗争重新开始时，人与人之间又是多么的不平等。

——1967 年诺贝尔文学奖得主米格尔·安赫尔·阿斯图里亚斯

1945 年 9 月 2 日，日本代表在美国战舰"密苏里号"上签署无条件投降书，标志着第二次世界大战全面结束。此时各行业百废待兴，急需修路造桥、恢复农业、再振工业……本以为战争废墟上的重建与复兴将是经年累月的步履艰难。可事实上，1948 年至 1973 年间，世界经济以一种前所未有的速度在快速发展。依据《世界经济千年史》作者、英国著名经济史学家安格斯·麦迪森（Angus Maddison）的精细测算："从 1950 年到 1973 年，全世界所有居民的人均收入以 2.92% 的年均增长率提升，按照这个速度，人均生活水平在 25 年内就能翻上一番。"

然而好景不长，这个"黄金时代"的经济奇迹美梦很快就破裂了。就在 1973 年，所有的增长戛然而止，世界经济进入了长期的"滞涨期"，此后即便有所回暖，也只是短暂和不稳定的。昨日还是斗志昂扬，向山巅冲击的人们，今日却莫名其妙就走上了一条下坡的"不归路"：这 25 年间经济飞速发展的奇迹到底是由谁创造，又因为什么而衰败？在那之后的几十年为何再也没能突破"黄金时代"的经济增长高度？学术和政治精英能在多大程度上左右经济现实？在过去的 50 年里，全世界的经济学家或历史学家一直在试图找寻出这些问题的关键所在和补救方案。这些问题也是英国经济学家马克·莱文森（Marc Levinson）在他的专著《大转折》（*An Extraordinary Time*）中想要重点关注和探寻的。

从早前在《集装箱改变世界》中提出"没有集装箱，就没有全球化"；再到在《大转折》里聚焦战后欧美各国经济的演化历程，莱文森"对细节的关注和对大局的理解"，显然是在不断地拓展自己的研究边界和维度。《大转折》不同于常见的经济发展史或者国别史，莱文森以问题为导向，聚焦"1973 年"这样一个西方经济发展轨迹上悄无声息却至关重要的时间节点，致力于解答关于西方经济在 20 世纪 70 年代发生"大转折"的若干经济问题。莱文森在抽丝剥茧的探寻过程中以事实为据，给出令人信服的答案。

是什么造就或推动了"黄金时代"？

时光回到 1973 年之前，人类没有在二战过后的满目疮痍中迎来"文明的黄昏"，而是见证了经济发展的"黄金时代"。那么，是什么造就或推动了"黄金时代"呢？

在《大转折》中，莱文森以宏大的宏观经济视角，展现了一个全新的战后经济发展图谱：20 世纪的下半叶可以分为两个阶段。第一个阶段（1948 年至 1973 年）始于二战的废墟，却见证了以西方国家为主的经济奇迹，人们不愁找不到工作，房子、汽车和消费品进入了"寻常百姓家"，一系列政府主导的福利计划也带给人们从摇篮到坟墓的社会保障，那是一个生机勃勃的"黄金时代"。然而，1973 年到 20 世纪末的第二阶段，则呈现出与上一阶段完全不同的光景，人们见到的不再是热闹的繁荣景象，而是循环往复的经济危机、缩水的养老金价值、家庭积蓄的快速消耗、购买力的大幅下降、失业率的居高不下，那是一个充满焦虑的"失落时代"。

在回望战后经济时，莱文森发现：1948 年后，随着二战的结束，世界各地由于战争导致的连年经济紧缩后，需求反弹，再加上战争时对商业投资的人为管控，导致很多企业的利润积存了下来，急需在民用市场上大干一场。

制造业的繁荣吸引了数百万的劳动力脱离农业，进入工业。工厂对新设备的需求同时又创造了更多的工作机会，推动了就业率的显著上涨，以及设备的技术革新。这些良性循环使得所能创造的经济价值在不断提升，为国民经济的高速发展做出了贡献。

各国还将消减关税提上了日程，并且开始取消其他贸易壁垒，这些变化促使边境贸易大量增加，生产率的提高与国际贸易的发展相辅相成，同时也提高了个别企业在国际上的竞争力。另外，各国政府还开始大量投资建设高速公路等基础设施，快捷又便宜的地面运输，让工厂不仅产量高，成本也更加低廉。

在这样的环境下，人们的收入明显增长，工作稳定也得到了保障，进而提高了人们的购买力，这也促进了相关产业的发展和更新迭代。可以说，在这样经济快速发展的"黄金时代"，数以亿计的人口脱离了贫困，过上了难以想象的富裕生活。

换言之，战后经济爆炸式增长，几乎让每个人都能够感受到生活水平的提高，人们的信心高涨，对政府也空前地信任，政府和民众一致认为：经济一定会如愿地高速发展下去。1948—1973 年，排除通货膨胀的因素，北美的劳动生产率翻了 1 倍，欧洲翻了 3 倍，日本达到了原来的 5 倍。工会在保障工人的权益，带薪休假增加，退休年龄降低，人口在增长，工业化程度提高，贸易壁垒被打破，全球经济体愈发联系起来。

当时的美国重塑了"世界秩序"，掌控着政治、经济、科技、文化等各方面的话语权和主导权，社会欣欣向荣，各阶层都生活得很滋润。

法国人把这段时期叫作"光辉的三十年"；英国人称为"黄金时代"；德国人的说法是"经济奇迹"；意大利人就是简单的一个词——"奇迹"；日本人则更加谦虚，称之为"经济高速增长的年代"。这些光耀关键词的背后，是世界经济快速发展的结果和佐证。无论用哪种语言，当时的经济表现都备受称赞。就连时任英国首相哈罗德·麦克米伦（Maurice Harold Macmillan）也对当时的经济发展和社会进步给予最高评价："不夸张地说，绝大部分的人生活从来没这么好过。"

经济学家的工具箱为何尴尬地空虚？

山雨欲来风满楼，"黄金时代"经济繁荣的背后却隐藏着一场巨大的危机。

在《大转折》中，莱文森研究发现：从 1969 年开始，欧美各国的通货膨胀率已经越来越高。面对通货膨胀，政府通常会选择调高利率，从而降低需求（消费），借贷成本上升，让购房买车的人更少，投资减少，但这也会造成失业率升高、经济发展减缓。如果政府对通货膨胀不加干预，选择"宽松"政策，贷款成本就会下降，企业更有活力，失业减少，但物价也会攀升，工人会要求更高的工资。

莱文森对美国、西欧、日本等几大世界经济巨头的经济政策，深刻地进行了剖析。结果惊奇地发现：虽然战后欧美各国经济政策各有千秋，但目标空前一致——"稳增长、保就业、控制通胀"。1973 年之前，大家的经济数据都颇为亮眼，以至于欧美各国都认为自己的经济思路和政策，具备优势，是经济繁荣的首因。

由于有战后长达 25 年的持续经济增长，欧美各国于是简单地将经济上的成功归功于"缜密详细的经济计划"，由此催生了"新经济学"理念。正如时任美国总统肯尼迪的首席经济顾问沃尔特·海勒（Walter Heller）所断言："在更好的统计分析和计算机技术的辅助下，经济模型将帮助政府精准预测出如何调整支出和税收以消灭失业，并且还不会推高通货膨胀。"后来的历史一再证明，这套基于"新经济学"的所谓政府计划可以促进繁荣、提高生活水平的观点，只不过是一场残忍的"骗局"。

1970 年以后，高收入国家经济出现波动，商品热潮很快退去，全球市场对于原材料的需求下降，大宗商品的价格跌落。此时，虽然美国的工资还在不断攀升，但失业率和通胀率也同样居高不下。为了在经济周期中力挽狂澜以赢得连任，时任美国总统尼克松提名那个时代最杰出的经济学家阿瑟·伯恩斯（Arthur Burns）担任美联储主席，后者试图以宽松货币政策来降低失业率，却无力抑制美元贬值的通货膨胀，影响波及世界主要经济体。

"飙高的通货膨胀率"成了 20 世纪 70 年代最为突出的经济问题。最终，到了 1973 年初，通货膨胀开始失控，"西欧出现抛售美元，抢购黄金和马克的风潮"，导致以美元为中心的固定汇率制度——布雷顿森林体系最终走向了崩溃（美元与黄金、石油挂钩）。在巴黎，出租车上挂着"不再接受美元"的牌子，甚至乞丐也在自己帽子上写着"不要美元"。但正如莱文森所言："那个时代最杰出的一位经济思想家酿成了一场经济灾难。"通货膨胀不仅没有得到抑制，甚至其影响已经远远超出美国本土范围，世界经济近四分之一个世纪的平静就此打破，汇率也逐渐呈现出一种混乱的局面，世界金融市场陷入无力的旋涡之中。

说到经济，"石油"是绕不过去的话题。二战后，美国和英国的石油组织掌控着大部分的石油生意。莱文森在《大转折》中正是以荷兰的第一个"无车星期天"开篇的，这也直接点出了 1973 年世界经济发展急转直下的第一重原因：能源尤其是石油的价格上升。而西方国家通货膨胀的直接后果之一就是：1973 年初，11 个石油输出国组织成员国宣布要将油价提升 15%，以弥补美元贬值造成的损失，并在几经谈判后，于该年 10 月份降低产量、提高油价，从而爆发了波及全球的"石油危机"。

除了荷兰外，当时的阴郁笼罩了整个欧洲。随着石油库存的缩减，比利时、瑞士、意大利、挪威，甚至那些离不开汽车的联邦德国人，很快也将面临他们自己的"无车星期天"。汽车限速更低了，恒温调节器关小了，柴油也开始定量供应了。斯德哥尔摩的室内游泳池也被关闭，以节省加热所需的能源，就连环比利时汽车大赛也被临时叫停。周末开车的特权成了令人垂涎的身份象征。

通过对比研究，莱文森认为，石油危机并非终结"黄金时代"的罪魁祸首，只是压倒骆驼的最后一根稻草。虽然这场石油危机造成了极大的混乱，但并没能延续多久，1974 年 3 月，阿拉伯迫切希望美国从以色列撤军，因而解除了石油禁运令，这场石油危机也正式成为过去，美国国内出现的石油短缺现象，很快就消失了。但是曾经的繁荣却再也没能恢复。

某一个特定年份真的可以成为世界经济的转折点？这听起来似乎有些匪夷所思，但却实实在在发生了。"1973 年"无疑成了一个转折发生的年份。此前，是战后欧美各国迎来迅速发展的"黄金时代"；此后，是经济发展衰退，是大滞涨，是"黄金时代"的辉煌再也无法返回。

据记载称，在危机发生一年之后的 1974 年 12 月，美国道·琼斯股票价格平均指数比危机前的最高点下跌近一半。英国的股市下跌更为严重，比危机前的最高点下跌了 72%，甚至超过了 20 世纪 30 年代"大危机"的幅度。同时这次危机所造成的失业人数创战后最高纪录。危机最严重的1975 年，西方发达国家的每月平均失业总人数达 1448 万人。大量的失业加剧了西方社会的不稳定。

新西兰籍经济学家比尔·菲利普斯（Bill Phillips）提出"菲利普斯曲线"：如果想降低失业率，就要接受较高的通货膨胀率；如果想降低通胀率，就要接受失业率的上升。但在 1973 年之后，欧美各国面临的却是"高通胀率"和"高失业率"，一切控制手段似乎都失效了，由此"这一新威胁获得了一个专属的称谓：滞涨"。

早在石油危机之前，"飙高的通货膨胀率"已经是个很严峻的问题，石油供应不足导致产品的产能下降，市场的货物没法满足消费者的需求，工人和商品的短缺意味着工资和价格面临着上行的压力，加剧了原本的通胀问题。政府采用政治施压和物价管理相结合来遏止通货膨胀，几个月后，原本可以用在提供新产品和服务上的精力被用来逃避管制，以便取得更高的利润。

到了 1973 年底，从货币政策（调控利率）、财政政策（提高政府支

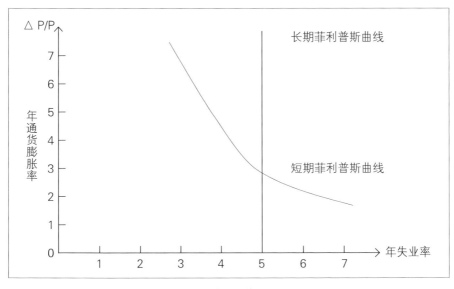

菲利普斯曲线图

出和补贴、减税），到国有资产私有化、市场自由化，再到所谓的产业链全球化（本质上是将大量闲余资金投向尚未充分发展的第三世界国家）等等，所有应对通货膨胀的措施似乎都失效了，中央银行陷入瘫痪。面对此景，莱文森毫不讳言地指出："没有任何一项措施能长期且广泛地刺激经济增长。"要么曾经有用而后来失效，要么只在特定国家发挥了作用，要么解决了眼前问题又带来新的烦恼。总之，各种政策可能只是把原本未用尽的红利加速燃烧殆尽，之后经济又会失去增长动力。

按照莱文森的分析，战后 1948—1973 年这段"黄金时代"的动力源主要在于"技术快速进步、农业向工业转型带来的劳动人口红利、固定资产投资引发生产率跃升"，这些要素都是那个特殊时代的产物因而不可复制。莱文森由此认定："生产率困境"是解释 1973 年前后的繁荣和滞胀的关键。生产率即利用固定数量的劳动力、资本和原材料，能够生产出来的产品越多，这个经济体就越富有。得益于工人熟练程度的提高、企业与政府的大量投资和技术创新所带来的生产率的快速提高，造就了战后经济的增长奇迹。而在 1973 年 10 月生产率增长速度下降以后，传统的经济管理方式（如提高或降低利率、税收和政府支出）就很难再有效地发挥作用了，全球经济的长期繁荣由此画上了句号。"政府和中央银行都知道如何使用传统的经济管理方式引导经济回归健康。然而，当问题变成生产率增长速度下降时，经济学家的工具箱就令人尴尬地空虚了。"

随着技术变革的速度越来越快，很多工作所需的人工数量减少，直接导致了 20 世纪 70 年代末的高失业率。自动化导致了技能和手艺的贬值，工人在劳动力市场上的议价能力也相应下降了。这导致了全球范围内的劳动收入份额下滑，西方中产阶级在"黄金时代"中稳定的好日子也由此急转直下。不过，莱文森在解释"黄金时代"缘何突然终结的同时也坦言："黄金时代"的终结实际上开启了一场全面的经济转型。对于新经济来说，真正的价值是创新、设计和市场营销创造出来的，而不是将原材料转化成制成品的物理过程。工业经济已经被信息经济逐步取代，无论何种力度的政府补贴都无法逆转这一进程。

如何解决生产率的问题，并没有现成的方案可供参考，于是不同阵营政客开始兜售他们的税收和支出主张。比如，为工厂和设备开支提供税收优惠，以刺激商业投资；减轻家庭教育支出负担；加强对专利权的保护，鼓励发明创造；加大科学研究领域的支出；增加大学招生人数；扩展职业教育范围……然而这些措施却对生产率并没有任何改善。诚如莱文森所言："如果一个问题的根本原因，也就是技术变革，属于政府无法控制的因素，任何政策手段都将收效甚微。"并不是通过政府就可以解决的。

"第三世界"喜忧参半

如果说 20 世纪 70 年代是欧美富裕国家的艰苦岁月，那么被称为"第三世界"的广大贫穷国家其实更加积极乐观。

欧美以外的"第三世界"国家可能并没有经历战后的"黄金时代"，但也没有受到石油输出国提高油价带来的经济危机沉重打击。相反，它们可能受益于这一改变：石油输出国将其快速增长的收入注入银行，而银行家想为这笔钱寻找用途，西方世界正面临经济危机，需求降低，于是，投资自然流向了"第三世界"国家。在《大转折》中，莱文森写道："得益于 1973 年的一系列事件，很多'发展中国家'用了远比阿根廷经济学家普雷维什预想的短得多的时间就步入了'发达国家'的行列。"

来自银行贷款的基金被很多发展中国家用于投资本国企业、为国有公司购置新机器、完善基础设施、修建公路等等，为经济发展提供了便利。

贷款在一些国家被用到了正途，但在一些国家并非如此，结果和效果令人喜忧参半。

有些政府借贷也可以助长领导人的贪污、用于扩充军备，或者花费在对国家没有任何好处的事情上。譬如，阿根廷军政府的借款大量用于采购武器，1974—1982 年，其国民收入仅仅增长了 2%。为了转移国民对糟糕的经济形势的关注，阿根廷还出兵马尔维纳斯群岛及其他英国在南大西洋上的属地，"打响了所谓的领土保卫战"，但也以失败告终。

但 20 世纪 80 年代，伦敦和纽约的银行不再发放固定利率贷款，转而采用浮动利率。发展中国家的投机者看到商机，开始将本该用于投资的钱兑换成外币，储蓄起来——贷自欧美的钱又回到了欧美的银行。1981 年，伴随着美元的不断升值，这些国家越来越难以偿还债务。这一年，"包括中非共和国、巴基斯坦在内的八个最贫穷的国家需要推迟偿还世界银行和其他官方组织的贷款"。

为了还债、加上国际货币基金组织（IMF）的要求，债务国只能缩紧投资，这意味着失业人员的补助金减少，偏远地区很可能没有公路、学校和电线。1983 年，拉丁美洲和非洲的人均收入下降了 5%，贫困率不断上升。"要等到 1997 年，墨西哥的人均生活水平才能恢复到 1982 年债务危机开始前的水平。对于菲律宾人来说，这个时限要到 2002 年，秘鲁人则要等到 2005 年。"无论是穷国还是富国，在经济危机结束后的相当长时间，都未能再现生活水平稳定提高的繁华景象。

但少数几个国家还是经受住了考验，通过及时调整政策渡过了难关。韩国、新加坡等国拒绝了西方自由市场的建议，限制大宗物品销售，提高商品价格，引导国民增加储蓄，从而将国民存进银行的钱继续用于投资和发展本国经济。

熵减的状态

与"黄金时代"一同泯灭在历史长河中的最珍贵的东西，是人们对于未来的信心。莱文森由此在《大转折》中还重点谈道：对于经济的持续衰退或滞涨，各国相继展开不同的应对举措。

"经济魔法师"、联邦德国财政部部长卡尔·席勒（Karl Schiller）提出了很符合社会民主党理念且颇具吸引力的"魔法四方"——要求政府在保障充分就业和经济稳定增长的同时维持物价的稳定，同时，还要保持国家贸易与投资的平衡。席勒的"魔法四方"甚至被正式写入了法律，"将促进增长、消除失业、避免通胀和保持国际收支平衡确定为政府的法定义务"，然而就业率和商业投资方面依然未见起色，种种努力不过被证明徒劳无功。无独有偶，这种所谓政府计划可以促进繁荣、提高生活水平的观点也出现在墨西哥、巴西、印度尼西亚等地，然而最终不过被证明是一个笑话。

撒切尔夫人一手把英国带出了"福利型国家"行列，她大力打压工会，缩减国家福利，变卖国有企业，推行私有化。按照莱文森在《大转折》中的统计：撒切尔夫人在任时期的经济增速并无太大好转，也就是说，英国并没有因为她而重返"黄金时代"。甚至说，英国的失业人数，从她上任之初就居高不下，直到 2000 年才呈现出下降势头，以至于撒切尔夫人去世时，英国某煤矿工会的秘书长声称："这是伟大的一天。她做的事情比希特勒更有破坏性。我们有大量的时间……将会有很多人想要喝酒庆祝。"

美国第 40 任总统罗纳德·里根（1981—1989 年），宣扬自由市场和小政府主张，他当时竞选赢得了美国全部 50 个州中 44 个州的选票，上任后推出了雄心勃勃的减税刺激政策，然而对于将近一半的美国家庭来说，排除通胀因素，他们在里根卸任的 1989 年的收入，并没有超过里根上台的 1981 年，而雇主提供的福利反而在大大缩水，享受养老金福利计划的私企员工，在整个 20 世纪 80 年代下降了超过 10%。

1982 年起就任并蝉联日本第 71、72、73 任首相的中曾根康弘，曾喊出了这样的竞选口号："在不增加税收的前提下，进行财政重建。"但他使出浑身解数，似乎也没比里根和撒切尔夫人强多少，没有阻止后来日本陷入"停滞三十年"。20 世纪 80 年代，日本政府发行的债券比美、英、法、德（联邦德国）、意五国加起来还要多。

至于德国的赫尔穆特·科尔（1982 年 10 月—1998 年 10 月任德国联邦政府总理）、法国的弗朗索瓦·密特朗（1981—1995 年任法国总统）和西班牙的费利佩·冈萨雷斯（1982—1996 年任西班牙首相），这些老练的政治家竭尽全力，保留了左派最后的战场，保住了二战结束以来福利型国家的发展模式，但他们企图以国家主义模式来改善经济，刺激增长，却无一例外地失败了，当然也不能说就是失败，只是说，这些国家都无法重返"黄金时代"的美好时光。

"大多数经济改革都不会带来经济的快速增长。"据莱文森在《大转折》中的统计：在 20 世纪剩余的那 20 多年中，日本生产率平均增速从 8.5% 跌落到 3%，瑞典则从 4.6% 滑落到 1.2%，12 个最富裕的西方发达国家的平均劳动生产率增速仅有 2%，只有之前"黄金时代"的一半。

经济学上有"均值回归"的概念。简单地说，一切上涨或下跌都不是无限期的，任何波动始终围绕平均值起伏。诚如莱文森所指出的那样——"1973 年以来的波动趋势很可能标志着经济发展在向常态回归，恢复到生产率、增长率和生活水平蹒跚前进，有时甚至停滞不前的状态"；"长期繁荣是历史长河中的独特事件，它不仅相当空前，而且也将无奈地绝后"；"多变和动荡成为常态，稳定反而成了例外"。结合"熵增定律"（即"热不可能自发地、不付代价地从低温物体传至高温物体"或"在孤立系统内，任何变化不可能导致熵的减少"），或许就可以很好地理解莱文森的这些论述：从有序到无序，从平静到混乱，都是熵值在增加。而我们需要达到熵减的状态。

20 世纪 70 年代的经济危机，其后果在接下来的几十年里持续产生影响。循环往复的经济危机侵袭着不同的国家：房地产泡沫在 90 年代给日本家庭的经济状况造成了毁灭性打击；1980—1994 年有成百上千家美国银行倒闭；2008 年次贷危机在欧洲和美国引发了残酷的高失业率，甚至影响到了欧盟的生死存亡……所有这些都可以追溯到相应的政治举措，这些措施的目的恰恰在于让经济增长快于生产率进步所允许的水平。

美国经济学家保罗·萨缪尔森说得很好："20 世纪 50 年代到 70 年代初是经济发展的黄金时期。它超越了任何合理的预期。我们短时间内不会再看到相似的情况了。"《大转折》的封面上以一条红线画破了"1973"的字样，并赫然提出"繁荣为何不可持续"的发问。这恐怕繁荣的不可持续性或许不只在 1973 年，更在从前往后的悠悠历史长河里。如今的世界格局，正面临新的危机和挑战，保持平和的心态和稳健的步伐或许才能让我们在历史长河和现实长河里始终游在前头。

吃够了碎玻璃开始反思

盲目可以增加你的勇气，因为你无法看到危险。

——英国作家乔纳森·斯威夫特

早在 1982 年 8 月，墨西哥曾出现了严重债务违约并波及美国经济的根基，美联储当时为了应对这场危机，积极采取了宽松政策，结果为美国之后带来了十几年的大牛市。瑞·达利欧（Ray Dalio）从这起事件中总结出这样的一条"原则"：危机发生之后，当局采取救助措施的影响，要远远大于危机本身的影响。

作为华尔街顶级基金管理人，达利欧曾管理着规模超过 1500 亿美元的对冲基金，创造出超过 20% 的年平均投资回报率，累计盈利 450 亿美元，成为业界明星。尤其在 2008 年，也正是凭借对"原则"的坚持，由他创办的"桥水基金"安然度过了席卷全球的金融风暴并实现可观盈利。达利欧之所以能在华尔街乃至全球金融界纵横几十年仍屹立不倒，其独特的"技艺"就在于：他相信"原则"的力量，在对一件事情充分了解的基础上制定决策和行动的"原则"，随后所有相关的举动必须遵循"原则"。诚如他所言："我一生中学到的最重要的东西是一种以原则为基础的生活方式，是它帮助我发现真相是什么，并据此如何行动。"

遇事有"规矩"，凡事有"原则"。"原则"显然已成了达利欧的个人标签或一个大 IP。达利欧为何如此"执念"于"原则"呢？从《原则：生活和工作》到《债务危机：我的应对原则》，再到《原则：应对变化中的世界秩序》(*Principles for Dealing with the Changing World Order: Why Nations Succeed and Fail*），达利欧的研究角度涉及个体、组织、社会和世界秩序的变化原则。虽说面对世界大势，尤其是即将来临的改变或不确定性，不少人都有可能是"盲人摸象"，并没有谁能全知全能，但达利欧从货币和信贷政策周期演变的独特视角和研究框架出发仍值得我们细细品味和参考。

做球童积攒资本开启一生挚爱

与曾经的竞争对手、有着"金融秃鹫"之称的乔治·索罗斯一样，达利欧并不希望将自己的身份局限在"亿万富翁"。不同于曾师从著名哲学家卡尔·波普尔（Karl Popper）的索罗斯，达利欧没有哲学背景，"哲人投资家"的气质更多源于他独特的人生经历。

在《原则：生活和工作》和《原则：应对变化中的世界秩序》两本著作中，达利欧多次表达过他对所看重的人所持"原则"的好奇。他曾这样写道："人们很少把自己的原则写下来与别人分享，这太令人遗憾了。我很想知道阿尔伯特·爱因斯坦、史蒂夫·乔布斯、温斯顿·丘吉尔、列奥纳多·达·芬奇等人奉行的原则是什么，这样我就能弄明白他们追求的目标是什么，他们是如何实现目标的，并对他们的不同做法进行比较。那些希望我给他们投票的政治家，以及所有那些影响到我的人，我都想知道在他们看来，最重要的原则是什么。"

言必称"原则"的达利欧，经过大大小小数百条原则的千锤百炼，仿佛一台经过反复调试的机器一样运转平稳。但他并非天生如此，甚至有着相反的桀骜天性。

达利欧 1949 年 8 月 8 日出生在美国纽约皇后区一个普通的意大利裔

中产阶级家庭。小时候的达利欧看起来和大多数孩子并无不同，喜欢和伙伴们一起在街上踢足球，在后院打篮球，学习成绩并不突出，甚至一直较差。高中时，他的平均成绩是 C。直到进入长岛大学主修金融，达利欧发现能够选择自己感兴趣的东西学习之后，才开始获得优秀的分数。

成长的时代带给达利欧深深的烙印。如同一个国家的青春期，在他看来，20 世纪 60 年代的美国是一个再没有遇见的，最豪情万丈、鼓舞人心的年代。当时，普遍的情绪便是鼓励人们实现伟大高尚的目标。电视荧幕上的时任美国总统约翰·F.肯尼迪是达利欧印象最深刻的记忆之一，这位具有非凡魅力的总统所生动描绘的画面——如何改变世界、探索外太空、实现平等、消除贫困，对其世界观的形成产生了极大影响。

与此同时，"性解放""嬉皮士运动""摇滚乐"等一系列排斥权威、寻求自我独立思考的"文化思潮"，也带给达利欧及同时代人持久的影响。"例如这个时代深深影响了史蒂夫·乔布斯，一个我后来敬仰，并与之惺惺相惜的人。所处的时代教会了我们质疑传统的做事方式。"

在这种氛围的影响下，达利欧甘愿冒险，宁愿失败也不愿面对乏味和平庸，因为"糟糕的事至少给生活增加了滋味"。达利欧自我评价："我最显著的缺点是机械记忆能力很差。直到现在，我一直记不住没有内在逻辑的东西（如电话号码），而且我不喜欢听从别人的指示。"

不想做什么事情的时候，达利欧会选择抗拒而非顺从，但当他确定自己的目标后，什么都无法阻挡他。比如，他不喜欢听吩咐在家做家务，但从 8 岁起，他开始打零工挣钱：送报纸、做球童，帮别人家的车道铲雪，在餐厅擦桌子、洗碗碟，做百货商店的理货员……除了积攒不同的工作经历，他也因此早早拥有了一笔可以独立支配的资金。

正是这个"小金库"让达利欧在少年时期就与历史周期发生了直接关联。1961 年，达利欧 12 岁，他开始在一家高尔夫球场做球童，服务一袋球可以得到 6 美元。一些华尔街投资家是球场俱乐部的会员，常在那里讨论股市及其带来的巨大收益。耳濡目染，年幼的达利欧跃跃欲试。

此前的十年里，美国的股价已经平均上涨了近三倍。在父亲的帮助下，达利欧用自己积攒的 300 美元购入了人生第一只股票——美国东北航空公司。这是他在球场听说过的唯一一只股价低于 5 美元的股票。随后，股价上涨了两倍。那时的他并不知道，东北航空正在破产的边缘，一场及时的收购挽救了他的积蓄。认定自己可以在股市中赚到更多钱，他进一步加大投入（包括割草和投递报纸的收入）。与此同时，他开始广泛阅读《财富》世界 500 强企业的财报，并向专业投资者寻求建议。到高中毕业，其股票投资规模已达数千美金。就这样，少年达利欧爱上了研究和买卖股票，由此开启了他一生的挚爱。

从"我是对的"到"我怎么知道我是对的"

如果说达利欧的投资生涯始于一场幸运的押注，那他此后的传奇则建立在一次又一次的失败之上。他直面犯错带来的痛苦，反思并从失败中学习。达利欧在大学主修金融专业，1971 年以"几乎完美"的 GPA（平均学分绩点）从长岛大学毕业，被哈佛大学商学院录取。硕士毕业后，他从事证券经纪工作。虽然"赚钱的次数远比赔钱的多"，但多年后他能回忆起的只有那些失败的交易，比如入行初期的一次"大失败"。

20 世纪 70 年代，美国的国际收支平衡问题暴露，经济陷入长达十年的滞涨（低增长、高通胀）。经济问题加重了政治问题（越南战争、石油禁运、水门事件等），政治问题又加重了经济问题。股市在 1974 年 12 月触底。

当时，达利欧持有的猪腩期货连续数日跌停。据他回忆，在巨大的交易板上，随价格不断跳水而发出的"咔哒咔哒"的提示音，仿佛一串串可怕的电流，穿透身体，只留下恐惧和痛苦。这段"刻骨铭心的经历"塑造了他的投资风格："在交易中，你必须既有防御心又有进攻心。如果没有进攻心，你就赚不到钱；而如果没有防御心，你的钱就保不住。""必须确保任何一次押注，甚至赌注组合，都不会导致损失超过可以接受的限度。"

1975 年，因为一次不合时宜的"职场玩笑"，达利欧被辞退。26 岁的他随后在曼哈顿的一所两居室公寓创办了自己名为桥水（Bridge Water）的公司，并开始崭露锋芒。他挖掘交易和市场背后的潜在关系，并通过设计市场模型帮助客户处理市场风险。

公司成立早期，桥水的主要业务是为客户提供市场咨询服务。一个典型案例就是麦乐鸡的顺利推出。当时，麦当劳和雷恩加工（美国鸡肉生产商）都是桥水的客户。因为担忧鸡肉价格上涨会挤压利润，主要产品为牛肉制品的麦当劳犹豫是否要推出新开发的"麦乐鸡"。而雷恩加工等鸡肉生产商也不愿以固定价格向麦当劳出售鸡肉，他们同样担心生产成本（饲料等）上升会挤压利润。

达利欧给出了一个双赢的方案——他建议雷恩加工通过一种谷物期货和豆粕期货的投资组合锁定成本，继而可以在不影响未来利润的前提下，向麦当劳提出一个固定报价；而麦当劳在成功降低自身价格风险后，决定推出麦乐鸡。

正如大多数极为成功的人都曾经历惨痛教训，达利欧同样没能免于风浪。他人生最惨重的失利出现在 1982 年。那年 8 月，墨西哥债务违约，随后拉美国家相继爆发严重的债务危机（20 世纪 70 年代，随着布雷顿森林体系解体，全球金融一体化进程开启，欧美商业银行加大了对拉美地区的放贷规模）。考虑到美国向墨西哥等高风险市场提供的贷款总额已达其资本金总和的 250%，达利欧判断，美国经济走向崩溃的概率极大。为了规避信贷问题加剧的风险，他开始买入黄金和国债期货，作为对欧洲美元（指存放在美国以外银行的不受美国政府法令限制的美元存款或是从这些银行借到的美元贷款）的对冲。在当年 11 月的《路易斯·鲁凯泽华尔街一周》（市场交易工作者在当时必看的一档电视节目）等公开场合，达利欧频频断言，萧条期迫近。

随后的发展大相径庭。美联储及各国际金融机构的努力获得了成功，美国经济不仅没有崩溃，反而在接下来的 18 年里经历了一段繁荣的无通胀增长期。这次惨痛的投资失利，让达利欧在从业 8 年后，事业重归原点。大量的亏损让他不得不忍痛辞退所有员工，甚至一度从父亲那里借走 4000 美元。

对达利欧而言，这不仅是金钱的损失。很早之前，他就发现，尽管能赚到钱很好，但是对他来说，最重要的是"有意义的工作"与"有意义的人际关系"，财富只是追逐这两者时的附带结果。这一次打击让他几乎同时失去这两者，达利欧称这次事件是"极具羞辱性的"，让他"心碎"，"直到今天，我都为当初的自以为是感到震惊和难堪"。

在《原则：应对变化中的世界秩序》中，达利欧再次坦言："靠水晶球生活的人注定要吃碎玻璃。"1982 年那次失利让达利欧吃够了"碎玻璃"，他开始反思，最终让这次最惨痛的失败成为自己的"最好的经历"。

这次低谷成为达利欧人生中最重要的一课。"回头来看，我的一败涂地是在我身上发生过的最好的事情之一，因为它让我变得谦逊，而我正需要谦逊来平衡我的进攻性。"不过，达利欧没有就此沉沦。他信奉"痛苦 + 反思 = 进化"的原则，"我从这次经历中学到：当债务是中央银行有能力印刷和重组的货币时，债务危机可以被妥善处理，不会产生系统性风险。当央行大量生产货币和信贷并使其更便宜时，更积极地持有资产是明智的"。

这件事之后，达利欧的思维从认定"我是对的"变成了反复问自己"我怎么知道我是对的"。他认为，回答这个问题的一个好方法是找到其他独立思考者，通过辩论与交流，用压力检测自己的观点：将桥水公司打造成一个聪明人基于原则做事的创意择优机构。自此，达利欧有意识地开始了自己的进化历程，不断思考那些像多米诺骨牌一样的一连串政治经济事件背后的原因，并且试图从历史中寻找答案。他隐隐约约捉摸到"历史总是在不断重演"的规律——似乎只要熟悉历史，找到正确的规律，就能预测未来。这也成了他后来撰写这本《原则：应对变化中的世界秩序》时所要探讨的核心问题。

从这一时期开始，达利欧把每一笔投资的决策标准记录下来，以供之后与投资结果进行对照和总结。后来，他将这些规律编写成电脑公式，代入数据进行处理与检测，并不断改进这些公式，以提高投资决策的效率，并将这一做法从投资事业扩展至所有需要决策的领域。

搞清更长期的规律和原则

出生于美国的黄金年代，也亲历了中国的崛起，达利欧见证了中美关系由互惠互利走向激烈竞争。作为许多国家政策制定者的宏观经济顾问，他长于国际交往、精于历史研究，在经济前沿和高地感受着历史的周期性波动，目睹着随波动而生的震颤如暴风雨般袭来。达利欧认为，大国崛起与衰落，货币和信贷政策演化周期在其中循环往复的变化堪称线索。

在《原则：应对变化中的世界秩序》中，达利欧从文明演进的视角出发，以全球史视野鸟瞰经济周期的轮转，研究过去 500 年的 3 个储备货币帝国（荷兰、英国和美国）、6 个其他主要国家（德国、法国、俄罗斯、印度、日本和中国）的兴衰和 12 场大规模的战争。他沉潜于卷帙浩繁的案例文本之中，又跳脱于学科界限和单一分析框架之外，将你方唱罢我登场、走马灯一样千头万绪的世界文明史，以货币和信贷政策周期演变这根绳，贯串起其乱如麻的拐点事件，同时游刃有余地将翔实的数据图表点缀其间，让人们怀着殷鉴不远的历史凝思掩卷沉思，鉴往知来。

任何周期模型的意义都在于评估和预测许多人难以察觉的潜在趋势，以及拐点的大致时间，尤其是从市场参与者的角度出发。不过即便与一甲子为一轮回的"康波周期"相比，达利欧考察的时间维度也显然更加宏大且雄心勃勃。他将大周期定义为"具有周期性和相关性的上行或下行变化"，其中着重关注"长期债务和资本市场周期"（有利和不利的金融周期），"内部秩序和混乱周期"（取决于合作程度与财富和权力斗争，后者主要缘于财富和价值观差距），"外部秩序和混乱周期"（取决于现有大国在财富和权力斗争中的竞争力）。这 3 个至关重要的周期与"创新和技术发展"和"自然灾害"一并构成了"五大力量"，它们与其余 13 个指标（包括 7 个主要实力指标：教育、成本竞争力、军事实力、贸易、经济产出、市场和金融中心、储备货币地位；6 个额外决定因素：地质、资源分配效率、基础设施和投资、品格 / 教养 / 决心、国家治理 / 法规、财富 / 机会和价值观差异）共同组成了支配国家盛衰质变的决定因素，铸就了一个可横跨百年的巨大"兴衰周期"。

达利欧发现，研究范围内的所有帝国和王朝一直处于典型的大周期中，在教育、竞争力、经济产出、全球贸易份额等方面的优劣变化驱动下崛起和衰落。整个世界就像一台永动机，在不断进化的同时，以基本相同的原因周而复始。

结合上述 18 个指标决定因素，达利欧对历史进行了定量和定性研究，考察了各种因素对历史的影响。在这些影响因素中，最核心的因素是三个周期。这三个周期在历史的长河中基本上没有变化，因为驱动这些周期（或世界秩序）"轮转"或发展的是"人性"，而"人性"从古至今并没有发生太大变化，比如恐惧、贪婪、嫉妒这些基本情感始终没有变过。

第一个是"长期债务和资本市场周期"。这个周期通常可以持续 50 到 100 年，中间又会有 6 到 10 个"短期债务周期"，一个"短期债务周期"一般持续 8 年左右。"长期债务周期"在人的一生中只出现一次，大多数人对其会毫无预料。因此其到来往往令人措手不及，让很多人遭受损失。国家和国民最希望得到的就是财富，而财富的增加和减少，与债务和资本市场的波动密切相关。要搞懂"长期债务和资本市场周期"的特点，首先要明白货币体系的分类。货币体系分为三类：第一类是硬通货，也就是黄金、白银等金属硬币；第二类是硬通货债权，也就是银行票据和债券；第三类是法定货币，比如人民币、美元、英镑等。

达利欧认为，"长期债务和资本市场周期"可以拆分成六个阶段。第一阶段：并不存在债务，或者债务很少，人们使用硬通货进行交易。第二阶段：开始出现硬通货债权票据，因为随身携带大量金属货币不方便。第三阶段：债务增加。这时可能出现两个麻烦：一是借债的人没有足够的钱还债；二是金融机构发行的债权数量增长太快，超过了商品和服务增长的速度。第四阶段：发生债务危机和违约。第五阶段：当债务规模达到极限，为了维持经济运行，中央政府和央行会大肆印钞，让货币和债务贬值。第六阶段：回归硬通货。债权人出售债务资产，转而投资黄金、白银之类的硬通货，或者投资其他国家的货币和资产。

通常来说，政府部门有 4 种工具应对"长期债务和资本市场周期"：财政紧缩（减少支出）、债务违约和重组、将资金和信贷从富人向穷人转移（如增税）、印钞并使货币贬值。

第二个核心周期，也就是"内部秩序和混乱周期"。达利欧将国家内部治理形成的治乱循环称为"内部秩序"。内部秩序的改变可能不会导致世界秩序的改变，只有当造成内部混乱和不稳定的力量与外部挑战交织在一起时，整个世界秩序才会改变。所有的"内部秩序"都是由拥有财富和权力的某些群体管控的，他们以共生关系运作，从而维持现有秩序。

当财富、权力斗争以良性竞争的形式出现，激发人们将精力用于生产性活动时，就会带来有效的"内部秩序和繁荣时期"；当这些精力被用于具有破坏性的内部斗争时，这就会造成"内部混乱和困苦时期"。达利欧把这个周期也分为六个阶段。第一阶段：新秩序开始，新领导层巩固权力。第二阶段：是建立并完善资源配置体系和官僚机构，重新分配社会资源。第三阶段：是中期和平与繁荣时期，这是内部秩序周期中的最佳时期。第四阶段：是过渡时期，也叫泡沫繁荣时期。第五阶段：财政状况糟糕，群体之间的冲突变得越来越激烈。第六阶段，也就是出现内战，这是谁都不愿意看到的。

第三个周期，也就是"外部秩序和混乱周期"。所谓"外部秩序"，也就是国际秩序，或者说世界秩序。在全球化时代，没有一个国家可以脱离于世界秩序单独存在，国家之间既会有合作，也会有竞争。通力合作可以实现双赢，恶性竞争会导致双输，在双赢与双输之间的转变，往往也具有周期性。

达利欧把国家之间的"斗争"分为五种类型，分别是贸易战、技术战、地缘政治战、资本战、军事战。在全球化时代，"外部秩序"对国家经济的兴衰、政治的稳定越来越重要，也是我们在对国家状况进行考察的时候，要特别注意的。达利欧用"完美风暴"来形容巨大的贫富差距、债务危机、革命、战争和世界秩序的变化等因素相互强化、共同构成的力量。他认为这种力量的出现有周期性，可以摧毁原有体系、为新体系的建立奠定基础。"完美风暴"第一次被提出是在1991年，用以命名美国的

"1991 年万圣节东北风暴"（原因是当时多种天气条件会聚在一起给这个风暴的形成创造了"完美"条件），后来引申为"由大量负面因素引起的最糟糕的状况"。周期的存在，是否意味着人们将不可避免地一遍遍跌入"完美风暴"？

达利欧在《原则：应对变化中的世界秩序》中谈道，现在国际上"和平、繁荣和全球化的时代"逐步终结，"各国国内贫富矛盾激化，崛起国与世界主导国发生冲突的时代"已经开启。他认为维系和平的一大挑战是囚徒困境，"你不能确定对手是否会攻击你，但可以确定的是，在你打败他们之前，他们很可能先打败你，因为这符合对手的利益。而对于衰落的帝国，这尤其是一个问题，因为任何的撤退都会被视为失败。同时，不真实、情绪化的言论会为局势升级营造出一种氛围"。对此，达利欧给出了自己的建议，"要想进一步降低发生冲突的风险，双方就需要交换利益，建立相互依赖的关系，使自身不能承受失去这种关系的后果"。然而历史的现实是，国家间的博弈就像多维国际象棋，战争的形式层出不穷，战争的理由也在增加，丧失的生命和金钱超过带来益处的战争仍在不断发生。人类的进化能在多大程度上对抗人性的弱点、周期的引力，是数据、机器和模型暂时无法回答的。

达利欧认为，如果这三个周期同时处于有利阶段，国家就会变得强大，不断崛起；如果这三个周期都处于不利阶段，国家就会变得疲弱，走向衰落。如果你想在投资上收获更多的回报，一定不能只顾眼前的涨跌，而需要去搞清楚更长期的规律和原则，明白自己正处在历史周期的哪个阶段。找到那些看似无关的事物背后隐秘的关联，你才能参透现实的迷雾，比别人更早地预见未来。

达利欧深入研究还发现，"周期"受一系列持续条件的影响，会从一个极端走向另一个极端。正因为如此，每个周期更可能与之前的周期相反，而不是相似。例如，20 世纪"咆哮的 20 年代"过后，是萧条的 30 年代。通胀的 20 世纪 70 年代过后，是反通胀的 80 年代。而投资者最希望持有的资产和负债，以及最希望避免的资产和负债，会随着周期转变而发生变化。例如，在"咆哮的 20 年代"，投资者希望持有股票，避免持有债券，到了萧条的 30 年代，情况与之前正相反；在通胀的 70 年代，投资者希望拥有黄金等硬资产，避免持有债券，到了反通胀的 80 年代，投资者希望持有金融资产，避免持有硬资产等。

除了三个大周期，达利欧还不忘提醒人们注意另外两个决定因素："创新和技术发展"及"自然灾害"。创新和技术发展步伐，往往有助于人类解决问题和做出改进，推动进化过程；自然灾害（即天灾，包括干旱、洪水和疾病）对人类历史往往产生巨大影响，其对国家福祉及演变过程的影响甚至超过战争和经济萧条。

达利欧在从事这些研究的过程中，恰恰赶上新冠疫情在全球持续蔓延，这是我们一生中从未经历过但历史上却曾多次发生的类似大事件。因此，在研究世界进化的过程中，自然界中的异常现象（如疾病、饥荒和洪水）也是值得考虑的可能因素。无论如何衡量，与最严重的经济萧条和战争相比，这些罕见的异常天灾的影响力甚至更大。天灾（如干旱、洪水和大流行病）的持续时间和严重程度各不相同，不过随着人类适应力的增强，这种天灾带来的痛苦通常会减轻。

了解所有的可能性，考虑最坏的情况

达利欧不仅把原则思维用于获得最佳投资策略，也倾向于将之应用于几乎一切事物，从待人处世到企业管理，乃至世界秩序的变化。他将现实视为一部华丽的永动机，一些原因引起一些结果，这些结果又成为原因，循环往复。"多米诺骨牌一直是在以符合逻辑的顺序倒下。"这让他作为一名超现实主义者，始终对历史抱有一种健康的尊重，"就像一只试图理解宇宙的蚂蚁"。

在《原则：应对变化中的世界秩序》中，达利欧尝试勾勒出一套观察和分析大问题的框架，同时试图找出大问题之间的关联。本质上，全球政治经济的演变涉及关于"权力和财富"的创造，权力与财富的关系，谁拥有权力、谁享有财富，以及拥有权力和财富之后又应该如何作为的一系列大问题。

用进化的视角去看待人类组织的变化，无论是社群、公司还是政府，不难发现，谁都逃不出生老病死新陈代谢的规律，有生机勃勃的新进者，有如日中天的霸主，也有日暮西山的衰败者。如何从历史中汲取教训，让在不同发展阶段的组织能够少犯些错误，不走弯路，做好预案，同时不做无谓的挣扎，可谓意义非凡。

善于类比，达利欧认定"人类的历史和未来可以被看作所有个体生命周期逐步演进的综合"。他为此将国家兴衰划分为"上升、顶部和下跌"三大阶段进行深入分析研究。

在"上升阶段"是新秩序建立之后的繁荣建设时期。在这个阶段，国家的基本面较为强劲，因为：

（a）债务水平相对较低；

（b）财富、价值观和政治差距相对较小；

（c）人们通过有效合作来创造繁荣；

（d）具备良好的教育和基础设施；

（e）拥有强有力且有能力的领导者；

（f）一个或多个世界主要大国主导着和平的世界秩序，进而发展到"顶部阶段"。

达利欧研究发现，"上升阶段"包括强大的教育实力，创新和发明新科技，对新思想、新技术抱持开放的态度，平民百姓和政府、军队之间能通力合作等要素。经过上下一心的发展建设，国家会变得更有效率，在全球市场中更有竞争力。譬如，世界上第一次成功的资产阶级革命是尼德兰革命。尼德兰主要就是指荷兰，当时荷兰出现了一位富有才干的军事指挥官威廉一世，他联合荷兰各省反抗西班牙人的统治，在 1581 年建立了世界上第一个资本主义国家——荷兰共和国。在欧洲的封建堡垒中，荷兰凭借制度优势迅速崛起。他们创建了世界上第一家公开上市的公司——荷兰东印度公司，还有世界上第一家股票交易所——阿姆斯特丹股票交易所。荷兰除了强大的经济、军事实力外，还有赖于一套具有创新性的金融体系。1609 年，荷兰成立了外汇银行——阿姆斯特丹银行，这帮助荷兰盾建立起了国际信用，也使得阿姆斯特丹成为当时世界最重要的金融中心。

"顶部阶段"以各种形式的"过度状况"为特征：

（a）高负债；

（b）财富、价值观和政治差距巨大；

（c）教育水平和基础设施建设水平不断下滑；

（d）国家内部不同群体之间发生冲突；

（e）过度扩张的国家受到新兴对手的挑战，引发国家之间的争斗，这最终会导致"下跌"。

"下跌阶段"是一个痛苦的阶段，充满各种争斗和结构性重组，从而导致严重冲突和巨大变革，推动内部和外部新秩序的建立，为下一个新秩序和繁荣建设时期埋下了种子。

达利欧的周期理论很好地诠释了当前世界格局的变化：在"下跌阶段"，国际储备货币的发行国因其"过分的特权"而债台高筑，不得不增发货币，导致货币贬值和通胀上涨。在这一背景下，贫富差距、政治鸿沟、宗教和种族矛盾日益激化，内部秩序面临着不破不立的挑战。一旦现有大国的储备货币和债务的债权人对其丧失信心并开始抛售这些货币和债务，则标志着大周期的寿终正寝。

通过对世界史的梳理，达利欧发现，在世界历史舞台上，中国曾经长期位居主导地位，不过从19世纪开始急剧衰落；荷兰在17世纪成为世界储备货币帝国；英国在19世纪达到鼎盛；美国在过去150年里成为世界超级大国；随着中国再次崛起，美国的主导地位相对下降。在此基础上，达利欧总结道："一个非常成功的帝国或王朝可以持续200年或300年。"而"和平与繁荣时期"要比"萧条、革命与战争时期"持续的时间长得多，二者持续时间的比率通常约为5∶1。

达利欧一生中学到的最重要的东西就是过一种以"原则"为基础的生活，那些"原则"构成了他行动和决策的基础，用以实现美好的愿望和人生目标。在他看来，如果没有"原则"，人在面对生活中的很多事情时只能孤立地反应，每次都好像第一次碰到这些事情。如果有一系列良好的"原则"，就能更好更快地做出决策，更好地面对未来，并因此过上更好的生活，让个人止于至善。

长周期强调需要拥抱长期主义，提醒每个人都需要拥有自己人生阅历之外的视角，时刻提醒"不识庐山真面目，只缘身在此山中"，不囿于自己或者同时代人的固有认知，训练如何超前地察觉变革的来临，从而更好地趋利避害。达利欧毕竟是一个职业投资人，他对世界秩序变化的分析最终必然会落脚到应对策略与投资机遇上来。由此在结尾处，他重申了写作《原则：应对变化中的世界秩序》的三个初衷：一是审视"进化"，进化会带来逐渐的变化，通常是走向改进，例如生产率的提高；二是理解"周期"，周期在经济中引起有节奏的起伏（例如债务泡沫的破裂）和其间的颠簸（非节奏的起伏，例如自然灾害）；三是把握"指标"，建构有效的、良好的指标，可以帮助人们看到在周期中的位置和接下来可能发生的情况。

预测是困难的，尤其是一叶知秋、洞察未来的时候。著名作家马克·吐温曾说，"历史不会重复，但自有韵律"——当世界变得日益复杂，与预测相比，及时对变化做出预判变得更为重要。诚如达利欧指出的那样："我所获得的一切成就，主要不是由于我知道什么，而是由于我知道如何应对我所不知道的东西。赌未来就是赌概率，没有什么是确定的，连概率都不是确定的。"面对未知的未来，个人又该如何基于自己不知道的东西来做出生活决策和市场决策呢？

达利欧因此提出了个人应对变化中未来的三条主要原则：其一，感知并适应正在发生的事情，即使这些事情无法预料；其二，预估可能发生的事情的发生概率；其三，充分了解可能发生的事情，以保护自己免受不可接受的伤害，即便不可能万无一失地做到这一点。

在上述三条主要原则的基础上，达利欧进一步提出了四条具体的应对建议：第一，了解所有的可能性，考虑最坏的情况，然后想办法消除无法忍受的情况（即"未雨绸缪，防患于未然""懂得在晴天修屋顶，能够提前准备"）；第二，分散风险（即"尽可能地提升赢的概率，消除不稳定的因素，获得较高的回报率"）；第三，首先考虑"延迟满足"而不是"当下满足"（即"只有坚持长期主义的人，才能赢更多"）；第四，与最聪明的人反复沟通（即"跟上赢家的脚步，让自己处于有利的位置"）。

如何基于当前和未来的世界形势妥善地配置投资组合或应对生活决策，了解并驾驭机遇与挑战，一直以来都是全球宏观投资者面临的最大考验。达利欧用清醒的认知、莫大的勇气和智慧，为人们揭示了如何预测未来，如何应对未来，提供了一种有意思的"思维框架"。正如美国前国务卿基辛格所言："瑞·达利欧有一种特殊才能，善于发现我们时代的关键问题。"我们对未来多一分了解，对自己也就多一分保护。尤其是身处世界正面临"百年未有之大变局"之中，我们或许很需要这份提醒。

不是小狗打群架，而是大狗打大架

当现实折过来严丝合缝地贴在我们长期的梦想上时，它盖住了梦想，与它混为一体，如同两个同样的图形重叠起来合而为一一样。

——法国小说家马塞尔·普鲁斯特

　　经济学界总是有这么一些人，他们引人注意的办法就是与众不同，标新立异，别出心裁，向主流共识发起挑战。著名风险管理理论学者、纽约大学理工学院风险工程学特聘教授纳西姆·尼古拉斯·塔勒布（Nassim Nicholas Taleb）教授似乎就具备这样的特征。对"不确定性"浸淫多年的塔勒布躬身自省，从"黑天鹅"到"反脆弱"，再从"非对称性"到"肥尾效应"，他对"不确定性"理论进行一次又一次打怪式地升级解读和理论建构。

　　被学界冠以"黑天鹅"之父的塔勒布，多数人对这个名字并不陌生，他是因以研究"不确定性"而闻名的。他也是安皮里卡资本公司（Empirica Capital）的创办者，曾在金融危机中赚了不少钱。《肥尾效应：前渐进论、认识论和应用》（*Statistical Consequences of Fat Tails: Real World Preasymptotics, Epistemology, and Applications*）正是来自塔勒布教授的"不确定性"系列及其相关的量化研究，其主要讲述了产生极端事件的统计分布类型，以及在这类分布下如何进行统计推断和做出科学的决策。

　　《肥尾效应：前渐进论、认识论和应用》可视作"黑天鹅"现象的数理基础，它用数学语言详尽精确地描述了"黑天鹅"背后的底层逻辑，肥尾到底有多肥，以及相应的解决方案等。整个文本显得有些晦涩，没有一定数理统计学或经济学基础的人，可能是难以卒读的。其主题是我们应该如何在一个"不确定性"结构过于复杂的现实世界中生活和生存。

被"平均斯坦"和"极端斯坦"统治

在一个钉满钉子的三角木板顶端投放一个小球，让其自由下落，若其下落到规定位置，便能得到奖品。这便是英国生物统计学家弗朗西斯·高尔顿（Francis Galton）的"钉板试验"。参与者们觉得多试几次便能将奖品要到手，但事与愿违，像是被一股"神力"所牵引着一般，小球就是不落到人们期待的那个位置。最终人们发现，中奖的概率实在是太低了。

倘若抛开中奖与否的问题，细心观察，便不难发现：这个小球下落的轨迹近似一条优美的曲线。而这条曲线，早在几百年前，便被冠以"正态分布的密度曲线"的称号。"正态分布"是最重要的一种概率分布。起初，它是由法国裔英国籍著名数学家德莫佛（Abraham de Moivre）于1733年提出的。后来，因享有"数学王子"美誉的德国数学家高斯（Gauss）率先将其运用到天文学研究当中，故"正态分布"又称为"高斯分布"。现今德国10马克的纸币上不仅印有高斯的头像，更印有正态分布的密度曲线，足见其对于正态分布应用取得的成就之伟大。

以"正态分布"为基础的金融理论越来越得到广泛的应用，根据正态分布，事情发生的分布大部分都集中在中等水平附近，也就是平均值附近；随着对平均值的远离，偏离平均值的可能性下降得越来越快（呈指数下降）。在《肥尾效应：前渐进论、认识论和应用》中，塔勒布教授把正态分布叫作"平均斯坦"。他同时通过横向对比研究发现：在"不确定性"

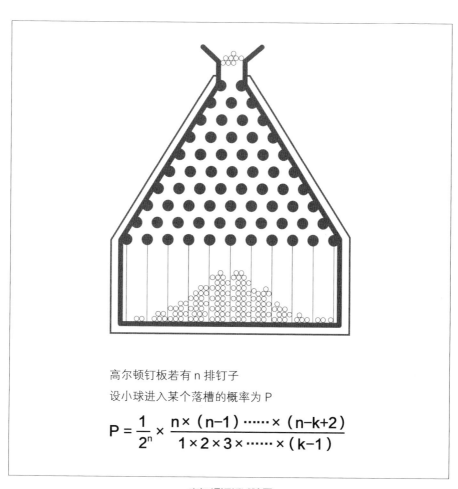

高尔顿钉板若有 n 排钉子

设小球进入某个落槽的概率为 P

$$P = \frac{1}{2^n} \times \frac{n \times (n-1) \cdots \times (n-k+2)}{1 \times 2 \times 3 \times \cdots \times (k-1)}$$

高尔顿钉板试验图

世界当中，环境或事件还可以分为两种状态——平均斯坦（薄尾）和极端斯坦（厚尾）。

所谓的"厚尾"，指的是大的价格波动事件发生的概率远大于传统的正态分布的统计分布，因传统正态分布在坐标图上呈对称的钟形，而厚尾分部的两尾部分明显比正态分布要大。换言之，"厚尾"实际上是比高斯分布（或称"正态分布"）峰度更高的分布。塔勒布教授将"肥尾"限定于"幂律"或"正规变化"。"肥尾"从严格意义上说，更像"极度厚尾"。

譬如，身高、体重、寿命、卡路里摄入量、面包师和小餐馆老板的收入、车祸、死亡率等受"平均斯坦"（薄尾）控制；而财富、名人的知名度、网络搜索量、地震造成的损失、战争或恐怖事件死亡人数、金融市场、商品价格、通货膨胀率等则属于"极端斯坦"（厚尾）的范畴。另外，在"平均斯坦"（薄尾）中，人们受到集体事件、常规事件、已知事件和已预测到的事件的统治；在"极端斯坦"（厚尾）中，人们受到单个事件、意外事件、未知事件和未预测到的事件的统治。

从宏观角度来看，世界上有一些数据确实是平均分布的。如果我们掌握了某地区 1000 个人平均体重、身高的数据，基本上就大致了解了这个地区居民的体重、身高情况。在"平均斯坦"（薄尾）中随机选择两个人，假设两人身高之和为 4.1 米（一个极小概率的尾部事件）。根据正态分布（或者类似特性的单尾分布），最可能的情况是，两人的身高均为 2.05 米，而不是一人 10 厘米、另一人 4 米。但如果掌握这个地区 1000 个人财富的平均数据，我们能确定当地人的财富情况吗？答案是"不能"。在"极端斯坦"（厚尾）中，同样随机选取两个人，且他们的财富之和为 3600 万美元。这时最可能的情况不是两人都有 1800 万美元，而是一人拥有 35999000 美元，另一个人拥有 1000 美元。

再比如在过去，卖货这件事属于"平均斯坦"（薄尾），一个商场柜台每天有多少人流量，大约能转化成多少销售额，最后得出的一定是一个平均分布的数据。但是当今互联网世界的"网红经济"，实体柜台不再那么重要了，一个知名网红坐在直播间，一个晚上就能卖出好几亿元的商品，销售额超过一个大商场一个星期的销售额，因此越来越趋近于"极端斯坦"（厚尾）。

具体来说，在"平均斯坦"（薄尾）中，随着样本量逐渐扩大，没有任何单一的观测可以真正改变统计特征。虽然最大的观察值可能很令人吃惊（比如有人重达一吨），但对整体而言最终微不足道。而在"极端斯坦"（厚尾）中，尾部（罕见事件）在决定统计特性方面发挥了极大的作用。这也就是说，在我们所处的世界上，有些事物表现出相当的平均性，大部分个体都靠近均值，离均值越远则个体数量越稀少，与均值的偏离达到一定程度的个体数量将趋近于零。有些事物则表现出相当的极端性，均值这个概念在这个领域没有太多的意义，剧烈偏离均值的个体大量存在，而且偏离程度大得惊人。"极端斯坦"（厚尾）能够制造"黑天鹅"现象，因为少数事件已经对某个事实或历史产生了巨大影响。

"保险是先收钱，然后再决定付不付钱的生意"——就是这样的好生意，在 19 世纪末时，瑞典的多位企业家把不少保险公司给做破产了：原因是"付得太多，收得太少"。20 世纪初瑞典精算学家菲利普·伦德伯格（Filip Lundberg）研究这些破产的保险公司时发现：它们不是由于同时遭遇多起小额赔付而走向破产，而是突然发生了一起意料之外的巨额赔付。即之前收的所有保费都不够赔这一次的损失，而最终一击而溃。借用美国作家马克·吐温形象而生动的比喻来说，这些破产悲剧当中，"不是一群小狗打了一场群架，而是两只大狗打了一场大架"。

在塔勒布教授看来，破产更可能来自"某次极端事件"，而不是"一系列糟糕事件的积累"。但如今，很多经济学家则完全忽视了这一点。从保险角度讲，分散化有效的前提是，损失更可能来自"一系列事件而不是单个事件"。保险只能在"平均斯坦"（薄尾）中起作用，存在巨大风险的情况下，永远不要出售一种损失无上限的保险，这一点被称为灾难原则。

早在 20 世纪 90 年代，梅格莱森资产管理公司的"三杰"之一迈克尔·莫布森（其他两位分别是比尔·米勒和罗伯特·哈格斯特朗）就曾在圣塔菲研究所学习。那时，他就深知"肥尾效应"的尾部事件的重要性。圣塔菲研究所的创始人之一、物理学家菲利普·安德森在他的《有关经济学中的分布理论》一文中写道，在我们的现实世界中，绝大多数事件取决于分布的尾部（极限状态），而不是均值或者说平均值；取决于例外时间，而不是均值；取决于灾难性事件，而不是稳定的涨跌；取决于极少数富豪，而不是"中产阶级"。因此，我们必须把自己从"平均化"思想中解放出来。

正态分布进入我们的头脑

交通事故是随机事件，但一个城市每年的交通事故会呈现相对稳定的结果。抛一枚硬币，出现正面朝上的概率是50%，即使前面已经连续扔了50次都是正面朝上，而第51次正面朝上的概率仍然只有50%，但是"赌徒谬误"要么认为下一次还是正面朝上，要么认为抛了这么多正面，总该有反面。实际上，之所以没有得出50%的结果，是因为目前的数据量还不够大。在现实生活中，我们根本无法观察到稳定分布。

从人性的角度出发，大家总是习惯接受一个正态分布的世界，我们小时候学的统计学也是强调世界的正态分布。麻烦的是，正态分布一旦进入我们的头脑，就很难把它赶出去。传统金融理论把价格变动视为独立的分布变量并假设：收益服从于正态分布，或者说对数型分布。这种假设的优点在于，投资者可以利用概率计算认识分布的均值和方差，因而可以从统计的精确度出发，对价格变动的百分比进行预测。在传统金融学里面，统计方法也都是基于正态分布的，比如说夏普比率、贝塔系数，等等。很长一段时间，人们审视一个基金经理或者金融产品好坏与否，往往都是通过夏普比率来看的。这种假设的很大一部分是合理的。然而，传统的标准金融理论并不适合于极端的情况。正如菲利普·安德森所说的，决定现实世界的，是分布的尾部。

在《肥尾效应：前渐进论、认识论和应用》中，塔勒布教授研究发现，贝塔系数、夏普比率和其他惯用的金融统计量均无参考意义。如果依赖这些统计量，我们要么需要更多的数据，要么需要某种尚未被发现的模型。夏普比率不仅对样本之外的表现完全没有预测作用，甚至不能作为一个有效防止破产的指标。夏普比率在样本外的糟糕的预测能力，几乎起到完全相反的效果。

实际上，所有经济金融领域的变量和证券回报都是厚尾分布的。塔勒布教授统计了超过 4 万只证券的时间序列，没有一只满足薄尾分布，这也是经济金融研究中的最大误区。在长期资本管理公司（LTCM）倒闭前，其夏普比率是超高的。许多对冲基金也都出现了 10 个标准差外的损失。包括 2020 年新冠疫情出现，把全球的"风险平价"模式的对冲基金都干掉了，除了桥水基金以外。

偏离中心很远的极端事件扮演了非常重要的角色。塔勒布教授研究发现："黑天鹅"的核心并非"频繁出现"，而在于出现时的影响更大。最肥的肥尾分布只会有一次非常大的极端偏离，而不是多次较大的偏离。如果采用正态分布并开始逐渐增肥尾部，那么超过给定标准差的样本数量就会下降。事件若在一个标准差范围内的概率是 68%，随着尾部增肥，以金融市场的回报为例，一个事件落在一个标准差内的概率会上升 75% ~ 95%。所以，尾部增肥会让峰度更高，肩部缩小，发生大偏差的概率增加。

塔勒布教授深入研究和推算还发现，样本均值大概率不会贴近分布的实际均值，尤其是遇到偏态分布（单尾分布）时，均值的估计量会持续被小样本效应主导（即被低估或高估）。这是样本不足问题的一种体现。由此，正态分布成为风险管理工具是完全错误的。现实生活中并不普遍存在，正态分布仅存在统计学家的头脑中。一般的幂律分布（符合"80/20"法则的分布）会有92%的观察值落在真实均值以下，这就是完全否定正态分布；而很多行业是"50/1"，甚至"50/0.1"。美国出版业就是"97/20"法则（97%的图书销量是由20%的图书创造的）。标准差的概念在"平均斯坦"以外毫无意义，即使存在也无关紧要，并且说明不了什么。

比如说，在正态分布的时间，如果两天内市场下跌30%，应该是每天下跌15%左右。但是在幂律分布的时间，可能是一天下跌了29%，另一天下跌了1%。关于这一点，人们在股票的投资收益上有很强的感受。股票的长期收益率，都是远超银行理财的，但是为什么那么多人还是不敢买股票基金，而是把钱存在银行呢？因为股票资产的回报率不是正态分布，而是幂律分布。

这意味着，如果一个银行理财产品一年收益率是5%，那么你持有一个月就能稳定获得0.4%的收益率，你持有半年就能对应2.5%的收益率。这种稳定的品种，收益率是每天上涨，给持有人的体验就很好。当某一种定期理财产品（比如余额宝）出来时，大家都把钱挪到某理财产品了。因为某理财产品告诉你，每一天你净赚了多少钱的利息，非常简单直接。

但是投资股票基金就不是这样的，股票市场的收益率来自极少数的天数和极少数的公司。相信许多投资人都看过类似的数据：过去20年美国股票的年化回报率是7.2%，但是如果你错过了20年股市表现最好的那10天，那么年化回报率大幅下降到3.5%。如果一个人运气特别差，把20年中表现最好的30天错过了，那么即使在长期大牛市的美股市场，这个人在过去20年年化回报率会变成-0.91%。

苏格兰柏基投资（Baillie Gifford）合伙人詹姆斯·安德森（James Anderson）经过多年的调查和跟踪研究也发现，长期股票表现的分布比人们通常认为的要倾斜得多。它不是正态分布的。例如，在1926年至2015

年期间，美国股市创造的财富中有33%来自2.6万只上市股票中的30家公司。这种回报模式也适用于大多数成功的投资者：无论他们如何投资，无论他们在哪里投资，无论他们是否接受，结果都是高度不对称和头重脚轻的。

从美国股票的案例中，我们看到投资收益是由"少数时间"和"少数公司"创造的，股票投资是典型的幂律分布，这也是股票投资极度需要专业性的地方。最终的投资收益，也是幂律分布，意味着极少数的人，赚到了市场中大部分的钱。所以，如果我们说某一个基金经理的年化收益率是20%，绝对不是他每年都能赚15%，这完全是两个概念。他一定是在某些年份赚得更多，有些年份还会出现亏损。那么要获得这个15%的收益率，只有长期持有（比如5年以上），才能最终将幂律分布的收益率，变成确定性收益。

对极度厚尾的现象来说，除了真正的尾部大偏差，所有普通偏差包含的信息量都很小。这样一来，分布的中间部分完全变成了"噪声"，虽然基于实证的科学研究可能无法理解这一点。但在此类情况下，中心部分并不包含实证的信息。这个性质解释了在存在尾部大偏差的领域中，由于单次样本的信息含量很低，大数定律作用缓慢。这就解释了"为什么观察到100万只白天鹅依然不能否认黑天鹅的存在"，或者"为什么进行100万次肯定性观察还赶不上一次否定性观察"。塔勒布教授由此提醒人们：起码我们应用正态分布时，必须深入理解它在哪里适用，在哪里不适用。很遗憾，用作风险管理时，正态分布并不适用。虽然发生不可预测的大离差的可能性很小，但我们不能把它们当作意外而置之不理，因为它们的累积影响是如此巨大。

塔勒布教授还曾提到人们常用的Excel表。在日常统计和调查中，Excel表看上去确实很美，卖方分析师去买方机构路演时，会打开电脑，点击 Excel 表，这时在大屏幕上，会看见半天 Excel 表才被打开——显示这个模型很巨大。塔勒布教授指出 Excel 表中有许多假设，经常是其中一个假设要是有微小的变化，演算出来的结果就有着巨大的差异——犹如我们拿望远镜看星空，略微偏一点，就看到完全是另外一个星空一样。而现实生活中，也许我们在演算 Excel 表的时候，假设条件就已经发生了改变，理论和现实的巨大脱节，导致了经济预测更多时候就是一个骗子。

经验"可证实"和"可证伪"之间的差距远比常规统计能覆盖的范围更大，即"不能证明"和"证明不可行"之间的差异变得更大了。所谓"基于证据"的科学，除非经过严格的验证，否则通常是经验外推的，其证据既不充分也不算科学。在《肥尾效应：前渐进论、认识论和应用》中，塔勒布教授提到他曾经与语言学家、科普作家斯蒂芬·平克（Steven Pinker）有过一次争论：从最近的数据变化中得出结论（或归纳出理论）并不可行，除非满足一定的置信度条件，这就需要在厚尾的条件下有更多的数据（和缓慢的大数定律逻辑相同）。因此，根据最近一年或十年非自然死亡人数的下降，得出"暴力致死行为有所下降"这样的结论并不科学。

拒绝"幼稚的经验主义"意味着什么

对肥尾分布的不了解甚至是无视，不仅在金融市场暴露无遗，在日常生活中也十分显著，这常常导致人类对人性和未来的盲目自信，而这种"盲目自信"的后果便是"幼稚的经验主义"。

所谓"经验分布"很可能完全没有经验性的借鉴意义。就像有人想通过修筑堤坝来防止洪水，幼稚的"经验"会基于历史最高水位，也就是说，更高水位的发生概率为 0。但是反过来想，历史最高水位在成为最高水位之前，肯定要超越之前的最高水位。因此，基于"经验"的统计分布已经被突破。

塔勒布教授曾提出一个经典的"感恩节火鸡理论"。一只火鸡每天被主人投食，火鸡会认为被投食是常态。但是到了感恩节的那天，火鸡没有等来投食，而是被主人一刀杀了做感恩节大餐了。事实上，主人养着火鸡，就是为了感恩节那天吃（欧美人一旦赶上感恩节习俗必吃火鸡），但是火鸡却认为自己遭遇了"黑天鹅"。在塔勒布教授的"不确定性"宇宙里，有些事情的发生后果是 0 和 1，这就是风险管理的重要性。一旦某些风险发生，即便概率再低，产生的结果是出局，那么这种风险一定要防范。相反，大部分人用正态分布思维做风险管理，认为发生风险是小概率事件。

另一个"幼稚的经验主义"的案例，就是在新冠疫情暴发初期，很多不懂统计的流行病学家将新冠肺炎死亡风险和在游泳池中溺死的风险进行对比。这个对比可能对某个个体来说是成立的（虽然新冠肺炎迅速成为主要死因，后来甚至占美国纽约市死亡原因的 80%），但如果加入"同时导致 1000 人死亡"的条件，溺死在游泳池中的概率就微乎其微了。

这是因为，如果你的邻居感染了新冠肺炎，则会提高你感染新冠肺炎的概率；但如果你的邻居溺死在游泳池里，不会提高你溺死的概率（在一些条件下，其他人死亡的概率还会降低，如空难事件）。这同时也是一个道德问题：通过感染这种疾病，你导致了大于自身的死亡。虽然得传染性疾病死亡的概率小于溺水致死或车祸致死的概率，但此时遵循"合理性"显得异常荒唐，因为最终你会危害整个系统，甚至反过来伤到你自己。

在塔勒布教授看来，拒绝"幼稚的经验主义"的第一步是了解肥尾及其"尾部风险"；第二步是放弃以自我为中心；最后则是接纳风险作为生活的一部分，学会"在无序中成长"。

每次危机或暴风过后，人们往往用"黑天鹅"的标签将损失合理化，较少探究事件背后的统计性质。实际上在概率密度曲线的尾部蕴含了三种层次的事件："白天鹅""灰天鹅"和"黑天鹅"。它们分别对应"历史极值以内""分布统计性质以内"和"分布统计性质以外"的三种"意外"。如果将这三种"意外"逐一展开，就能看到尾部完整的统计图景。

第一层统计图景是"事情可能很糟"。肥尾是世界的本质属性，正态分布反而是一种特例，因此我们应该修正自己的预期。如果"百年不遇"的事件每几年就要发生，就不能简单地用"运气好坏"来解释问题，人们需要在决策前为尾部事件预留空间。

第二层统计图景是"事情可能更糟"。肥尾不仅意味着尾部概率增加，尾部幅度还可能刷新历史，小样本下进行的简单推演和测算大概率不可靠。如果按历史最高水位来筑堤防洪，未来必将殁于巨浪。所以在有限的市场周期中，用历史波动的"X 个标准差"进行风险管理很显然是存在缺陷的。在此之上，我们需要一套更完善的肥尾框架来理解尾部风险。

第三层统计图景是"事情可能糟得超出想象"。不同类型和不同参数的肥尾分布有着天壤之别，在无法准确估计两者的情况下，"真实尾部"的量级很可能完全不可知，我们要时时刻刻做好修正参数和分布的准备。

在认识到"尾部风险"后，强壮的人或许还能够从肥尾效应中获益（脆弱的人则会受到此类事件的严重冲击），前提是要正视世界的复杂性，不要自欺欺人。很多人本能地抗拒"尾部风险"及其背后的"极端不确定性"，可谁承诺你世界是可预测、可理解的呢？

塔勒布教授称"人类是猎人"，只有在随机应变的时候才真正活着；没有日程安排，只有来自周围环境的新鲜刺激。而现在，我们正因为科学上的"某种自我中心主义"而变得越来越脆弱，越来越倾向于对未知的东西提出充满自信的结论——这导致了专家问题、风险，以及对人类错误的严重依赖。人类的思维又恰巧可以作为一种很好的自我欺骗工具：它生来就不适合处理复杂性和不确定性。比如决策者可以在预测的准确率达到99.99%的情况下破产。在2008—2009年全球金融危机期间，破产的基金恰恰是那些之前业绩无可挑剔的基金。

塔勒布教授曾说过：要让傻瓜破产，给他信息即可。跟常见的观念正好相反，他认为"更多的信息意味着更多的错觉"。现实世界是混乱的、随机的、复杂的，而我们对事物的直觉则是简单的——这两者之间并不匹配。结果是，我们的精神架构越来越跟不上我们所生活的世界。

塔勒布教授颇为推崇卡尔·波普尔（Karl Popper）的一个思想，利用负面例子，而不是正面证据接近真相。我们的知识是无法通过一系列证实性的观察结果得到肯定，就像医生告诉一个癌症患者，经过精心治疗后，已经康复了。实际上是医生利用最切合实际的方法检查了样本，样本上显示癌细胞已经被杀光，但不能证明全身任何一处都没有癌细胞。有一些癌症病人后来"复发"了，其实"复发"是错误的，癌细胞当时并没有全部被杀死，但检查的时候它"漏网"了。亿万富翁索罗斯是波普尔的超级粉丝，他每次下重注时，总是不断"证伪"自己：寻找自己判断错误的证据，而不是寻找不断证实自己正确的证据。

"股神"巴菲特提出"能力圈"，坚持认为应该在"能力圈"内进行投资，这受到了其崇拜者的追捧，并纷纷表示要坚持自己的"能力圈"。这一论点自然有其道理，但塔勒布教授研究发现，一个人并不一定能完全清楚自己的"能力圈"所在。因为明确自己的"能力圈"首先就是要分清自己什么已知、什么未知，通过"已知的未知"很容易分清这个界限，但是还有"未知的未知"在自己的预料之外，很可能在"能力圈"内依旧会遇到预料之外的事情。

没有理解就无谈应对，在塔勒布教授的"不确定性"哲学中，"肥尾是底层最基础的砖石"：《黑天鹅》为我们勾勒出了极端风险的轮廓；《反脆弱》给出了哲学上的应对之道；《肥尾效应：前渐进论、认识论和应用》则给出了具体的实例与数学推导方案。通过他的作品和思想，人们试图找到一种能让自己在"不确定性"中幸存的生活策略。在这个世界上，罕见事件的后果最严重，"知识"不能被视为理所当然的真实，只有时刻准备的人才能生存。

强调逻辑性但不应忽视随机性

假如承认人类理性无论发展到何等程度，对规律的认识都是有限的，那么未来的"不确定性"就始终存在。在投资分析中，人们往往强调逻辑性，尤其注重因果关系，依靠层层推理得出结论，并依靠自己的逻辑对自己的结论深信不疑。这种注重逻辑的投资者，往往喜欢选择仓位集中，因为他们认为自己的逻辑无懈可击，至少没有什么大的漏洞，从而认为自己的投资组合具有非常高的确定性。

塔勒布教授却提出了相反的观点，它认为随机性的重要性一直被忽视，很多事件的发生往往是因为随机性，例如当年韩国"鸟叔"的走红可能是自己一个没多想的动作，将自己的 MV 放到互联网上。甚至战争也可能是因为偶然事件发生的，虽然战后人们总是能找到很多理由来解释原因，但是如果真的很具有逻辑性的话，那么事前就应该是可预测的。

既然世界很大部分是处在"极端斯坦"，且未来不可预测，且随机性占据了很重要的地位，那么投资者又怎么来应对呢？在《肥尾效应：前渐进论、认识论和应用》中，塔勒布教授结合他之前的著作《随机漫步的傻瓜》《黑天鹅》《反脆弱》《非对称风险》等相关理论成果，综合给出了相应的建议，总结起来主要有如下几条。

第一，避免过分集中。在面对"平均斯坦"的时候，我们可以适当考虑集中，比如钟表匠，这是一个"平均斯坦"的领域，所以钟表匠应该集中精力让工艺更精。然而在直播网红、歌手和作家这样并非"平均斯坦"的领域里，如果把自己的精力集中在一个作品里，并期待该作品能走红，往往因为未来的巨大"不确定性"，事情的发展并非会如自己的意。投资领域中也是如此，例如长期资本管理公司面对的领域也是个"极端斯坦"的领域，但是又选择了过分集中的策略和仓位甚至加大了杠杆，当未预料到的不确定性开始显现时，公司便会受到致命的威胁。

第二，多进行廉价的尝试。正是因为在"极端斯坦"世界里，未来无法预测，随机性占据重要的地位，往往引起重大的结果是偶然的事情，所以多尝试很有必要，只要成本足够廉价。塔勒布教授曾在 2008 年金融危机之前购买了大量处于深度虚值的看空衍生品，这些衍生品看似毫无价值，因此非常便宜。但是当 2008 年金融危机开始出现时，这些衍生品突然变得有价值了，而他也由此赚取了大量的金钱。而类似于 2008 年金融危机这样的对自己有利的小概率事件被称为"正向尾部"（爆发式增长），给自己带来巨大损失的小概率事件被称为"负向尾部"（危机）。

第三，构建杠铃配置策略或模式。在保持冗余和安全的前提下，让投资组合受益于小概率事件（包括"正向尾部"和"负向尾部"），所以在危机中我们会看到它的突出表现，但收益来源不仅限于危机。具体来说，在构建投资组合的时候，要努力回避"负向尾部"并捕获"正向尾部"，并把头寸主要分布在"极端保守"和"极端激进"的两端。"极端保守"的头寸以几乎无风险的固定收益类产品为主，例如美国国债，有效地回避"负向尾部"；而"极端激进"的头寸则主要赌某些小概率事件的发生，例如通过 2008 年金融危机、2020 年新冠疫情等的影响，来捕获"正向尾部"获取超额收益。同时应当尽量回避把头寸放在定位不清的投资组合，虽说承担了一定的风险，也在追寻一定的收益，然而因为"黑天鹅"的存在，对风险的估算往往比实际状况要小，一旦遭遇"黑天鹅"，可能会遭受重大的损失。

一直以来，塔勒布教授的主要研究聚焦在"肥尾"的应用，即"极少数极端事件的影响超过绝大多数平常事件"，类似于"一句顶一万句"的效果，但那些"极少数极端事件"往往也是最不可预测的。塔勒布教授曾指出，人们生活中最大的错觉就是"随机性是一种风险，是一件坏事"，把观察不到的东西当成不存在，更是学界多年来流行的一种疾病。小概率极端事件不可预测，理解肥尾效应、管理尾部风险或许将是一种必然选择。

PART FIVE

未来的谜题

请你想象一下，你走进了一个房间，那是一个控制室，里面有一大群人，一百来个人，都弯着腰，坐在办公桌旁，面对着小小的屏幕。再想象一下，就是那个控制室在塑造着十亿人的思想和感觉。

算法引导或操控着你的信息和情感：有些可以决定你应该看到什么，有些决定应该按什么样的顺序让你看到信息，也可以使展示给你的内容能让你感到快乐。当然，也就会有一种展示给你的内容能让你感到悲伤的算法。

——约翰·海利（Johann Hari），

国际畅销书作家，作品已被译成 38 种文字

科技是发展的利器，也可能成为风险的源头。信息技术、人工智能、航天技术、纳米技术、生物工程等高技术在工业、农业、通信、医药以及军事领域得到广泛应用，极大地影响甚至改变着人类的生存方式，同时也在不断挑战和冲击着人类的伦理底线和价值尺度。

　　希望与绝望总是交织在一起，美好的期待与对未知的惧怕建构了居于身体与思想、真实和虚假、现实和幻象、科学理念和宗教信仰之间的一个新的、令人困惑的临界空间。在彼岸，既存在宏观意义上不同种族间、上流阶层对"下流社会"的倾轧，也存在人性之光的照拂，星星点点，散落银河，不灭，或许就是永恒。

当我们惧怕算法时，到底在惧怕什么

在法律之前，合乎"自然的"只有狮子的力量，或者动物饥寒时的需要，更简单地用一个字表示，便是"欲"。

——法国作家司汤达

从我们打开电脑或手机的那一刻，我们与算法的互动就开始了。谷歌依据其他人的选择以及不同页面之间的链接数量，来决定向我们展示什么样的搜索结果；脸书借助我们朋友的推荐来决定我们将看到什么样的新闻；Reddit（一个社交新闻网点）让我们"顶"或"踩"名流八卦；领英建议我们在专业领域应该认识哪些人；奈飞（Netflix，一家在线影片租赁提供商）和声田（Spotify，一个正版流媒体音乐服务平台）深入研究了用户的电影和音乐偏好，为我们提供观影和收听建议……大数据时代算法技术应用的日益普及，使得我们大步流星地迈入了一个充满颠覆性和变革性的算法社会。

当算法像一只"无形之手"开始安排着我们的生活时，瑞典乌普萨拉大学应用数学教授大卫·萨普特（David Sumpter）带着某种焦虑、不安和恐惧，在他所著的《被算法操控的生活：重新定义精准广告、大数据和AI》（*From Facebook and Google to Fake News and Filter-bubbles The Algorithms that Control Our Lives*）中对操纵我们数字生活的庞大系统进行深入思考，进而引领人们展开了一段有关"算法"的趣味旅程：建立在数据之上的算法指导社会的运行、决定我们能在网上看到什么；它更是自动驾驶、智能管家、未来医疗以至智慧城市的基石。如果我们不了解算法如何使用数据，就无法知道人工智能将如何改变我们的生活。

大脑钟情于"大家也喜欢"

民间流传有这样一句俗语："买家没有卖家精。"这句俗语说的是"算账"——从南到北，做买卖的人都非常精明，决不会吃亏。而现在国内外知名互联网企业尤其是超级平台，拥有了无往不利的算法和大数据，算账与算法相比，无异于小巫见大巫。

在新经济引擎中，"算法"一直受到各国先进科技企业的追捧。据麦肯锡公司调查：与2013年相比，当下科技企业年均花费在人工智能技术方面的投资翻了三倍。因为人工智能算法的确提升了企业的运作效率，"留住了客户"，为公司创造更多利润。

这些算法都建立在同一个理念上：我们可以基于他人的推荐和决定来学习或行动。那么，我们现在所处的世界果真如此吗？算法与我们在线互动，但它真的在为我们提供最好的信息吗？

萨普特教授以亚马逊为例对这些问题提出了自己的疑问。亚马逊往往喜欢用"与你浏览过的商品相关的还有"，以及"购买了这一商品的顾客也购买了"的推荐清单，以帮助人们找到心仪的商品。亚马逊从数百万个不同选项中筛选出一小部分供我们选择。譬如，"你已经读过《魔鬼经济学》了，那你要不要看一下《卧底经济学》或者《思考，快与慢》？""你看过乔纳森·弗兰岑的最新小说？大多数顾客会接着购买柳原汉雅的《渺小一生》。""大家经常一起购买的是凯特·阿特金森、塞巴斯蒂安·福克斯和威廉·博伊德。"这些建议给人一种你在选择的错觉，但其实这些书会一起出现在你面前，完全是拜亚马逊的算法所赐。

这个算法之所以如此有效是因为它了解我们。当你看到那些你最钟爱的作者的书正在被网站推荐时，你觉得这些推荐都正合你意，因为你要么已经拥有了这些书，要么想要得到它们。为了向亚马逊致敬，萨普特教授将这个模型称为"大家也喜欢"（also liked）。

南加州大学信息科学中心的研究员克里斯蒂娜·莱尔曼（Kristina Lerman）和她的研究团队甚至对该模型进行多次验证发现：人类的大脑往往钟情于"大家也喜欢"。莱尔曼和她的团队用一个经验法则来模拟人们的上网行为时发现："只要你把握住了人们'很懒'这个规律，你就能够预测他们的大部分行为。"

莱尔曼的结论是在她研究了各种各样的网站后得出的，包括脸书和推特这样的社交网络，以及像 Stack Exchange 这样的编程网站、雅虎在线购物、谷歌学术（Google Scholar）之类的学术网站和一些在线新闻网站。当我们看到一份新闻文章的列表时，我们更愿意阅读那些顶部的文章。在对编程问题回答网站 Stack Exchange 的研究中，莱尔曼发现，只要它越靠近页面顶端、所占空间越大（不一定指单词数量），人们就越容易接受它，但这个答案的质量如何，人们不会非常关注。当我们看到太多的信息时，我们的大脑会认为最好的办法就是忽视它们。

随着研究的深入，萨普特教授发现："大家也喜欢"产生了很多"另一个世界"，在这种情况下，网上的受欢迎程度往往是由很多人决定，但这些人对自己所做的选择并没有经过特别认真的思考，并强化了其他人做出的欠考虑的决定影响。为了更好地理解这些"另一个世界"，萨普特教授选择 25 位知名作家对"大家也喜欢"模型进行了一个新模拟。

由于该算法是概率性的，所以没有两个结果会完全相同。以作家马丁·加德纳（Martin Gardner）为例，在新模拟结果中，加德纳逐渐获得了早期关注并成为国际畅销书作家。每一次模拟都产生了它独特的畅销书列表。在每一个模拟的世界里，早期销售的影响力都得到了加强，并且诞生了一位新的大众科学写作大咖。在"大家也喜欢"的影响下，成功逐渐变成了偶然事件。

别让"h 指数"劫持了科学家

在欧美国家中，不少政客和科研资助机构普遍认为"用被引用次数来评估科学家是个好主意"。学术界的学者或科学家们在茶余饭后谈论最多的也是论文被引用次数和"h 指数"。

所谓"h 指数"，是指一个学者发表过的文章中有 h 篇的被引用次数不低于 h 次。比如，一个年轻学者有 3 篇论文被引用了 3 次以上，那他的"h 指数"是 3。著名数学生态学家西蒙·莱文（Simon Levin）的"h 指数"超过了 100，因为他有一百多篇文章各自被引用了上百次。

英国政府前首席科学顾问罗伯特·梅勋爵（Lord Robert May）曾发表了一篇题为《国家的科学财富》的文章。当他接受顾问一职的时候，勋爵想知道英国在科研能力方面与其他国家相比到底如何。他首先计算了英国科学家文章被引用的次数，以及在研究上所花费的资金。然后，他将第一个数字除以第二个数字，得出结论，英国每花费一百万英镑就能产生 168 次被引用次数。就每英镑产出来说，英国的科学研究是世界上最好的研究。美国和加拿大以 148 次和 121 次的产出紧跟其后，而日本、德国和法国每百万英镑产出的文章，被引用次数不到 50 次。就每一百万英镑产出而言，英国的科研不仅领先于世界，而且还是遥遥领先。

虽然没有几个人记得这个特殊的结论，但是，在随后几年里，英国政府和其他国家从罗伯特·梅勋爵的文章中得到了一个关键信息，就是我们现在得到了可靠的方法来评估科学上的成就，于是各国开始对各大学院系的状况进行广泛的算法监控。作为科研评估运动的一部分，学校要求学者们提交他们最近发表的论文列表。然而，由于这些论文都刚发表不久，还没有机会获得更多的被引用次数，所以无法仅凭它们的被引用次数来评估学者们的学术水平。作为变通，一篇论文的质量只好通过发表该论文的科研期刊的"影响力"来判断，而这种影响力又通过该期刊上所有论文的被引用总次数来评估。

萨普特教授通过对比研究发现，对影响力的追求强化了科技期刊间的"大家也喜欢"效应。那些带有高影响因子的期刊吸引的投稿数比影响力低的期刊多，而且投稿的质量更好，被引用量更高。基于此，数据算法会时不时地被人"钻空子"。比如，有的年轻科学家发现自己必须拼命竞争才有可能把自己的论文挤进那些为数不多的著名期刊，于是有些科学家不再专注于高水平研究，而是费尽心思地提高自己的"h 指数"，让自己的论文登上那些影响力大的期刊。

长久以来，学术界一直是一个封闭的世界，科学家们希望纳税人相信：他们能够想出好点子、研究出新东西。然而，科学家们自身却也难逃"大家也喜欢"效应的影响。一项研究表明，一些作者如果写了很多被广泛引用的论文，那么他们的新文章被引用的速度就更快。这关乎的不仅仅是一篇论文的被引用次数，更是作者的声誉。随着"大家也喜欢"效应影响的深入，科学家之间，关注自己或同事的论文被引用记录不再是一件有趣的事，它已经成了在学术界求生的必要条件。

在 2005 至 2015 年间获得诺贝尔奖的 25 位科学家中，有 14 个人在 35 岁时的"h 指数"低于 10。业界普遍认为，"h 指数"需要达到 12 才能获得终身职位，这就意味着这些诺贝尔奖得主在 35 岁之前都无法找到工作。

在职业生涯早期，《链接：网络新科学》作者、美国圣母院大学教授艾伯特－拉斯洛·巴拉巴西（Albert-Laszlo Barabasi）曾写了一篇关于"大家也喜欢"和"双对数坐标系"的论文。这篇文章使他一夜成名，变为了一个和YouTube（一个视频网站）"网红"差不多有名的科学家。巴拉巴西指出，科学家最重要的文章可能完成于他职业生涯的任何时期：可能是他们生平写的第一篇论文，也可能是他们刚拿到博士学位后或者是在努力寻找终身职位时写的一篇论文，可能是他们成名时发表的论文，也可能是他们生平发表的最后一篇论文。科研突破会发生在任何时候。这一洞见无法帮助科研赞助机构确定资助哪些人的研究，但它说明了仅根据论文被引用次数来决定拨款给谁，并不是解决问题的办法。只为成功的研究人员提供资金可能会与更重要的科学发现失之交臂，因为忽视那些已经工作了数年却没有取得突破的研究人员，我们或许会使最重要的科学发现胎死腹中、功亏一篑。

显而易见，类似"大家也喜欢"这样的算法使我们的集体行为呈现出新的形式，也为我们相互之间的交流提供了新的方式。这些新形式和新方式可以产生许多积极影响，让我们能够更迅速、更广泛地分享我们的研究发现。但是我们不应该让算法来决定我们看待这个世界的方式。在学术界，这种情况在某种程度上已经发生了。因为容易量化，论文被引用次数和论文的影响因子已经成为科学研究中的通用货币。

在学术界，当科学家们惧怕算法时，到底在惧怕什么？针对这一个问题，萨普特教授毫不讳言地指出，由"大家也喜欢"的算法进而引出的"h指数"，虽说可以提高学术论文的引用量，但将这个指标作为考核学术成果的唯一标准，必然会造成学术界的反向激励和逆淘汰现状。从这一点上看，数据算法对大部分科学家来说是"黑箱"，我们应该了解其中可能存在的问题，避免被误导或操纵，别让"h指数"劫持了科学家。

置身于狭隘的"茧房"

从纽约、伦敦、巴黎、东京等世界发达城市，再到国内的北京、上海、广州、深圳等一线城市，不少都市白领或主流"数字青年"也许早已习惯于这样一种生活方式：用计步器衡量自己每天的活动轨迹；用膳食APP记录自己每餐摄入的卡路里；用智能手环监测自己的睡眠；用"点赞"数量去衡量友情和人脉……算法不停地旋转和降维你的数据集，直到它能读懂你、透视你。

在萨普特教授看来，当算法步入社会情境，人们在现实空间的本我之外，于虚拟空间通过数字化技术构建了另外一个自我。伴随着两个世界的互通和连接，两个自我不断产生复杂互动，进而带来正反两个不同方面的影响。其一，积极层面。诚如美国《连线》杂志的主编加里·沃尔夫和凯文·凯利提出"量化自我"这一概念，用以描述"通过自我追踪进行自我认知"的社会数字现象，并希望借此引领人们步入新型数字化生活。其二，消极层面。社会化情境下的数字化自我认知可能会演变为如英剧《黑镜》中描绘的可怕场景：借助数字社交评分系统建构出的僵化、失控的社会秩序，将现实构筑的传统秩序和规则彻底颠覆。

以脸书的算法为例，它会根据用户已经做出的行为来决定给用户看什么样的内容。其通过"你见到该文章的可能性 = 你对该报纸的兴趣 × 你和分享该文章的朋友的亲密度"这样的一个等式来决定：一个最近分享的报纸文章在你动态消息上出现的可能性。

按照萨普特教授的分析，当你和朋友交流你分享的帖子时，你同时提高了这个等式中的两个量：你对《每日电讯报》的兴趣增加了，这导致脸书增加了你和这位朋友间的亲密度。因此，我们可以认为见到某篇文章的可能性是随参与度的平方变化的。在上述的那个等式中，你对一份报纸的兴趣体现的就是你与这份报纸间的参与度；你与分享该文章的朋友的亲密度体现的就是你们之间的参与度。如此一来，《每日电讯报》以后的文章在你页面的曝光度就会增加，而增加的曝光度使你将来更有可能点击这些链接，从而进一步提高脸书算法对《每日电讯报》做出的排序，给它带来更多的曝光。就像"大家也喜欢"的亚马逊模型一样，"过滤器"模型简化了脸书算法的实际操作。

脸书过滤我们的消息流，推特过滤我们的时间轴，谷歌过滤我们的搜索结果——我们越是点击某类信息，这些"过滤器"算法就越是推送相关内容。与"过滤器"模型概念相映成趣，美国哈佛大学法学院教授凯斯·R. 桑斯坦（Cass R. Sunstein）在其著作《信息乌托邦》中提出了"信息茧房"的概念。桑斯坦认为，公众往往只关注他们感兴趣的信息，因而知识结构是不全面的，长此以往，将置身于狭隘的"茧房"中。桑斯坦还生动地描述了"个人日报"现象。用户的个性化需求不断被满足，未来某一天，将出现新的界面代理人，它将能够为每个人量身定制一份"个人日报"。

算法影响着你我，它却被另一群人控制着。在算法作用下日益凸显，单一化、同质化的信息不断被推送，"信息茧房"日益加固，当信息一一被过滤后，我们都在自己专属的"私人定制"下，浏览我们感兴趣和无聊消遣的信息（八卦娱乐等），却无视那些虽然趣味性不强但却可能很重要的信息（时政信息、公益内容等）。微博中就存在典型的"信息茧房"效应：关注对象日趋同质化，收到的新消息取决于你关注过的人；互粉、转发、私信等功能使得"圈子化"现象明显。

算法的便利让人惊叹，也让人警惕：凭什么算法可以攫取数据来分析大众的偏好，引导他们的行为。大众开始对算法疲劳，也开始对算法用同类信息编织出来的"信息茧房"感到不满。更令人担忧和恐惧的是，企业之间操纵价格的"共谋"、对用户的价格歧视、在超级平台与软件的"生态圈"中带着用户遨游（抑或"裸奔"）的虚拟助手……面对算法社会带来的种种威胁，我们应当如何发现和享受真正的"算法之美"，构造安全、公平、透明、可问责的算法，从而迈向信任算法的社会呢？萨普特教授并没有给出自己的结论和答案。但人类和算法相处的纪元才刚刚开始，这一条惊险和探寻应对良策之路显然还有很长的时间要走。

比尔·盖茨的难题

当然，行是行的，这固然很好，可是千万别闹出什么乱子来啊。

——俄国小说家、戏剧家契诃夫

提到比尔·盖茨（Bill Gates），众人第一印象往往会有这样的几个标识：微软公司创始人、软件工程师、曾经的世界首富、慈善家等不一而足。但除此之外，并不是每个人都知道他还是一位作家和预言家。早在20世纪90年代，盖茨就曾在《未来之路》（1995年）和《未来时速：数字系统与商务新思维》（1999年）两本著作中，对人类未来的科技生活做了大胆的预言和应用场景假设。譬如"体育赛事实时讨论区""在线招聘""智能助手和物联网""自动提供促销优惠""比价网站""电脑钱包""设备定位""智能换脸""在线家庭监控""云存储"等一系列预测，在当下几乎都逐一应验和广泛应用了。

二十多年后，盖茨关切、研究和预言的议题更为宏大，关乎全人类的利益和命运。如何避免气候灾难，如何走出"气候赌场"，如何实现"零排放"，如何找到更清洁与安全的新能源，这便是盖茨在《气候经济与人类未来》（*How to Avoid a Climate Disaster: The Solutions We Have and the Breakthroughs We Need*）中所要关切和探讨的核心问题。他从电力、制造业、农业、交通等碳排放主要领域出发，分析了"零排放"面临的挑战，可使用的技术工具和需要的技术创新，并提供了一套涵盖广泛但具有可操作性的行动计划。

从"510 亿"到"0"

曾几何时，全球变暖和气候变化被看作是极端理论与边缘科学，而如今，这已成为一个热门的政治与科学主题。盖茨早在 2006 年就开始密切关注气候变化问题，然而这并不是他的初衷。自 2000 年从微软公司卸任后，盖茨的专职工作主要是经营"比尔及梅琳达·盖茨基金会"，致力于将人类的创新才能应用于减少健康和发展领域的不平等现象。

基金会成立初期，盖茨有一次到非洲考察，看到当地人的疾苦，便开始思考能源问题，即能源如何更好地服务穷人。盖茨从科学家那里了解到能源与气候变化之间的内在关联，气候变化问题由此正式进入他的视野。对于气候问题的成因和影响，盖茨后来甚至花了十多年的时间进行多方调研，得到了物理学、化学、生物学、工程学、政治学和经济学等领域专家的鼎力支持。在《气候经济与人类未来》中，盖茨结合自己的多年调研和各类气候问题分析报告，提出了两个引人注目的数字——"510 亿"和"0"。

具体来说，510 亿是全球每年向大气排放温室气体的大致吨数。观察每年的温室气体排放数据，或略高或略低，但总体呈上升趋势。按照盖茨的预测，照此情势和发展态势，到 21 世纪中叶，全球气候变化可能会导致欧洲南部地区的小麦和玉米减产 50%。另外，气候变化还可能变得跟新冠疫情一样致命，到 2100 年，它的致命性可能会达到该流行病的 5 倍，实现"零碳"因此变得刻不容缓。

盖茨化繁为简，打了一个形象的比喻："气候就好比一个正在被缓缓注水的浴缸，即便我们把水调到涓涓细流的程度，浴缸早晚也会被注满，而浴缸水满之后，水自然会流到地面上。这就是我们必须要阻止的灾难。"

要将目前全球每年 510 亿吨的碳排放降为 0，需要每个国家、每个行业、每个人都改变原有的生存方式，这将是一次人类从未开展过的大规模行动，实施起来并不容易。但盖茨认为，实现"零碳"并非不可能，技术和创新将是解决气候问题的关键，人类已经有了一些需要的工具，至于那些还没有的工具，我们可以发明它们并加以部署。如果我们的行动足够迅速，那么气候灾难是可以避免的。

探索"零碳"目标

对于如何在全球范围内形成实质共识，让更多国家、企业在经济发展和碳排放之间找到新平衡点，从而更为积极地向"零碳"排放目标努力，盖茨给出了他的建议。他认为最重要的一点是必须降低"绿色溢价"（Green Premium），进而降低中低收入国家的减排难度并最终实现"零碳"排放的目标，这是唯一的路径。

所谓"绿色溢价"是指产生碳排放的产品与不产生碳排放的替代品之间的成本差异。例如，目前航空燃料的平均价格为 2.22 美元 / 加仑。如果一家航空公司想将其替换为"零碳"的高级生物燃料替代品，那么使用者需要支付的价格是 5.35 美元 / 加仑，涨幅高达 140%。这个价格差别就是汽油的"绿色溢价"。

相比于化石燃料的解决方案，大多数"零碳"解决方案成本投入更大，实现"零碳"就意味着我们要付出更多额外成本。一项研究表明，对欧洲电网进行 90% ~ 95% 的脱碳处理，会使欧盟成员国中一个普通家庭的电费每月上涨约 14 欧元。在美国，这会使一个普通家庭每月多交 18 美元的电费。对于低收入群体而言，这是一笔不小的溢价。

盖茨认为，在主要产生碳排放的领域，首要工作应是如何降低新技术的绿色溢价，并想办法缩短新技术的应用推广周期，早日实现技术迭代。比如为了节能，这个世界正在经历一波巨大的"建筑改革浪潮"。位于美国西雅图布利特中心新设计建造的"绿色建筑"就是一个显著例子。

布利特中心原本就是按照冬暖夏凉的要求设计的，这样可以降低其对暖气和冷气的需求，同时它采用了其他节能技术，比如超高能效的电梯，还有楼顶安装的太阳能电池板。这些太阳能电池板有时产生的能源比大楼消耗掉的能源还要多60%。新的建筑规范无疑将有助于推广这些节能理念，进而扩大相关产品的市场并推动其成本下降。

盖茨始终认为，降低全世界的绿色溢价并不是一项慈善事业。欧美等国家不应仅仅将清洁能源研发投资视为对世界其他国家的支持，也应该把这看作是实现科学突破的机会，而这些科学突破将会催生由大型初创公司组成的新产业群，它们在创造就业机会的同时也会减少温室气体的排放量。

为此，从降低绿色溢价出发，盖茨给政策制定者和企业家提出了三点倡议，希望从供给侧和需求侧同时发力，让技术和市场在有效的公共政策引领下发挥较大作用，它们分别是：其一，致力于减少绿色溢价，让绿色金融的成本更便宜、更普惠，让更多绿色领域内的创业者能够拿到融资；其二，增加政府和企业对绿色环保技术的研发投入；其三，在企业采购端增加环保产品的采购，鼓励越来越多的企业能够增加对绿色产品的需求，形成市场的合力。

破除阻碍实现净零排放的路径

众所周知，自20世纪50年代以来，以GDP增长衡量的经济发展与能源使用密切相关，世界各国对能源的使用也让碳排放量不断增加。如果全球不对碳排放进行限制，那么由碳排放所引起的环境问题将给全球发展带来巨大损失。为此，在未来 10 年里（2030 年前），各国需要尽快采取相关政策，找到一条可以在 21 世纪后半叶实现深度"脱碳"的路径。

盖茨为此在书中毫不讳言地指出，若在 2030 年之前以错误方式减少排放，那么它很有可能会阻碍我们实现净零排放。盖茨特别强调，如果我们认为唯一重要的事情是实现 2030 年的减排目标，那么这个方法将会走向失败，因为它在 10 年内的减排效果可能非常有限。人们应着眼长期目标，在清洁电力的生产、存储和传输等方面实现突破，从而助力我们一步步接近零排放目标。为 2030 年设定目标确实很好，但前提是要让它成为实现零排放道路上的里程碑。

为了更为有效地减少碳排放，盖茨提供了两个策略：第一，竭尽所能地提供便宜、可靠的"零碳"电力；第二，尽可能广泛地实现电气化，从交通工具到工业流程，再到热泵在内的一切。

盖茨还认为，"'零碳'的目标无论是过去还是现在都有着坚实的逻辑基础"，实现零排放的关键在于，让清洁能源变得跟化石燃料一样廉价和可靠，为产生温室气体排放的活动寻找解决方案，即生产和制造、电力生产与存储、种植和养殖、交通运输以及取暖和制冷五大领域，这一切离不开大规模的技术创新。

比如在电力生产与存储方面，可以利用核裂变发电、核聚变发电、碳捕获等实现"零碳"电力。在种植和养殖方面，可以寻求制造人造肉、减少食物浪费和减少森林砍伐的解决方案；在交通运输方面，可以利用电力驱动交通工具，并以廉价替代燃料为其他交通工具提供动力。盖茨还预言，未来"零碳"是一个巨大的经济机遇。那些建立起伟大的"零碳"企业和伟大的"零碳"产业的国家，无疑将在未来几十年里引领全球经济。

虽然盖茨在书中充满了对未来发展前景的担忧，但他不是悲观主义者。盖茨表示，写《气候经济与人类未来》就是为了鼓舞世界而非唱衰未来。在他研究能源和气候变化的这些年中，他也慢慢地看到了充满希望的进步：来自太阳和风的可再生能源生产成本已大大降低；公众比以往更加支持采取措施避免气候灾难；世界各地的政府和公司也都在制定宏伟的减排目标。

在这个过程中，盖茨认为政府在其中扮演着重要角色，政府应该全力做好七件大事：第一，弥补投资缺口；第二，创造公平的竞争环境；第三，破除非市场壁垒；第四，紧跟时代步伐；第五，规划"公正转型"；第六，迎难而上；第七，技术、政策和市场三管齐下。

全球变暖的事实和影响已经成为国际共识，绿色发展也成为现代化经济体系建设必然的选择。盖茨承认，"减排是系统工程，需要集体行动"。人类已经研究气候变化多年，提出"碳中和"目标的最大价值在于充分引起政府、企业和每个个体对气候危机的重视。毋庸置疑，要锁定全球集体目标，进而依托技术和创新最终解决气候问题，必须凝聚人类共识。诚如英国前首相丘吉尔所言：面对共同的敌人，"我们将永不停止，永不疲倦，永不让步"。

AI 世界观和观 AI 经济

离你越近的地方，路途越远；最简单的音调，需要最艰苦的练习。

——印度著名诗人泰戈尔

很多人脑海里都曾冒出过"人类为何能统治地球""世界将变成什么样"这样的问题，但因为这些问题太过宏大，我们常常将之抛诸脑后，转而关注衣食住行等现实问题。热衷关注和研究此类话题的，除了《纽约时报》专栏作家、《世界是平的》作者托马斯·弗里德曼（Thomas L. Friedman），以色列历史学家、《人类简史》作者尤瓦尔·赫拉利（Yuval Noah Harari）等知名学者外，英国知名经济学家罗杰·布特尔（Roger Bootle）也是世界宏大话题的观察者和研究者。

布特尔创办并管理着欧洲最大的经济顾问公司——凯投宏观。他也常为《每日电讯报》撰写专栏，曾被评为"英国报刊年度评论奖"的年度经济评论家。布特尔还是英国下议院财政委员会的特别顾问、保守派政府的智囊团成员之一。2012 年 7 月时，布特尔和他的凯投宏观团队获得了著名的"沃尔夫森经济学奖"。布特尔自有他的"世界观"。从《欧洲的困扰》到《金钱非万能》《货币理论》，还有令他声名鹊起的《市场的困扰》《通胀的终结》，布特尔热衷关心宏大的话题，如社会不平等、地缘政治、全球经济、货币理论、通货膨胀、财富分配，也乐于且善于扮演全球化的推动者和辩护士。基本上，他是个温和的改良主义者，也是个积极的乐观主义者。当然，也很少有人像布特尔那样，能几十年如一日持续地、专注地

"观世界"，并尽力将纷繁的现象与复杂的主题解释通透。

人工智能（Artificial Intelligence，简称 AI）是当下最热门的技术，作为工业 4.0 之路的关键，AI 经济的兴起也是必然，其正渗透颠覆每一个可能的行业。面对 AI，有人期待，有人怀疑，有人害怕。萨里大学物理学教授吉姆·艾尔－哈利利（Jim Al-Khalili）曾毫不讳言地指出："相比人类正面临的气候变化、世界贫困、恐怖主义、流行病威胁和抗生素耐药性等重大问题，AI 问题更为严峻。"不管哈利利教授的这种排位（相比气候变化和恐怖主义）是否恰当，这都让机器人和 AI 的存在看起来完全是坏事。布特尔的专著《AI 经济：机器人时代的工作、财富和社会福利》（*The AI Economy: Work, Wealth and Welfare in the Age of the Robot*）从宏观到个体层面，试图剖析眼下慢慢兴起的"AI 经济时代"，他的"AI 世界观"和"观 AI 经济"或许是能解除人们担心和恐惧的一剂药方。

AI 替代人类的范围被过分夸大了

AI 能否取代人类的工作，这也是一个无法回答的问题。每个时代都会有各种忧虑，总有人会担心先进的技术取代人类。在美剧《西部世界》第三季中，未来的人类世界有一个名为"雷荷波"的系统，它是一个掌握了人类社会所有信息、能计算出未来任何可能性、给出任何问题答案的人工智能系统。毫无疑问，只要拥有这样全知全能的系统，很多人类的技能和工作都能被替代。现实世界里没有"雷荷波"，但它背后的原理——机器学习——却在近年来蓬勃发展，并深刻影响着我们的"饭碗"。人们似乎应该愈发担忧：我们的工作在未来会不会被算法取代？

众所周知，现代经济中往往包含摩擦性失业、结构性失业等失业类型。导致前者的原因是，在变更工作的过程中，人们无法（或不愿）恰当地协调好离开旧工作、开始新工作的相关事务；导致后者的原因则是人们工作的行业和/或领域的衰落，甚至可能涉及他们赖以为生的技能的冗余。换言之，每一次技术变革，人们对前景的极端悲观看法往往有两个版本，两者相互关联，但又截然不同。

第一个观点本质上与技术相关。该观点认为，几乎没有什么工作是人类能够比机器做得更好的，因此人类可从事的工作将不断减少，大面积失业在所难免。第二个观点本质上是经济方面的。该观点认为，机器人应用的普及和 AI 的发展将抢夺经济体系中的购买力，因此，即便从技术上来讲可能会有供人类从事的工作，但整个经济体系中不会有能让他们就业的需求。

在布特尔看来，虽然机器人和 AI 革命会牵扯到这两种类型的失业因素，但就其本身而言，这些因素的影响尚不足以导致许多 AI 大师所描述的末日幻象。概括来说，机器人和 AI 时代，人们的工作岗位"有减有增有升级"。那么，哪些领域可能会创造更多的就业机会，哪些种类的新工作可能会出现呢？

布特尔坚信：新世界必然涉及大规模失业。在很多领域，尤其是交通领域，机器人和 AI 替代人类的范围被过分夸大了。因"节省成本"而受追捧的无人驾驶汽车，其优势远不止于此。人类驾驶汽车每年大约造成 120 万人死亡，另有 2000 万～5000 万人受伤。据估计，在中等收入国家，该项成本约占年度 GDP 的 2%。而且，这些事故一般都是由人类常见的醉酒、疲劳、生病、分心等失误造成的。

在一个应用无人驾驶汽车的世界里，那些不能开车的老弱病残人士，还有那些不会开车的人将拥有与其他人口一样的机动性，免于受到公共交通不足和支付出租车费用的困扰。同时，家长也可以从接送孩子参加聚会、上芭蕾舞课、参加橄榄球赛等日常琐事中解脱出来。另外，去酒吧或参加派对也不会再让人痛苦地选择是开车不喝酒，还是掏钱找代驾。最重要的是，人们可以节省自己开车去上班、见朋友和家人、购物、度假、办事的时间。

假如无人驾驶汽车真的能成功应用，除了使人类驾驶者变得多余，还可能产生其他巨大的影响。随着人们集体放弃私家车，转而乘坐无人驾驶、共享使用的电动汽车出行，超级狂热者将开始谈论着城市土地的利用该如何转型。由于人们主要选择搭乘浮动池中的无人驾驶汽车，汽车拥有量很可能会锐减。其结果将是，人们需要制造及销售、维修、投保的汽车会更少。另外，对停车空间的需求也会减少，因为汽车大部分时间都处于闲置状态。当无人驾驶汽车在等待用户时，它们可以首尾相连或堆叠停放。

潜在的影响还在进一步扩大。或许交通管理员也会消失，因为严格的停车需求将不再是问题。不管什么情况，如果停车仍然需要监管，那么想必性能良好的机器人就可以完成交通管理员的工作。比如，对无人驾驶汽车进行违章停车罚款，然后等着汽车被接走。这可能对保险业也会产生重大影响。在美国，车辆保险约占所有保险费用的30%。当无人驾驶汽车发生事故时，谁来承担责任会有一些特殊问题。毋庸置疑，这将为保险公司提供硕果累累的业务领域，同时一大群律师也必然获得卓有成效的商务地盘。但是，由于需要投保的汽车数量的急剧减少，这对保险公司的收入来源将造成沉重打击。

无人驾驶汽车"可行性不是问题，安全才是"。因天气、环境和技术等原因，无人驾驶汽车屡屡曝出安全隐患问题。无论是出于何种原因，正是在技术失灵或无法应对特定处境的情况下，车辆才需要人类的介入，那时人类应对比已经失灵的机器或自动系统更有能力。这种现象并不局限于无人驾驶汽车，飞机和轮船也存在同样的问题。布特尔由此判定"AI替代人类驾驶者的规模可能比AI狂热者断言的要小得多"。

不过，这并不是说无人驾驶汽车没有发展空间。汽车已经可以在没有帮助的情况下自行在高速公路上行驶，还可以自行泊车。这些特性可以且确实能为用户带来一些益处。另外，在规定线路的旅途出错的可能性颇为有限，这肯定会向AI完全替代驾驶者的实现敞开大门。实际上，人们已经相当频繁地遇到过这类AI驾驶者。一段时间以来，在机场和地铁站，无人驾驶轨道穿梭车已经很常见了。此外，对于远离人群的农业用地上作业的无人驾驶拖拉机和其他无人驾驶农用车来说，显然还有增加其使用的空间。在规定水路跨域短距离运送人员和货物的"自动驾驶渡轮"的例子也将会有很多，但这与完全自动远洋货轮或航行时没有船长的邮轮还差很远。

很显然，无论交通工具是汽车、飞机还是轮船，迄今为止已经实现的，以及在可预见的未来可能实现的无人驾驶，都与AI狂热者认为即将出现的AI驾驶者大规模取代人类相去甚远。一些调查证据表明，尽管人们因为担心无人驾驶造成的后果而不敢说出来，但在行业内，私下里越来越多地认可这一点。诚如布特尔所言"整件事情有一种皇帝新衣的气氛"。

与无人驾驶密切相关的是机器人和AI在军事应用中的可能性。关键问题是一样的：机器人和AI的普及是否预示着可以用机器人替代人类（这里指的是战士、水手、飞行员）？

大多数军用机器人目前均为遥控操作，用于定位敌人、监视、狙击手探测、解除爆炸装置。无人机是当下最常用的军事机器人，虽然有时出于监视目的而使用它们，但它们通常都配有导弹。譬如，美国的无人机库存从2001年的约50架增加到了2012年的逾7500架，其中5%左右装备了武器。2007年，美国国会宣布"在新系统采购计划中优先选择无人系统"。

由于机器人不受情绪、肾上腺素和压力的影响，所以一些分析人士认为，用自主机器人替代人类可能会减少暴行和战争罪行。可以这么说，由于具有更高的精确度而没有人类常见的缺陷，自主 AI 作战系统"不仅会减少受到伤害的人类数量，而且能显著提高那些必须面对危险的人的安全性"。

那么，鉴于军用机器人有这么多优势，是否意味着对军事人员的需求减少了呢？布特尔研究发现，与其他许多案例一样，在军事应用中，机器人和 AI 可节省人力投入的能力似乎也被过分夸大了。

美国空军副参谋长菲利普·M. 布里德洛夫（Philip M.Breedlove）将军从事无人机方面的工作。他早前发表了一个引人注目的声明："我们空军的首要人员配备问题是无人平台的人员配备。"他指的是修理和维护无人机所需的人类工作者，以及分析无人机出行获得的视频和监视信息的人力。据美国空军估计，要让一架"捕食者"无人机在空中保持工作 24 小时，需要为之配备 168 名工作者，更大的无人机可能得配 300 人。

因此，其结果很可能是，训练有素并准备好面对敌人的前线军事人员数量会降低，而满足军事机器人和 AI 的各种需求的人员数量将上升。这种变化与整体经济领域的类似。

重复性工作由机器完成

自第一次工业革命以来，始终处于经济进步核心位置的技术进步遵循着独特的模式。最初，机器代替了人类的肌肉，让人们做更多的脑力工作。在比较近的时期，尤其是借助计算机的发展，机器已经取代了某些脑力工作（"电脑"）。但是，至少直到最近，计算机只是在人们从事重复性活动的领域取代了人类，使他们能够完成其他重复性较低的任务。

在《AI 经济：机器人时代的工作、财富和社会福利》中，布特尔对无人驾驶交通工具和军队中机器替代人的现象的评估，为分析其他行业的就业前景提供了参照。在某些领域，这是一种大肆炒作和过度营销。但在另一些领域，机器取代人类的可能性要大得多。而且，就像在军队中一样，在任何特定的领域中，人类可从事的工作类型（体力劳动或脑力劳动）都有很大的彻底改变空间。

人们普遍认为，手工行业中来自机器人和 AI 的挑战给人的感受最为强烈，但并非所有的手工工作都会受到严重威胁。哈佛大学心理学教授、认知科学家史蒂芬·平克（Steven Pinker）曾指出："长达 35 年的 AI 研究的主要教训是，难的问题容易，容易的问题难。"由于机器人的手动灵活性依然很差，因此，在可预见的未来，很多对技能有要求的手工工作看起来是安全的，其中包括管道工、电工、园丁、建筑工和装修工。

那些挖掘道路以识别和修复供水、供气、排污管道故障的人，最终可能会出现大量失业。英国政府已经在一个开发迷你机器人的研究项目上投资了 2500 多万英镑，这种微型机器人可沿着管道行进，以识别和解决问题，而无须挖开道路。就像在人体上做的微创手术那样，管道中修复故障的机器人将由地面上的人类控制。

工作复杂程度最低的领域是零售业，人们认为该领域的工作基本会消亡。但来自人手极少的零售店的证据并不能完全令人信服。英国的首台"购物机器人"名为"法比奥"（Fabio），它在苏格兰连锁超市马尔乔塔的爱丁堡旗舰店试用一周后被解雇，原因是令顾客困惑。当顾客询问它哪里能找到啤酒时，法比奥答复道："它在酒类区。"当然，这个回答事实上没错，但这对顾客并没有多大帮助。

零售业是一个有趣的例子，在这个行业中，不仅传统工作岗位在流失，就业性质也在发生改变。结账助理的工作即将消失。如果曾经做过类似工作的人在别处找到了体面的职业，那么失去这种无聊、重复性的工作肯定不会有太多遗憾。与此同时，商店里还有不同类型的工作可做，比如，帮助、引导、建议顾客购买什么物品、如何搭配比较好、明白不同选择的各自特点。这种新的零售业工作涉及人的因素，需要更多的技能和知识，而枯燥、重复性的工作则留给了机器人或 AI 系统。

在餐馆中，尽管机器人在某些时候或许能帮忙清洗餐具，但布特尔怀疑它们永远都不会接管餐厅服务员的角色。与服务员互动是就餐体验的部分，而与机器人互动可完全是两码事。

另一个似乎面临严重威胁的体力工作的例子是后勤和提供各种家政服务的工作，但事实并非如此。因为 AI 的进步或许会使人们的收入增加，而这可能会释放对各种家政服务的巨大需求。现有证据显示，人们需要的家政帮佣不会是机器人，而是人类。这种前景很容易让人想起从前的时代。在第一次世界大战之前，大多数中产阶级，甚至包括文员和行政助理这些群体，雇用至少一名家庭佣工都是司空见惯的事情。收入（和地位）更高后，人们会雇用更多佣工——女佣、男管家、厨师、园丁、清洁工、男仆。虽然"楼上楼下"（楼上贵族、楼下仆人）的世界已经一去不复返，但家政服务还是有可能成为未来的一个主要工种。

当今世界，富裕的中产阶级显而易见是缺时间而非缺钱，他们可以很轻松地雇用至少一名家庭佣工。佣工可能是兼职的且不住在家里，他们可以做一系列的家庭任务，包括购物、开车接送家庭成员等。同时，那些收入比较高的人很可能就能像过去那样，通过其家庭随从的数量与衣着华丽程度与他人竞争社会地位。

许多最容易受到机器人和 AI 威胁的工作并不只是通常所说的手工工作。在底层，机场的登机助理工作正走在退出历史舞台的路上。在另一个极端，基金管理行业的许多工作也可移交给 AI 应用。房地产估价师同样也有被 AI 替代的风险。显然，AI 可以更快、更低廉、更精确地执行任务。

同样，日常法律工作现在也可以由 AI 来做。这些趋势并不一定意味着律师数量会减少。利用 AI 应用程序来做日常法律工作，似乎大大降低了成本，以至于以前始终不便宜的一整类法律项目现在也变得可行了。例如，初级律师可以为 AI 应用程序设置初始阶段，并让它以正确的方式工作。

另一个不需要人工操作、脆弱的工作是笔译和口译。最初，数字翻译服务只是个笑话。实际上，如今在很大程度上它们依然是。尽管它们还没有达到许多人认可的水平，但其改善的速度还是非常快的。不久之后，只要点击鼠标，它就能以很高的水平将任何内容翻译成任何语言，这种能力甚至会超出大多数人类译者的能力。2014 年 3 月，Skype 公司推出了实时机器翻译软件。2013 年 6 月，谷歌的安卓系统高管雨果·巴拉（Hugo Barra）表示，预计在几年内会出现可行的"通用翻译器"，可面对面使用，也可通过电话使用。

在布特尔看来，即使这些改进得以继续，日常翻译工作全部由机器完成，仍然会有人成为语言专家，并以此为职业。但这些人的水平会非常高，他们的大部分工作将涉及监督和改进 AI 驱动的笔译、口译服务。毫无疑问，从事翻译和语言服务的高级语言专家的数量将远远低于当前的人数。

面试求职者肯定是人类的专利。事实上，在一些领先的企业中，尤其是金融领域，现在很多此类活动都是由某种类型的 AI 执行的。几十年来，大企业的求职者都必须要接受自动化在线测试，最初的淘汰工作无须人工干预。不过，现在越来越多的面试都是通过计算机进行的。可以预见，求职者的反应是——利用 AI 来帮助自己做好准备，以通过由其他形式的 AI 进行的面试。一家名为 Finito 的金融科技初创企业就利用自己的 AI 系统为求职者提供专业指导。

有些人会失业但新工作也会被催生

人类历史上，从发明车轮到古腾堡印刷机，人类一直在发展和适应新的技术。而且每一次，人类都会担心新技术是否会抢走人类的工作。但每一次新技术的诞生，其实都会催生新的行业和就业机会。比如，1440 年人类发明了打印机，虽然它抢走了很多抄写员的工作，但图书大规模生产之后，随之创造了与图书生产、运输、推广、销售等相关的大量工作；印刷成本的下降，还直接导致了报纸的诞生。虽然抄写员们失业了，但大量的新工作也被催生了出来。再比如，19 世纪初美国 80% 的工作岗位和农业有关。但因为农业机械化的普及，到今天这个比例只有 2%。但农业机械化并没有毁掉美国经济，反而让美国农业变得更高效环保。

当电子表格软件在 20 世纪 80 年代出现时，人们普遍认为这会导致会计人员大量失业。与之相反的是，在美国工作的会计师和审计师数量从 1985 年的 110 万人上升到 2016 年的 140 万人。正如以前常常发生的那样，新技术拓宽了会计师的工作范围，因此对其服务的需求有所增加。

机器人和 AI 创造就业机会的情况又是怎样的呢？世界经济论坛（WEF）和波士顿咨询公司的一项联合研究显示，到 2026 年，美国将创造出 1240 万个新工作岗位。机器人和 AI 应用的充分扩展本身就会创造新的就业机会——设计和制造机器人，开发它们所用的软件和应用程序，教人类如何从 AI 助手处获得最大收益，甚至向那些在与 AI 的关系方面有严重问题的人提供咨询服务。

用以监控人类与机器人之间的边界，处理法律和法规问题，甚至可能顾及并监视 AI 引发的任何伦理问题，特别是在大数据的使用方面也会出现无数个工作岗位。即将到来的技术变革的本质是将大量的机械工作从人类手中移除，把真正关乎人类的领域留给他们。毕竟，这显然是人类最具比较优势的领域。该领域将非常广阔，个人护理（特别是老年人护理）就是一个很好的例子。

在所有西方社会中，对老年人的照料工作都还做得不够。这方面的资源短缺，根本没有足够的护理人员。然而，随着社会中老年人数量的大幅上涨，对护理人员的需求也将急剧增加。当然，将来会有更多的护理人员。但并不是说这些护理人员是机器人。毕竟，谁会希望家里来个机器人呢？而且谁又会把自己年长的亲人托付给机器人呢？额外的护理人员将会是人类，这些人是从经济领域中其他非看护工作中解脱出来的。

不过在这方面，机器人和 AI 依然可以做出贡献——不是取代护理人员，而是帮助他们。即一名护理人员带着一系列能帮助他们工作的机器前往老人的家，护理人员设置一台机器进行清洁，另一台为客户洗头发，而护理人员则可以与客户谈论他们最近想做的事情。

因此，机器人和各种 AI 设备的使用将能使护理人员的工作效率得到根本性的提高。与第一次工业革命以来其他节省劳力的发展一样，护理人员的就业人数不会下降，因为随着人们变得更加富有且更长寿，对这些服务的需求将会大大增加。实际上，如今已经存在这种机器人助手，不过它们效率不是很高。有些机器可以抬起并移动老年人。麻烦在于它们本身极其沉重，重达人类体重的 10 倍，而且非常昂贵。毫无疑问，以后它们将会变得更轻更便宜。

尽管常常有报道和研究说机器人开始替代人类，但在很多工作中，它们其实旨在辅助人类，并在此过程中提高人类的工作质量。

除了护理老年人的工作是如此，外科手术则提供了另一个医学例子。据推测，机器人正越来越多地承担起了外科医生的工作。比如，手术机器人，该机器人实际上是一种非常复杂精细的工具。从表面上来看，使用这种机器人的结果引人注目：侵入性手术更少，精确度更高，事故风险更少，并发症更少，恢复状况更好。

但这其中并非全都是甜蜜和光明。原因主要有两个：其一，需要成本。2013 年，美国售出了大约 1200 台外科手术机器人，平均价格为 150 万美元，这可不是个小数目。其二，安全记录有些令人担忧。即不可能知道那些死亡或受伤病例中的任何一例是不是因为雇用了机器人外科医生，还是无论如何都会发生。

医学诊断的发展很有可能会导致更频繁的检查和更早期的诊断。不久之后，我们智能手机的附件将能提供血糖、血压、声音、呼吸等方面的即时检查结果，并立即给出有关我们身体状况的初步评估。这不会减少对医疗专业人员服务的需求。恰恰相反：这很有可能会带来对医疗专业人士的更多咨询和医生的更多治疗行为。

由于使用了能跟踪患者心率和血压的传感器，患者能更便利地在家中而非医院里更早识别问题并治疗。一个可能的结果是，不得不去医院的人数减少了，从而为危急病例释放出了资源。此外，自然语言处理技术使医生能够花最少的精力和时间抄写、记录与患者的会面内容。比如，为头颈癌图像贴标是一项需要五六个小时时间的工作，医生通常要在下班后来做这个。AI 显然可以帮助急诊室分诊，并有助于减少患者在不同医院科室间流动而造成的"交通拥堵"。

不会为了休闲而完全拒绝工作

美国前财政部部长助理、加州大学伯克利分校经济学教授布拉德福德·德隆（Bradford DeLong）曾经分析人均 GDP 与人口增长率的相关性，发现在人均 GDP 达到 4000 美元之前，人口增长和人均 GDP 是相互促进的，而超过这个量级，则相关性不显著。这是工业时代的经济增长规律。进入 AI 经济时代，则是劳动力的合适技能而非数量，会对生产函数产生真正有价值的贡献。从满足生产需要这个角度衡量，人口是否减少已经不太重要。

18 世纪末，美国开国元勋之一本杰明·富兰克林（Benjamin Franklin）预言，人们最终每天工作 4 小时就够了，剩下的时间将用于"休闲和娱乐"。后来，剧作家乔治·萧伯纳的说法更甚于这个预言，他在 1900 年提出，到 2000 年，工作者每天仅需工作 2 小时。数十年后，颇具影响力的兰德公司（RAND Corporation）预测，未来 2% 的人口将能生产社会所需的一切。

现代西方著名经济学家凯恩斯在这个问题上似乎更有远见，他在 1931 年发表了一篇名为《我们子孙后代的经济可能性》的文章中指出，100 年后的生活水平将提高 4 ~ 8 倍，短缺将不再是主要问题，人们要考虑的是如何利用自己的时间。

在布特尔看来，尽管凯恩斯关于平均收入和生活水平将总体提高的观点基本正确，但工作终结甚至每周工作时间降至 15 小时的设想尚未发生。目前大多数成年人一生中的大部分时间都在从事全职工作，每周工作 30 ~ 40 小时，在很多情况下，甚至更多，一些科技公司甚至倡导"996""007"工作制。因此，关于如何利用所有那些休闲时间的问题根本没出现。

关于人们为何尽管收入增加了还是要继续做这么多工作的原因，有个简单明确的经济学解释——"替代效应"（substitution effect，由于工作带来的高收入，休闲的机会成本更高）已超过"收入效应"（income effect）。据此可以推测，休闲需求会增加。

这不仅是经济问题的答案，也是经济学家的答案。将这一推断的解释用简明易懂的话来说，就是人们现在从工作中赚得更多了，从而让人们更乐于选择工作而非休闲；同时，生活水平提高了的事实让人们至少可以从更多的休闲和更少的工作中获得一些好处。从这些相关证据中我们可以看出，前者的影响超过了后者。

为什么人们明显偏爱工作（和收入）而不是休闲？随着研究的深入，布特尔发现了两个内在原因：第一，竞争本能。就算赚取额外收入已不太重要，但与邻居和同等地位的人的竞争仍然能够激励我们付出巨大的努力。人们或许还是想显示出，无论与之比较的是谁，自己起码都能够与之匹敌，甚至自己更为出色。他们甚至可能会觉得，即便不是与之前的自己或双亲竞争，至少也有一种要展示与自己和双亲以前的生活相比有明显进步的感觉。第二，不平等的加剧可能也促使人们在工作和休闲之间做出选择。那些处于底层的人希望通过工作获得那些处于上层的人所获得的东西。与此同时，那些处于上层的人也热衷于维持地位较低的人与他们之间的差距。

不过，按照布特尔的预测：随着机器人和 AI 带来的生产能力的提高，人们需要在增加工作（收入）还是增加休闲之间做出选择。布特尔预计人们或许会采用中间路线——"全年的平均工作时间将减少，但不会为了休闲而完全拒绝工作"。休闲增加将增加人们在休闲活动上的支出，这将提升这些行业的就业需求。休闲业是增加就业机会的关键领域之一。

针对 AI 的未来，有一个颇具争议的话题是"奇点临近"的预测：2050年 AI 技术是否能达到人类智慧水平。人类有足够时间考虑这个问题，即便 AI 技术可以实现对人类智慧的替代，恐怕人们也不会希望促成其实现。在可见的未来，人们应该做好和人工智能助手合作的打算，降低劳动强度和提高工作效能。

还应关注的是对 AI 的伦理关怀

早在 20 世纪 50 年代，在一次对福特汽车制造厂的参观中，美国工会老板沃尔特·路则（Walter Reuther）看到了大量令人印象深刻的汽车组装机器人。正在带路则各处观看的高管问他，要如何让机器人支付工会会员费。路则回答道，更大的问题是怎样让机器人购买汽车。被科技洪流裹挟的每个人乃至各个国家，该如何在 AI 时代做出自己的选择？相信这是曾经或者正萦绕在不少人脑海里的问号。

布特尔认为，确保每个人都受益于 AI 带来的改善将是一个挑战。不可否认，改革税务、福利体系及很多造成我们社会不平等方面的时机已经成熟。现在政府可以做出的最大贡献是，彻底改革并完善公共教育体系，包括加大资金投入，为终身学习和再培训慷慨注入资金。

假如机器人和 AI 确实拥有了某种形式的意识，那么就会引发一系列棘手的伦理问题。按照 19 世纪伟大的哲学家杰里米·边沁的说法，在考虑如何对待非人类的动物时，关键的考虑因素不应该是它们是否会推理或说话，而应是它们能否感受痛苦。

这为我们思考如何对待机器人和 AI 提供了基础。想象一下它们将要过的生活，其实它们已经在这样生活：工作之外一无所有，没有回报、没有享乐，若表现不够好，就会不断面临被灭绝的威胁。假使这些 AI 是人类，或类似人类的形式，这些状况会引发一场革命。无疑，一些斯巴达克斯（古罗马时期起义领袖）会涌现出来，领导"机器人奴隶"起义。

那么，我们应该如何对待机器人和 AI 呢？布特尔认为，我们已经有了在社会中运作的非人类自治实体，即企业。当然，有大量的法律和法规管理着它们的行为、权利和义务。我们需要构建一些与机器人和 AI 相关的类似的东西。

　　毋庸置疑，不同国家在机器人和 AI 方面的定位会有所不同。不是每个国家都能成为领先的机器人制造者或 AI 开发者。但这根本无关紧要，就像计算机和计算机软件一样，关键是各国要对机器人和 AI 的广泛采用持开放态度。可以肯定的是，出于公共利益，它们需要被监管而且法律也需要调整以顾及它们。但是，对机器人征税或过度监管会导致其应用受限，这是一种倒退，可能会极大地抑制一个国家的绝对和相对表现。

如何防范天使堕落为恶魔

> 我明白了，我已经找到了存在的答案，我恶心的答案，我整个生命的答案。其实，我所理解的一切事物都可以归结为荒诞这个根本的东西。

> ——法国作家让－保罗·萨特

忽如一夜春风来，满屏皆是"元宇宙"。2021 年脸书（Facebook）更名为"元宇宙"（Metaverse），即从社交媒体公司转型为"元宇宙"公司。之后引发不同领域的思考或行动，除了脸书外，苹果、微软、谷歌、亚马逊、英伟达、百度、腾讯、网易等各大国内外科技公司或品牌更是纷纷布局"元宇宙"，将其视为移动互联网的后继者，以赢得未来市场。

"元宇宙"一词顿时在全世界热了起来：是"猪"都会飞的风口还是割"韭菜"的时机？是科技新希望还是商业新忽悠？这些问题归根结底就是：到底什么是元宇宙？元宇宙究竟意味着什么？曾任亚马逊全球战略主管的马修·鲍尔（Matthew Ball）或许是回答这些问题的最佳人选。鲍尔在脸书改名之前的 2020 年 1 月曾发表过一篇名为《元宇宙：它是什么，去哪里寻找，又该如何去建设，它的前景如何》（*The Metaverse: What It Is, Where to Find it, Who Will Build It, and Fortnite*）的随笔风靡互联网。这篇阅读量"10 万 +"的随笔对于元宇宙及其未来发展的描述系统且充满预见性。其不仅将"元宇宙"这个概念带入大众视野，更为元宇宙的未来发展描绘了行动路线。向来"凶悍倔强"的 Facebook 创始人兼 CEO 马克·扎克伯格（Mark Zuckerberg）似乎很少公开赞美他人，但对"元宇宙之父"鲍尔却是个例外。在一篇推荐鲍尔著作的序言里，扎克伯格毕恭毕敬，称其为"我敬仰已久的人"。这种敬语算不上客套——或许扎克伯格就是受鲍尔元宇宙理论的影响和指引才决定变"脸"为"元"，彰显其进军元宇宙的决心。

也正是由于鲍尔等人的努力，才使"元宇宙"成为众多投资者、商界人士和政客争相追逐的新热点，成了令无数相关人士向往并希望可以借其通向新世界的"蓝海"。喧嚣之后，鲍尔在原先那篇"元宇宙"随笔基础上进行扩充完成的专著《元宇宙改变一切》(*THE METAVERSE And How It Will Revolutionize Everything*)，用翔实的素材、深入的分析，全面论述了元宇宙的现状和潜力，展现了一个元宇宙研究者清晰的思路和开阔的视野，无疑是当下关于这一"形而上"愿景之最"形而下"的权威著作。

"盲人摸象"中定义元宇宙

元宇宙源起于人类有关于"星辰大海"的梦想，来自人们对于虚拟空间的想象和向往。虽然技术进步通常发生在人们的视线之外，但人们往往能从科幻小说中探知未来。

"名片背面是一堆杂乱的联络方式：电话号码、全球语音电话定位码、邮政信箱号码、六个电子通信网络上的网址，还有一个'元宇宙'中的地址……"美国作家尼尔·斯蒂芬森在其1992年出版的科幻小说《雪崩》中首次提出了"元宇宙"(Metaverse)概念。小说中的人类通过穿戴外接设备，以虚拟分身的方式接入由计算机模拟、与真实物理世界平行存在的虚拟空间，即一个帮助绝望之人暂时逃离现实的虚拟世界。这一设想在2018年的热门电影《头号玩家》中，以"绿洲"的形式出现得以具象化展示，以资源枯竭、贫富分化严重的现实世界为背景，每个人可以通过VR眼镜，触感套装以进入虚拟世界"绿洲"之中，"绿洲"世界中虚拟却美好，用户可凭借想象力和创造力在"绿洲"中实现自我、放飞自我。

尽管人们对"元宇宙"充满幻想，但这个术语没有统一的定义或描述。大多数行业领导者以符合他们自己的世界观或能彰显自己公司能力的方式来定义它。"一千个人的眼里，有一千个哈姆雷特"——元宇宙是什么？无论是小说《雪崩》还是电影《黑客帝国》《头号玩家》，抑或是其他相关的科幻作品，创作者们都想通过自身的想象力在虚拟世界的基础设定上延展出了不同的元宇宙世界，实际上，即便跳脱出科幻的范围，人们对于元宇宙的理解和看法也仍处于"盲人摸象"的探索阶段。

鲍尔之所以在元宇宙领域有如此多的建树，得益于他之前的经历——历任埃森哲战略高管、亚马逊全球战略主管，同时作为一位具有未来视野的投资人，鲍尔还是知名早期风险投资基金 EpyllionCo. 的管理合伙人，也是世界上管理规模最大的游戏创投基金 Makers Fund 的风投合伙人，还是 Roundhill Ball Metaverse ETF 基金的管理人。凭借未来视野以及独到的投资眼光，鲍尔敏锐地察觉元宇宙将全面颠覆我们的工作、生活与思维方式。"无论你认为元宇宙一定会到来，还是对此持怀疑态度，还是介于两者之间，你都应该接受这样一个事实：现在我们还无法确定元宇宙到来时'生活中的一天'是什么样子的，以及那将带给我们怎样的体验。但无法准确预测人们将如何使用它，以及它将给人们的日常生活带来哪些改变，并不是坏事。恰恰相反，它是超时空颠覆性力量的先决条件。为即将到来的情况做好准备的唯一方法是将重点放在共同实现它的那些技术和特性上。换句话说，我们必须对元宇宙进行定义。"

虽然由于很多组织和机构都想在元宇宙的定义上掌握话语权，使得它的定义中存在矛盾之处，也有大量含义混淆之处，但鲍尔相信，即使身处元宇宙历史的早期，我们依然有可能给出一个清晰、全面和有用的定义。

由此鲍尔在写作和讨论有关"元宇宙"的内容时，对元宇宙给出了一个全新的定义："大规模、可互操作的网络，能够实时渲染 3D 虚拟世界，借助大量连续性数据，如身份、历史、权利、对象、通信和支付等，可以让无限数量的用户体验实时同步和持续有效的在场感。"

鲍尔如同唐代诗人李白笔下"西下峨眉峰"的高僧大德，大笔一挥就是万壑松风，绣口一张就是万象森罗。从基本元素到技术前提，从硬件入口到软件生态，从公司战略到社会治理。他的这段定义当中至少包含 9 个元素（虚拟世界、3D、实时渲染、互操作性、大规模扩展、持续性、同步性、无限用户和个体存在），需要强调的是，每一个元素都是一个关键要素，实现它需要经验或技术的支持。当我们把这 9 个元素简单化，它就组成了我们现在正在使用、分享和采用 3D 技术的互联网。

3D 的必要性不仅仅是因为它预示着新事物的出现。元宇宙的理论家认为，为了使人类文化和劳动实现从物理世界向数字世界的过渡，必须借助 3D 环境。例如，扎克伯格声称，与 2D 网站、应用程序和视频通话相比，3D 对人类来说是一种更直观的互动模式，特别是在社交应用中。当然，人类几千年来的进化并不是为了使用一个平面的触摸屏。

鲍尔由此认定："3D，互联网的下一个伟大迈进。"他给出的理由有三个：其一，人类会寻找最能代表他们所体验的世界的数字模型，这个模型需要包含丰富的细节、混合音频和视频，并且能够提供一种"在现场"的感觉，而不是静态或过时的画面；其二，随着我们的在线体验变得更加"真实"，我们将更多的现实生活放在网络上，将更多的时间花在网络上，从总体上看，人类文化更多地受到网络世界的影响；其三，这种变化比较明显的标志通常是新的社交应用程序的出现，而这些应用程序通常首先受到年轻一代的欢迎。

"造梦者"的框架和行动路线

众所周知，当前世界经济有 20% 是数字化的，剩下的 80% 大部分也是由数字驱动的。为了构建元宇宙，人们正在讨论从根本上升级和改造支撑现代世界的大多数数字技术。因此，元宇宙将会导致现有工业和文化产生普遍性的变化。鲍尔在《元宇宙改变一切》中，化身为一个"造梦者"，为我们描绘了商业、教育、社交、时尚、工业、金融、医疗、支付等各个领域的元宇宙未来图景，给出了构建元宇宙的终极框架和行动路线，致力于帮助所有人受益于元宇宙时代。

提到"元宇宙 + 教育"，鲍尔认为，在元宇宙大发展背景下，教育是最有可能发生转变的领域。教育对社会和经济的发展都至关重要，但现状是，教育资源稀缺，分配极不平等。它也是被称为"鲍莫尔成本病"（Baumol's Cost Disease）的主要例子，即"较高劳动生产率的工作的工资上涨，会带动那些生产率增长较慢的工作的工资上涨"。这不是在批评教师的工作效率低下，而是反映了这样一个事实：由于过去几十年中许多新的数字技术的出现和发展，大多数工作在经济方面变得更加"富有成效"。例如，由于计算机化的数据库和微软办公软件等的普及，会计师的工作效率大大提高。与 20 世纪 50 年代的会计师相比，如今的会计师在单位时间内可以做更多的"工作"，或者在相同的时间内管理更多客户。清洁和安全服务也是如此，它们现在利用更强大的电动清洁工具，或者可以使用数码相机、传感器和通信设备网络来监控设施。医疗保健仍然是一个由劳动力驱动的行业，但诊断、治疗和生命支持技术的进步有助于消除与人口老龄化相关的许多成本。

在鲍尔看来，实时渲染的 3D 技术不仅可以帮助教育工作者将课堂（和学生）带到任何地方，而且即将出现的丰富的虚拟模拟可以极大地增强学习的兴趣。起初，人们认为 VR 在课堂上的应用只是"参观"古罗马。现在，学生们将在"一学期内建造罗马"，通过建造引水渠来学习它的工作原理。今天和过去几十年里，许多学生是通过观察他们的老师扔下一根羽毛和一把锤子的过程，然后观看"阿波罗 15 号"指挥官戴维·斯科特（David Scott）在月球上做同样事情的录像带来了解重力的。这样的演示不一定会消失，但可以通过创造精致复杂的、仅限虚拟环境使用的鲁布·戈德堡机械来进行完善，然后学生们可以在类似地球重力的作用下，在"火星"上，甚至在"威尼斯上层大气的硫酸雨环境"下进行测试。与其用醋和小苏打制造"火山爆发"，不如让他们自己置身于"火山"中，搅动它的岩浆池，然后被喷射到"天空"中。

这并不是说，借助 VR 和虚拟世界，教与学的过程会变得很容易。教育是一门艺术，而学习效果本身是很难衡量的。但不难想象，虚拟体验可以增强学习过程的趣味性，同时还能扩充学习渠道并降低学习成本。面对面的教育和远程教育之间的差距将会缩小，预制课程和现场导师的竞争以及优秀教师及其工作的影响力将成倍增强。

教育只是元宇宙将改变的众多以社会为中心的领域之一。"元宇宙 + 生活"也会有新的变化。如今，数以百万计的人每天都在使用数字服务进行锻炼，例如 Peloton 提供的实时、点播形式的自行车课程视频，其还带有游戏化的排行榜和高分跟踪功能。目前，Peloton 已将业务扩展到实时渲染的虚拟游戏中，比如 Lanebreak——骑自行车的人控制车轮在梦幻般的赛道上前进并躲避障碍以获得积分。这预示着未来可能发生的事情：也许不久之后，当我们将晨练活动同步到 Roblox 中时，我们的化身会通过 Facebook VR 头显上的 Peloton 应用程序，骑车穿越《星球大战》中白雪皑皑的霍斯星球，我们还可以一边跑步一边与朋友聊天。正念、冥想、物理治疗和心理疗法也可能发生类似的改变，肌电图传感器、3D 全息影像显示技术、沉浸式头显、投影和跟踪摄像头等技术和设备将被人们结合起来，共同提供前所未有的技术支持、感官刺激和场景模拟。

"元宇宙＋娱乐"也会出现形式多样的发展态势。越来越多的人听到电影和电视节目等"线性媒体"的未来是 VR 和 AR 这种呼声。未来的娱乐方式可能会涉及类似的混合解决方案。"电影"和"电视"不会消失，就像口头故事、连续剧、小说和广播节目在创作之后历经几个世纪依然存在一样，但我们可以期待电影和互动体验（通常称作"游戏"）之间存在丰富的联系。促进这种转变的是电影制作中越来越多地使用了实时渲染引擎，例如虚幻引擎和 Unity。

关于"元宇宙＋工业"，鲍尔认为，元宇宙向工业领域的扩张将是缓慢的。工业领域对模拟保真度和灵活性的技术要求远高于游戏或电影，而成功的关键在于对接受过现有软件解决方案和业务流程培训的员工进行再教育。大多数"元宇宙投资"最初多以假设形式而不是最佳实践案例为参考，这意味着投资将受到限制，利润往往很少。但最终，基于当前的互联网，大部分元宇宙及其收入将出现在普通消费者看不到的地方。

例如，星巴克内的标牌（实体的、数字的和虚拟的）将根据实时跟踪结果进行选择和更改，跟踪的对象是：哪些类型的顾客光顾了这家店、何时光顾的，以及该店的剩余库存。星巴克所在的商场还将根据其线路和相似的饮品替代品（或另一家星巴克）等数据，将顾客引导至该门店，或阻止他们这样做。该商场也将连接到城市的基础设施系统，从而使由人工智能驱动的交通信号灯网络运行得更好，并帮助消防员和警察等更好地应对紧急情况。

随着研究的深入，鲍尔还发现，元宇宙将重新定义工作和劳动力市场的性质。目前，大多数外包工作都是低技术含量的和仅限音频形式的，例如技术支持和账单收集。与此同时，临时性工作通常是个体独自开展的，但所涉及的工作内容并非完全不同：开网约车、打扫房间、遛狗。随着虚拟世界、虚拟片场、实时动作捕捉和触觉传感器的改进，这种情况将发生变化。世界上最好的教练（如健身教练）将通过程序设计按小时收费的体验并参与其中。服装零售店员工可能会从数千米外"打来电话"，并且可能会达到更好的销售效果。他们不会在商店里徘徊着等待客户，而是会在客户需要咨询时出现，并且通过跟踪和投影仪，他们将能够为尺寸或剪裁等客户可能有需求的地方提供咨询。

但元宇宙会对雇用权和最低工资法产生什么影响呢？上述健身教练可以住在秘鲁的首都利马吗？如果可以，这将对个人劳动力的供应（以及个人劳动力的价格）产生哪些影响？这些并不是全新的问题，但如果元宇宙成为世界经济中价值数万亿美元的经济体，那么这些问题将变得更加重要。在对未来的愿景中，最糟糕的情况是，元宇宙世界将成为一个虚拟游乐场，在那里许多不可能将成为可能，但这个虚拟游乐场的驱动力是某些劳动者的辛勤工作，目的是为另外一些人提供快乐。

不确定性和众多新挑战

所有新的特别是具有颠覆性的技术都值得审视和怀疑。但是，目前关于元宇宙的争论仍然没有尘埃落定，因为至少到目前为止，元宇宙还只是一种理论。它是一种尚不明确的构想，而不是一种实际可感知的产品。

在《元宇宙改变一切》中，鲍尔特别强调：考虑到电气化和移动技术的普及过程，我们可以自信地说，元宇宙不会突然到来。同时，也不会有明确的"元宇宙之前"（before Metaverse）和"元宇宙之后"（after Metaverse）阶段。"一些高管认为，我们已经跨越了元宇宙这个门槛。他们得出这样的结论似乎为时尚早。当今世界，不到 1/14 的人经常接触虚拟世界，而这些虚拟世界几乎完全是游戏形式的，就算有相互连接，也没有任何意义，对整个社会的影响微乎其微。"

但有些事情正在发生。鲍尔认为，"跨平台游戏"让我们看到了实现元宇宙的希望。4G 移动芯片组和无线网络进一步增强了这一功能，用户可以随时随地访问这些环境。与此同时，可编程区块链的出现让我们看到了希望，也为我们提供了一种实现机制，从而可以利用地球上每个人与每台计算机的综合力量和资源，去构建一个去中心化的、健康运行的元宇宙。

鲍尔坦言：当下的元宇宙，很多方面仍然存在不确定性，最大的挑战通常与人类本身相关。元宇宙以"互操作"为前提。它是一个由不同虚拟世界、技术和服务组成的网络，这些虚拟世界之间可以交换信息，它们信任彼此对这些信息的修改，也信任这些虚拟世界中的个人用户对信息的修改。但是互操作需要所有参与者同意并使用特定的技术标准，共享它们的私有数据，以及开放专有系统。"这其实很难，因为大多数公司并不喜欢分享数据或根据他人的需求做出技术决策。在大多数情况下，它们更愿意提高自己的短期利润，而非为集体成功而投资。"

随着元宇宙的发展，鲍尔预测：在 TCP/IP 协议建立几十年后，人类社会仍然面临着在线生活的众多新挑战：错误信息的传播；骚扰事件的发生；用户有限的数据权利；糟糕的数据安全性；算法和个性化的约束和煽动作用；由于在线互动而引发的不满情绪；政府监管无力而平台权力巨大以及其他很多问题。这些问题大多随着时间的推移而越发严重。

这其中，错误信息传播的情况可能会增加，因此我们今天才会深受如此多断章取义的声音片段、欺骗性的推文和错误的科学主张的困扰。去中心化通常被视为那些科技巨头制造的许多问题的解决方案，但它会让监管变得更加困难，令我们更难以制止反叛者，让非法集资发生的可能大大增加。即使这些问题主要局限于文字信息、照片和视频，但骚扰在数字世界中似乎已经成为一种不可阻挡的灾难，它不仅令许多人失去生命，还给更多人造成了伤害。鲍尔认为，有几种尚未提出的策略或许可以最大限度地减少人们滥用元宇宙的可能。例如，用户可能需要授予其他用户明确的权限（比如，动作捕捉、通过触觉交互的能力等），准许后者在特定的空间中与之互动，并且平台也会自动阻止某些功能（比如建立"无触摸区"）。然而，新型的骚扰无疑还是会出现。我们有理由对可能发生在元宇宙中的"色情报复"案感到恐惧，因为这类案件的作案人会借助高保真的化身、深度伪造、合成声音构造、动作捕捉和其他新兴的虚拟和物理技术，侦查难度较大。

对于监管机构来说，这是一个相对较新的问题。除了监管主要平台之外，鲍尔建议：可以通过确定其他明确的法律和政策变化，帮助创造出一个健康的元宇宙。智能合约和去中心化自治组织应该得到法律承认。即使这些协定和整体区块链不会持续存在，它们的法律地位也会激发更多的企业家精神，保护许多人免受剥削，从而吸引更多人使用这些平台和技术并参与其中。而科技公司如何展示他们保护用户信息的能力，以及当他们未能做到这一点时该受到怎样的惩罚，这些同样重要。

元宇宙一半是天使，一半是恶魔。一方面，元宇宙带给人们对理想世界的美好遐想。人类利用文学、艺术描绘了无数的可能世界，比如艾萨克·阿西莫夫《基地》系列小说描绘的银河帝国统治的太阳系、托尔金《魔戒》三部曲畅想的中土世界、罗伯特·乔丹《时光之轮》描写的由时光之轮编织的世界。这些版本的宏大世界流淌在文字间，形成于人们的臆想之中。元宇宙则有可能将这些版本的世界落地，把一个个可能世界变为真实世界；另一方面，元宇宙有可能出现"自反性"（reflexivity）悖论，即不断地赋予人类社会与交互初衷完全相反的意义。元宇宙会使得人类锁锢在无尽空虚的"盗梦空间"而迷失自我,"就像滴答的摆钟,死气沉沉"。从这个意义上讲,防范天使堕落为恶魔,靠的就是良法善治的规则。

脱离摩尔定律的束缚会发生什么

> 天才和我们相距仅仅一步。同时代者往往不理解这一步就是千里，后代又盲目相信这千里就是一步。同时代为此而杀了天才，后代又为此而在天才面前焚香。
>
> —— 日本小说家芥川龙之介

人类的未来会怎么样？这是世人普遍关心，令人浮想联翩，同时又众说纷纭的一个永恒的"大问题"。

奇点大学创始人兼执行主席彼得·戴曼迪斯（Peter Diamandis）和"心流基因组计划"研究项目共同创始人史蒂芬·科特勒（Steven Kotler）对"人类的未来"自有他们的"世界观"。从《富足：改变人类未来的四大力量》到《创业无畏：指数级成长路线图》，他们始终是"热点话题的设计师，流行观点的倡导者"，而且他们热衷探讨一些宏大的话题，如太空探索、科技融合、水、食物、住所、能源、教育、医疗、社会伦理、贫富差距、气候变化，也乐于且善于扮演全球化的辩护士。

基本上，他们是温和的改良主义者，也是积极的乐观主义者。当然，也很少有人像他们那样，善于大胆设想，能几十年如一日持续地、专注地"观世界"，并尽力将纷繁的现象与复杂的主题解释通透。

戴曼迪斯和科特勒是多年的朋友，两人都对世界前沿的科学技术颇为感兴趣，并且都致力于探索如何运用科学技术应对各种看似不可能的挑战。这些共同点让他们建立了深厚的友谊，并形成了长达数十年的合作伙伴关系。在《未来呼啸而来》（*The Future Is Faster than You Think*）中，他们进一步丰富和拓展了前两部专著的思想边界，深入探讨商业创业风口上的九大指数型技术（量子计算、人工智能、网络、机器人、虚拟现实与增强现实、3D 打印、区块链、材料科学与纳米技术、生物技术），并洞察这些指数型技术的互相融合，其带来的巨大变革力量如何完全重塑我们的生活方式与商业模式。

"正常"商业活动变得"不再正常"

早在 1989 年，发明家约翰·罗姆尼（John Romney）曾将一台烤面包机连接到互联网上，使之成为第一个物联网设备。10 年后的 1999 年，社会学家内尔·格罗斯（Neil Gross）看到了这个发展趋势，他在《商业周刊》上发表了一个著名的预测："在下个世纪，整个地球都会蒙上一层电子皮肤。地球将利用互联网作为支架，来支持和传播它的感觉。现在，这层皮肤正在缝合。它由数百万个嵌入式电子测量设备组成：恒温器、压力表、污染探测器、照相机、麦克风、葡萄糖传感器、心电图仪、脑电图仪等。它们将监测城市和濒危物种、大气、船只、高速公路和卡车车队，以及我们的对话、我们的身体，甚至我们的梦想。"

格罗斯的预测应验了。到 2009 年，连接到互联网上的设备数量已经超过地球上的总人口数量（125 亿个设备，68 亿人，或每人 1.84 个连接设备）。一年后，在智能手机发展的推动下，传感器价格开始暴跌。到 2015 年，连接到互联网上的设备总数达到了 150 亿台。由于这些设备中大多数都包含多个传感器，例如，平均每台智能手机大约有 20 个传感器。斯坦福大学的研究人员估计，到 2030 年，将有 5000 亿台联网设备（每台设备装有数十个传感器）。而根据埃森哲咨询公司（Accenture）的研究，这里面所包含的经济价值将达到 14.2 万亿美元。隐藏在这些数字背后的正是格罗斯的思想：那是记录了地球上的几乎每一种感觉的"电子皮肤"。

与格罗斯等学者的预测相映成趣。戴曼迪斯和科特勒从指数型技术角度阐述未来前景时，也信心满满地认定"这将是一个到来得比你想象得更快的未来，也将成为世界上迄今为止最伟大的想象力舞台"。

任何一种技术，只要它的"功率"翻倍，而价格却在不断下降，就可以称为指数型技术。摩尔定律就是一个显例。1965 年，英特尔创始人戈登·摩尔（Gordon Moore）就注意到，集成电路中的晶体管数量每 18 个月就会增加一倍。这意味着，在一年半的时间里，计算机的性能就可以提高一倍，同时成本却保持不变。这一定律揭示了信息技术进步的速度。不过，对于未来预测很准的摩尔定律其实只是个经验定律，还有另一个定律对未来预测更准，那就是莱特定律（Law of the Wright），说的是产量每增大一倍，成本会降低 10% ~ 15%。价格越低，使用者越多，科技产品对社会的贡献就会越大。

在戴曼迪斯和科特勒看来，行业迅速发生变革，是因为人工智能、云计算、基因编辑、纳米技术、先进制造，这些新技术已经在各个领域蓬勃展开，出现了类似摩尔定律或莱特定律这样指数型增长的定律，而且这些新的科学技术都构成了对摩尔定律的挑战。

为什么说指数型技术融合会对摩尔定律构成挑战？发明家、未来学家雷·库兹韦尔（Ray Kurzweil）的一个发现可以很好地回答这个问题。20 世纪 90 年代，库兹韦尔在研究中发现了这样一个规律：一旦技术变得数字化，或者一旦它可以被编辑为以 0 和 1 表示的计算机代码，它就能够脱离摩尔定律的束缚，开始呈指数级加速发展。简单来说，我们会用新电脑来设计更快的新电脑，这就创造了一个正反馈循环，进一步提高了加速度，也就是库兹韦尔所称的"加速回报定律"（Law of Accelerating Returns）。

　　"融合"是《未来呼啸而来》的关键词，因为"当某些独立加速发展的技术与其他独立加速发展的技术融合时"，奇迹就可以产生。传统上，创新意味着突破性技术的出现，或新产品或新服务的创造。但是，这个定义并不能涵盖当前正在发生的一类最具影响力的创新，即新商业模式的创建。用戴曼迪斯和科特勒的话来说，"加速和融合的技术，已经变成了加速和融合的市场"，这意味着过去几十年间已经发生的商业模式的巨大改变，与即将到来的改变相比仍然只是小巫见大巫。

　　以众包经济为例，把所有能够为数十亿联网用户和将要联上网络的数十亿用户赋能的新发展都可以纳入"众包经济"的范围。所有这些彻底改变了人们"做生意"的方式。考虑一下杠杆化利用资产，其就能让企业实现快速扩张。爱彼迎（Airbnb）已经成为世界上最大的"连锁酒店"，但是该公司连一个房间都没有。他们资产化（出租）了其他人的资产（闲置的卧室）。这种商业模式主要是依赖于员工的"随需随聘制"的出现，这种用工制度为企业提供了适应快速变化的环境所需的灵活性。除爱彼迎之外，从较低端的为亚马逊公司的"土耳其机器人"（Mechanical Turk）提供支持的"微任务"劳动者，到较高端的卡歌（Kaggle）公司随需随聘的数据科学家，全都是如此。

　　在区块链和人工智能的"融合"交汇处，也发生了新的"奇迹"，并出现了一种全新的公司：没有员工、没有老板，不间断生产。一整套预先编程的规则决定了这些公司如何运营，其余的全由计算机来完成。例如，一个拥有以区块链技术为基础的智能合约层的自动出租车车队，可以每周7天、每天24小时自动运行，包括出车接送乘客、开车到修理厂进行维护等，完全无须任何人工参与。

　　人们已经不再生活在一个固定的地方了，可以同时拥有现实世界中的"角色"和网络世界中的"角色"。这种非固定地域的生活方式在未来肯定还会一路扩展。随着增强现实和虚拟现实的兴起，人们在这个等式中引入了更多的层次。一个人将会拥有为工作准备的身外化身和为娱乐准备的身外化身，所有这些化身都是某种版本的自己，同时也标志着巨大的商业新机会。例如，一款以"合作、交融和开放"为特色的大型 3D 模拟现实网络游戏《第二人生》，形成了价值数以百万美元计的小型经济体。人们花钱请别人为他们的数字化身设计数字服装和数字房屋。每一次在数字层上增加一个新层，人们也就在这个层上增加了一个完整的经济体系，而这也就意味着人们现在可以同时在多个世界里开展业务。

有一项统计研究显示：在过去，每研发 5000 种新药，仅有 5 种能够通过临床人体试验，而且其中只有 1 种能够达到批准。这就是一种新药从实验室研发到用在患者身上平均需要 12 年、花费 25 亿美元的原因。戴曼迪斯和科特勒认为，当下药物开发的速度之所以正在不断加快，不仅是因为生物技术正在以指数级的速度发展，还因为人工智能、量子计算和其他几个指数级加速发展的技术也在向这个领域靠拢。

这一切告诉了我们什么？一切"正常"的商业活动，都正在变得"不再正常"了。正如哈佛大学教授克莱顿·克里斯坦森（Clayton Christensen）告诉我们的那样，对于现有公司而言，这已经不再是一个可有可无的备选项了："大多数（商业组织）认为，增长的关键在于开发新技术和新产品。但是通常来说情况并不是这样。要开启下一波增长，企业必须在颠覆性的新商业模式中嵌入这些创新。"

对于我们这些身处颠覆性模式之外的人来说，我们的体验将会更好、更便宜、更快。"更好"意味着新商业模式能够完成旧商业模式能做的所有事情（即为现实世界中的人们解决问题），而且能够做得更好。"更便宜"是更加显而易见的。随着非货币化的愈演愈烈，消费者——实际上意味着我们所有人，都能够以更少的钱获得更好的体验。不过，真正的转变是最后那一项："更快。"新商业模式不再是维持稳定和可靠的力量。为了在今天这种不断加速的环境下竞争，所有新商业模式是针对提高速度和敏捷性而设计的。最重要的是，所有这一切都没有任何放缓的迹象。

用"6D框架"审视指数型技术

创新停滞，研发越来越贵，速度越来越慢。留心的人会发现：以前寄予厚望的无人驾驶汽车、人工智能、3D打印等技术好像并没有给真实的生活带来实质性的改变，只是在新能源汽车、通信和虚拟的世界有所提升……但是戴曼迪斯和科特勒却告诉人们，之所以觉得创新停滞或没有实质性的改变，那是因为力量还在积蓄之中，时机还未到。在《未来呼啸而来》中，他们进一步丰富之前在《创业无畏：指数级成长路线图》中曾谈到指数型技术"6D框架"来探讨当下"指数型技术"演变历程，不仅令人耳目一新，也让人对指数型技术发展进程有了新的认识。

第一，数字化（digitalization）。一旦一项技术成为数字技术，它就能跃上摩尔定律的肩膀开始呈指数级增长。再加上量子计算技术的加持，完成数字化技术就会跃上"罗斯定律"（由D-wave的创始人罗斯提出的，其定义是指量子计算机的计算能力会有更加强悍的指数级增长）的肩膀，开启更加疯狂的增长之旅。

第二，欺骗性（deception）。指数型技术在第一次引入时通常会引发炒作。由于早期进展非常缓慢，在相当长时间内都无法达到倡导者宣传的水准。这就是指数型技术发展过程中必须经历的欺骗阶段。

第三，颠覆性（disruption）。一旦指数型技术开始真正影响我们的世界，就会破坏现有的产品、服务、市场和行业。3D打印就是一个很好的例子，这种指数型技术对整个 10 万亿美元的制造业构成了威胁。

第四，非货币化（demonetization）。在产品或服务曾经需要付出成本的那些地方，货币却突然从方程式中消失了。摄影曾经很昂贵。拍的照片数量不会太多，因为购买胶卷和冲洗胶卷要花很多钱。可一旦照片实现了数字化，这些成本就都消失了。现在你会不假思索地拍下无数张照片，困难的只是如何从太多的可选照片中选出真正令你满意的那些。

第五，非物质化（dematerialization）。刚刚你还能看见它，立刻你就看不见它了。非物质化指的就是这种产品本身也消失不见的情况。照相机、立体音响、视频游戏机、电视、GPS 系统、计算器、纸张，甚至是熟悉的婚介服务这些曾经独立的产品（服务）现在都已经成为智能手机的标配。维基百科使得百科全书非物质化了，iTunes 消灭了实体形式的音乐商店。

第六，大众化（democratization）。当指数型技术规模扩大、受众变多的时候，大众化就发生了。曾几何时，手机是只有少数富人才能使用的砖头大小的通信工具。而在今天，几乎每个人都有一部或几部手机了，全世界几乎找不到不受这项技术影响的地方了。

很显然，在"6D框架"中，每一个"D"都代表着指数型技术发展的一个关键阶段，并总是会导致巨大的变革和机遇。

加速行业变革和重塑

随着指数型技术的互相融合，也加速不少行业的变革或重塑。在《未来呼啸而来》中，戴曼迪斯和科特勒特别列出了未来有可能会被完全重塑的 8 个行业：零售业、广告业、娱乐业、教育业、医疗保健业、长寿业、商业和食品业。

零售业恰好位于正在突破的通信技术、能源技术和交通技术的融合之处，因此它就像"矿井里的金丝雀"，是美国经济趋势基金会主席杰里米·里夫金所说"下一个重大经济范式转变"的起点。无论如何，有一件事是非常肯定的，那就是人类的购物方式再也不会像过去那样。随着指数型技术的互相融合，针对零售业，戴曼迪斯和科特勒有几个富有远见的预测：一是机器人来了，收银员将不断消失；二是3D打印将在"消灭供应链""消灭废料""消灭配件市场""用户设计产品崛起"四个关键方面重塑零售业；三是零售业将成为一个"融合行业"，出现如"书店＋社交""购物＋医疗""影视＋文创"等融合模式；四是未来购物行为发展的趋势是非物质化、非货币化、大众化和去中心化，或者说，未来可能意味着"购物中心的末日"。

技术融合发展，广告业也不断地遭遇闪电战。一开始的时候，广告可能会变得更具有侵入性，同时也变得更加个性化。随着人工智能的广泛应用和普及，其可以追踪人们逛商店时的眼球运动、通过收集分析人们的日常对话来了解人们的偏好，通过浏览社交信息来了解人们和朋友的时尚偏好。在未来，人工智能不仅能替人们做出大多数购买决定，而且能够不断为人们买到一些可以带来意想不到的惊喜的产品或服务。不管怎样，这种转变将会对传统广告业构成致命的威胁，同时却为消费者带来了非常大的好处。

不断加速的指数型技术天生有一种使稀缺资源变得富足的方法，对娱乐业而言也不例外。第一，超级内容生产者的崛起。智能手机摄像头作为工具使无数普通用户成了内容生产者，而像播客、YouTube、抖音、Facebook等平台为这些内容生产者提供了一个平台，一个获得报酬的途径。现在还有了像Bambuser这样的基于应用程序的服务，也可以帮助任何人构建自己的直播网络，这就使得内容生产者（创作者）可以进军整个娱乐生态系统。第二，区块链还将进一步放大这个过程。由于区块链允许艺术家为自己的作品创造不可更改的数字记录（这将保证自己的作品不会被盗版），而且由于其交易成本极低或根本不存在，区块链还会将我们带到内容创作的传奇"应许之地"：微支付。这正是作家、艺术家、电影制片人、漫画家和记者自互联网出现以来一直在等待的东西。直接将自己的作品传达给自己的粉丝，无须经过任何中间人。这将导致一个真正的、有创造力的精英阶层的出现。第三，强烈的沉浸感标志着内容生产的第三个转变，一项活动所涉及的感官越多，我们对它的关注度就越高。诸如触感手套、电视气味发射装置、3D 音响、触觉椅、全功能跑步机等让娱乐设备拥有某种"情感意识"。第四，娱乐新天地的出现。随着增强现实技术的发展，人们将开始脱离屏幕，世界本身变成了屏幕。脑机接口意味着，娱乐内容不仅可以根据我们的情绪来定制，还可以根据我们的大脑来定制。媒体公司和神经科学实验室迟早会合并，这是不断融合的指数型技术的产物，因为技术的融合会导致市场的融合，最终形成一个生活在今天的人完全不了解的娱乐新天地。

技术融合潮流也正在涌向学校和教室，从宏观的角度来看，教育有两个主要的议题：数量和质量。在数量方面，我们正面临着灾难性的短缺；在质量方面，我们也面临着同样严峻的挑战，现代教育制度完全不适应现代社会——它是在前一个时代为满足前一个世界的需要而建立起来的。教师被迫只讲授"考试秘诀"、学生只懂得应付标准化考试。幸运的是，正在融合的技术为应对教育数量和教育质量方面的挑战提供了很多新的解决方案。戴曼迪斯和科特勒认为：教育可能是虚拟现实技术的杀手级应用领域。当人工智能、虚拟现实与 5G 无线网络融合到一起之后，全球教育问题也就从招聘教师和资助学校、给几亿没机会接受教育的人提供教育这个几乎不可能完成的任务，转变为一个更加可控的问题：如何建构一个奇妙的虚拟现实教育系统，并使之能够为任何一个拥有耳机的人所用？最重要的是，质量和数量可以随需而定。

随着技术的融合，有关医疗保健业，戴曼迪斯和科特勒认为会有五个重大转变，其中三个是技术转变，两个是范式转变。在技术方面，医疗列车的每一节车厢都在经历重新发明的过程。在前端，传感器、网络和人工智能的融合正在颠覆医疗诊断。在中端，机器人技术和3D打印技术正在改变医疗过程的性质。在后端，人工智能、基因组学和量子计算正在改变药物本身。

与此同时，有两个范式转变正在进行。第一个范式转变是，从疾病治疗向医疗保健的转变，即从追溯性、防御性和通用性的医疗系统向前瞻性、主动性和个性化的医疗系统的转变。第二个范式转变是管理模式上的转变。在20世纪的大部分时间里，医疗保健行业的运转主要依赖于大型制药公司、政府、医生、护士和训练有素的医疗专业人员之间的一种不稳定的合作关系。现在我们正在见证一场全面的入侵。谷歌、亚马逊、脸书、三星、百度、腾讯等一批科技巨头与现有的制药企业具备三个明显的优势：第一，它们早就进入你的家；第二，它们已经结合了人工智能技术；第三，它们都是收集和分析你的数据的专家。这三种优势对于尽早发现疾病并及时高效地应对处理至关重要，而这无疑是将"疾病治疗"转变为"医疗保健"的至关重要的第一步。

在人类历史上，大多数人的平均寿命是30岁。100年前，人们的平均寿命提高到了40岁，又慢慢提高到50岁、60岁。现在，世界上很多地方的健康平均寿命达到了70岁、80岁，甚至90岁。有关长寿业，几千年来，人类一直在寻找"青春之泉"。换言之，人类实际上搜寻的并不是某个地方，而是时间。"青春之泉"是历史上一个特定的时间点，是各种技术在长生不死这个问题上汇合的那刻。尽管"人类能否长生不老"仍然是一个有待解决的问题，但随着生物科技和其他技术的融合发展，抗衰老药物研发的新突破，"长寿逃逸速度"（即科学的发展能够使我们每多活一年，寿命就可以延长一年）的新发现，显著延长人类的寿命，无疑是已经从一个"能不能"的问题变成了一个"什么时候可以实现"的问题了。

随着新技术的融合，商业领域中的保险、金融和房地产也正在发生变革或重塑。保险业现在有三大变化正在发生。首先，通过将风险从消费者转移给服务提供者，许多保险类别被取消了。其次，众包保险正在取代传统的健康保险和人寿保险。最后，网络、传感器和人工智能的崛起正在改写保险定价和保险销售的方式，重塑保险行业的性质（实时数据驱动下的动态保险）。

金融业也面临三大变化。其一，从技术的角度上说，良币公司提供的是一个移动钱包，用户可以通过手机持有常规货币和加密货币。其二，区块链技术"删除"了除买方和卖方之外的其他各方，剩下的一切则可以交由技术来完成。几乎所有大银行都在争相进入区块链领域。然而，成千上万的创业企业家的动作更快，而且他们的目的恰恰是利用区块链技术来颠覆这些银行。其三，人工智能入侵下的理财顾问。在当下，像 Wealthfront 和 Betterment 这样的机器人理财顾问正在把财富管理带给普罗大众。

计算机技术、网络技术和虚拟现实技术三者融合也正在"颠覆"房产公司，还有人工智能、3D 打印、自动驾驶汽车、空中出租车、漂浮城市……利用人工智能辅助人们在购房方面进行决策，让人工智能、虚拟现实和传感器的融合体成为每个人的经纪人。

随着技术融合的发展，食品业的无效率和低效率也将会被改变。防止食物变质有助于延长食物的保存时间，但是这并不能彻底解决运输问题，而许多企业开始设计如何完全绕过这一步。为了把食物更高效地从农场送到餐桌上，他们正在转移农场本身。这就是通常所称的"垂直农场"，即在摩天大楼里，而不是在田野里种植食物。在美国新泽西州的瓦克，一家名为"太空农场"（AeroFarms）的公司将一座占地6500平方米的工厂改造成了室内农场，他们已经找到了在没有阳光和土壤的情况下，一年就能生产超过907吨绿叶蔬菜的方法。在这个室内农场里，一排排由人工智能控制的LED灯提供了每一种植物所需的精确波长的光。利用空气栽培技术，他们把养分直接输送到了植物的根部。整个过程不需要土壤，植物是悬浮在由再生水瓶制成的网状织物中的。在这里，整个过程是由传感器、摄像机和机器学习控制的。

在传统农牧业当中，养育一头牛往往需要几年的时间，但是在实验室里培育出一头牛所拥有的牛排只需要几周的时间。目前，欧美发达国家正在研发的人造肉类型包括猪肉香肠、鸡肉、鹅肝酱和牛排等，而所有这一切都取决于科学家从哪一种细胞开始培育。适用于生产人造肉的这些原理也同样适用于生产牛奶。加利福尼亚州伯克利的完美日食物（Perfect Day Foods）公司已经找到了不需要奶牛就能制作奶酪的方法。他们将基因测序技术与3D打印技术、发酵技术结合起来，创造出了一系列不含动物成分的乳制品。

这些技术和成果加在一起，既能给地球上数十亿人带来繁荣富足的生活，又让人们看到了一个截然不同的食物业的未来。不久的将来，人类还将可以做到从其他动物身上获取蛋白质，但是不会伤害任何动物，这将是有史以来的第一次。屠宰场中发生的一切，或许将会变成我们给子孙后代讲的恐怖故事。这样一来，想到全球人口未来会不断增加到90亿，甚至100亿，现在这个被近80亿人压得喘不过气来的星球反而会拥有一个奋起的机会。

美国科幻作家威廉·吉布森曾说过："未来已经到来，只是尚未流行。"与吉布森对技术的发展持谨慎态度有所不同，戴曼迪斯和科特勒以"指数型技术"为钥匙，认定"未来"正在"呼啸而来"，而他们所秉持的对未来乐观、正面、前瞻性的想象和期望，也正向我们传递了全新的思考方式。对于个人而言，这有助于我们每一个人形成自己对科技未来的判断，进而参与其中；而对于投资者、企业家、创新者和领导者而言，这无疑是一幅打开了下一个商业发展的寻宝图，进而激发人们创造财富的欲望和追求人生的意义。

加速器"颠覆"现有机构和组织

美国作家斯宾塞·约翰逊（Spencer Johnson）曾在《谁动了我的奶酪？》一书中毫不讳言地指出："世界上唯一不变的是变化本身。"在戴曼迪斯和科特勒看来，九大指数型技术的互相融合，让当下社会的变化步伐亦正在加快。这种不断加速的"步伐"是三个加速器叠加起来导致的结果。

第一个加速器是计算能力的指数型增长。第二个加速器是个别技术正在与其他加速发展的技术融合，从而产生相互重叠的变化大潮，它们很可能将前进道路上的几乎所有东西都冲刷得一干二净。第三个加速器是由一组额外的力量构成，这组"力量"总共有 7 种：节省下来的更多时间、更多可得的资金、更多的非货币化、更多的人才、富足的通信、全新的商业模式、更长的寿命。

每一种"力量"都是正在融合的指数型技术的副产品，它们都是"二阶效应"，发挥着作为额外的创新促进剂的作用。各个力量的作用是相互独立的，但它们在实际发挥作用时，则是以组合形式出现的。这些力量范围极广，从我们获取信息、金钱和工具的途径的不断增加，到我们用于生产的时间和预期寿命的显著提高，都包括在内。这些力量汇成了又一个变革的海啸，加速了我们的步伐，加快了即将到来的破坏性创新速度和规模。

这既是好消息也是坏消息。"坏消息"与即将发生的事情关系不大，而更多的与我们适应变化的能力有关。大量研究表明，在未来几十年，人工智能和机器人技术的融合可能会威胁到全世界很大一部分劳动者的就业安全。如果我们想跟上变革的步伐，就必须让数千万人接受再培训然后"重装上线"。

"好消息"则与再培训的另一面有关。每当一项技术呈现出指数型发展趋势时，人们就会发现其中蕴藏着巨大的互联网或其他业态创新的机遇。以互联网为例，尽管从表面上看互联网似乎摧毁了音乐、媒体、零售、旅游和出租车等行业，但是麦肯锡全球研究所的一项研究发现，互联网每摧毁一个就业岗位，就会创造出 2.6 个新就业岗位。在接下来的 10 年乃至更长的一段时间里，人们将会在许多行业中看到这样的机会。因此，如果以互联网为基准，未来 10 年间新创造的财富将会超过 20 世纪整整 100 年创造的财富。

指数型技术相互融合时，也让许多具有极强的环境意识和社会意识的企业家体验以前从未有过的好日子。筹集种子资本的时间已经从几年缩减到了几分钟。独角兽企业的长成，或者说从"我有一个好点子"到"我管理着一家价值 10 亿美元的公司"，在以前是一个需要熬过 20 年的漫长过程。而在今天，在某些情况下，却只需要不到一年或几个月的冒险。

让戴曼迪斯和科特勒感到担忧的是：现有的机构或组织或将很难跟上这种步伐。我们最大的公司和政府机构都是在另一个世纪里设计建成的，主要都是为了安全和稳定，也就是通常所说的"经久耐用"，但它们无法承受快速、彻底的变化。根据创新大师理查德·福斯特（Richard Foster）

的说法：当下《财富》500 强企业中至少有 40% 将会在 10 年内消失，取而代之的将是我们现在尚未听说过的新贵。

当一项创新创造了一个新的市场、冲击了一个现有的市场时，人们往往会用"颠覆性创新"这个术语。在数字时代初期，硅芯片取代了真空管，这是一项颠覆性的创新。然而，随着各种指数型技术的相互融合，它们的颠覆潜力也在扩大。一项单独的指数型技术可能会扰乱产品、服务和市场，就像奈飞（Netflix）轻松吃掉了百视达（Blockbuster）那样，而融合为一体的多种指数型技术则会将产品、服务和市场冲刷得一干二净，甚至包括支撑它们的结构。

许多制度或规则也将遭受同样的"苦难"。教育系统是 18 世纪的发明，目的是大批量培养少年儿童，为他们未来在企业工作做好准备。当下世界当然不再是那个样子了，这也是为什么现有的教育体系不能满足我们当前的需求。当然，这也并不是唯一受到这种威胁的制度。

又如，为什么现在离婚率这么高？原因之一是，婚姻作为一种制度是4000 多年前产生的，那时人们十几岁就结婚了，四十多岁就死了。因此，婚姻制度最初设计的"使用期限"就只有 20 年。但是，由于医疗技术的进步和人的寿命的延长，我们可以看到半个多世纪以上的婚姻生活，这就给"直到死亡将我们分开"这句誓言带来了一个新的诠释。

因此，能够看清事物的细微变化趋势，并足够快地适应即将发生的事情，变得比以往任何时候都更加重要了。